21世纪高职高专系列规划教材

秘书写作

主　编　韩　凝　冉淑贤

副主编　陈　陶　蔡　勤　黄星君

西南师范大学出版社

内容提要

本书是21世纪高职高专系列规划教材。全书共六章，设置了行政公文、事物文书、日常文书、新闻宣传类文书、经济活动类文书几个板块，每个板块都精心选择文种，可以满足不同专业秘书的要求。全书每一文种都精心选择例文，每一例文都有简析，而且每一文种后都设有相关练习题。这种体例的设计可以满足高职高专文秘专业学生的需求。

本教材既可以作为高职高专文秘专业学生的教材，也可以作为秘书人员和其他自学者的参考用书。

图书在版编目（CIP）数据

秘书写作/韩凝，冉淑贤主编.—重庆：西南师范大学出版社，2008.9

(21世纪高职高专系列规划教材)

ISBN 978-7-5621-4309-3

Ⅰ.秘... Ⅱ.①韩…②冉… Ⅲ.公文—写作—高等学校：技术学校—教材 Ⅳ.H152.3

中国版本图书馆CIP数据核字（2008）第147410号

21世纪高职高专系列规划教材

秘书写作

主　　编：韩　凝　　冉淑贤

副 主 编：陈　陶　　蔡　勤　　黄星君

策　　划：周安平　　卢　旭

责任编辑：钟小族

特约编辑：杜有珍

封面设计：辉煌时代

出版发行：西南师范大学出版社

地址：重庆市北碚区天生路1号

邮编：400715　市场营销部电话：023-68868624

网址：http://www.xscbs.com

经　　销：全国新华书店

印　　刷：重庆市圣立印刷有限公司

开　　本：787mm×1092mm　1/16

印　　张：15.25

字　　数：316千

版　　次：2009年2月第2版

印　　次：2009年2月第1次印刷

书　　号：ISBN 978-7-5621-4309-3

定　　价：24.00元

编写说明

作为高等教育的重要组成部分，高等职业教育是以培养具有一定理论知识和较强实践能力，面向生产、面向服务和管理第一线职业岗位的实用型、技能型专门人才为目的的职业技术教育，是职业技术教育的高等阶段。目前，高等职业教育教学改革已经从专业建设、课程建设延伸到了教材建设层面。根据国家教育部关于要求发展高等职业技术教育，培养职业技术人才的大纲要求，我们组织编写了这套《21 世纪高职高专系列规划教材》。本系列教材坚持以就业为导向，以能力为本位，以服务学生职业生涯发展为目标的指导思想，以与专业建设、课程建设、人才培养模式同步配套作为编写原则。

从专业建设角度，相对于普通高等教育的“学科性专业”，高等职业教育属于“技术性专业”。技术性专业的知识往往由与高新技术工作相关联的那些学科中的有关知识所构成，这种知识必须具有职业技术岗位的有效性、综合性和发展性。本套教材不但追求学科上的完整性、系统性和逻辑性，而且突出知识的实用性、综合性，把职业岗位所需要的知识和实践能力的培养融会于教材之中。

从课程建设角度，现有的高等职业教育教材从教育内容上需要改变“重理论轻实践”、“重原理轻案例”，教学方法上则需要改变“重传授轻参与”、“重课堂轻现场”，考核评价上则需改变“重知识的记忆轻能力的掌握”、“重终结性的考试轻形成性考核”的倾向。针对这些情况，本套教材力求在整体教材内容体系以及具体教学方法指导、练习与思考等栏目中融入足够的实训内容，加强实践性教学环节，注重案例教学，注重能力的培养，使职业能力的培养贯穿于教学的全过程。同时，使公共基础类教材突出职业化，强调通用能力、关键能力的培养，以推动学生综合素质的提高。

从人才培养模式角度，高等职业教育人才的培养模式的主要形式是产学结合、工学交替。因此，本教材为了满足有学就有练、学完就能练、边学边练的实际要求，纳入新技术引用、生产案例介绍等来满足师生教学需要。同时，为了适应学生将来因为岗位或职业的变动而需要不断学习的情况，教材的编写注重采用新知识、新工艺、新方法、新标准，同时注重对学生创造能力和自我学习能力的培养，力争实现学生毕业与就业上岗的零距离。

为了更好地落实指导思想和编写原则，本套教材的编写者既有一定的教学经验、懂得教学规律，又有较强的实践技能。同时，我们还聘请生产一线的技术专家来审稿，保证教材的实用性、先进性、技术性。总之，该套教材是所有参与编写者辛勤劳作和不懈努力的成果，希望本套教材能为职业教育的提高和发展做出贡献。

这就是我们编写这套教材的初衷。

前　言

“秘书写作”是高职高专院校文秘专业的核心专业课程，是学生掌握秘书职业写作知识、培养职业写作技能的主干课程。其功能在于让学生从整体上对秘书写作应遵循的原则、方法、规律形成基本认识，明确秘书写作对秘书职业的影响，使学生具备从事秘书写作的基本技能，掌握秘书工作过程中涉及的多种文种的写作方法，为秘书综合素养和能力的培养奠定重要基础。

“秘书写作”在教学中应贯穿写作能力和职业技能两条主要线索，既要强调秘书写作与其他文体写作的不同，认识秘书职业的独特性，从秘书职业出发进行写作教学；同时由于写作课程的综合性特点，又要强调学生具备一定的观察能力、搜集信息的能力、社会调研的能力、逻辑思维的能力和语言的表达能力。秘书写作的独特性和写作能力的培养对这门课程的教学提出了更高的要求和挑战。为此，在编写这本教材的过程中，我们始终把握住“秘书写作”课程的特点，在教材体系的建立、文体种类的选择、例文的确定及能力的训练上精心设计。本教材主要体现了以下特点：

（一）从秘书职业要求出发确立了从基础写作理论——具体文种的写作——相关写作法规的教材体系。秘书职业的特殊性决定了我们不仅要会写某些具体的文种，还必须具备一定的基础理论，为后续的学习和发展打下一定的基础。同时，了解秘书在职业写作中的法规和要求也十分重要。

（二）从秘书工作特点出发选择文种类型，提供的文体尽量全面和广泛，涉及行政公文、事务文书、日常文书、新闻宣传文书、经济活动文书等多个方面。同时在选择的过程中注意选取使用频率高的文种来满足职业岗位所需，以期产生最大的实用效应。

（三）从写作的特点出发，突出能力的培养和写作实践的训练。为了落实写作能力的培养和提高，教材对每个文种都提供了相应的例文，有的还是多篇例文，力图从不同角度对每种写法都给以具体展现，帮助学生理解写作的格式和方法。每种文种后都设计多个练习，帮助学生训练不同文体的写作方法。练习的设计循序渐进，各有不同层次的要求。有的训练语言概括，有的训练构思谋篇；有的侧重片段，有的要求全篇。

本书主要供文秘专业或相关专业的学生学习各类行政文书、商务文书等实用文体的写作使用，也可供各级行政机关、社会团体、企事业单位的文秘人员、办公室工作人员和其他读者作为自学的参考书。

在本书的编写过程中，许多老师付出了大量的心血和劳动。武汉职业技术学院的部分老师承担了本书的资料收集和主要编写工作。本书各章写作分工如下：韩凝老师编写第一章、第二章、第三章，蔡勤老师编写第四章，陈陶老师编写第五章，黄星君老师编写第六章，最后由韩凝老师和冉淑贤老师统稿改定。在编辑过程中，杜有珍提出了许多宝贵意见，使得这本书得以付印出版。在此向本书出版过程中付出劳动和努力的全体工作人员表示衷心的感谢！

本书中所引用的部分例文来自网络，由于客观原因暂时不能联系到权利人，在此一并表示感谢。

韩　凝

2008 年 2 月

目　录

第一章　绪论

有秘书工作就有秘书写作，秘书写作是秘书工作的重要内容之一。秘书写作受秘书工作的性质和特点影响，与其他应用文体写作相比，在写作内容、形式和要求上表现出不同的特点。今天的秘书写作既包括各级党政机关、团体、企事业单位的公文类、行政事务类文书，也包括常见的日常文书、商务类文书以及宣传类文书。与过去相比，秘书写作的种类更多，内容更广，体式更完备。

随着21世纪经济、科学的快速发展，信息化的不断深入，秘书写作的应用性更广，其时代性和规范性要求也越来越高。它已成为各机关、团体、企事业单位的管理者依法行使管理权力的重要工具。秘书起草的各类文稿不仅客观地反映事务的发展、演变过程，具有较强的史实与凭证作用，而且是组织与组织、组织与个人、个人与个人之间沟通信息、共建和谐社会的重要桥梁。此外，它还能帮助有关单位总结经验、提高管理水平和工作效率。可以说，写作是文秘人员开展工作、履行职责的基本手段和工具，秘书写作是现代社会文秘人员必须掌握的一种技能。熟练掌握秘书事务中常用文体的写作知识和技法是一名合格的文秘人员应具备的基本素质。

本章从写作和秘书工作的特点出发，对秘书写作的基本概念、特点、分类、写作过程和能力素养进行知识性的介绍。

第一节　秘书写作的含义和特点

一、秘书写作的含义

秘书写作是指各级各类单位的秘书人员为完成特定工作任务而写作的具有特定体式的系列文章的泛称，属于应用写作的范畴。

二、秘书写作的特点

（一）实用性

秘书写作的每一篇文章都是为各机关、团体、企事业单位的实际工作服务的，直接用于处理工作中的具体问题或传递特定信息，是管理者依法行使管理权力、开展日常事务管理的重要工具。实用性是秘书写作的基本属性。例如各级机关单位发出的行政公文是为了传达党和国家的方针政策，沟通上下左右各种单位之间的关系，使党和国家的各项方针政策得以贯彻执行；经济单位之间订立的经济合同是为了促使、监督签订合同的各方履行约定事项，保护各方的权益；公司秘书写作的各类商函是为了推销产品、商洽价格、催收款项、索赔理赔，其功利性、实用性是十分明显的。

因而，秘书写作是一种实用文体写作，不同于文学写作。文学写作是一种审美创作的过程，可以给人审美的愉悦，可以陶冶性情，一般说不能直接用于处理和解决实际问题；而实用文体的实用性就体现在可以直接用于处理和解决工作、生产、学习、生活中的各种事务和实际问题，在人类社会生活的各个方面都有看得见、摸得着的直接应用价值。

（二）真实性

秘书写作具有实用性，是为了解决工作中的实际问题，真实性是其生命之所在。这种真实性与文学创作的真实性有所不同。文学创作讲究的是艺术真实，作家可以运用形象思维，通过虚构和想象塑造艺术形象，所反映的人与事、事与理可以源于生活而高于生活。而秘书写作中则不允许虚构与想象，文中所涉及的人是真人，事是真事，来不得半点虚构。文中所涉及的事实，包括时间、地点、人物、事件、数据等等都必须确凿可靠。如写市场调查报告时，所调查的情况就必须客观、真实、准确，才能提供决策参考，否则不仅无法解决现实问题，甚至导致错误的判断，造成工作损失。

（三）服从性

秘书的职责是为单位领导或雇主的决策和处理日常事务提供参谋性、辅助性工作。政府机关、企事业单位秘书起草的各类公务文书是代表各级组织执行党和国家的方针政策、法律法规，落实上级指示精神的重要工具，要体现单位领导和领导班子的集体意志。秘书为什么写、写什么、怎样写都不能凭个人喜好自作主张，写好的文稿也应当经过领导审核、定稿、签发等一系列办文程序。秘书写作在内容主旨上应体现领导的集体意志，在形式格式上应遵循行文的法规，在文书处理上要执行办文的程序。因此，秘书写作相比文学创作而言是一种“被动性”的创作。服从性是秘书写作的区别性属性。

（四）程式性

秘书写作的程式是指具有特定的体例格式和惯用的处理程序。

由于秘书写作的特殊目的、对象和功能要求，秘书写作要讲究模式与规范。秘书写作在社会实践中形成了其约定俗成的格式，并且有的格式以法律、法规的形式进行了明确的规范，要求统一执行。如国务院办公厅发布的《国家行政机关公文处理办法》就规定了公文处理工作的规范和制度，任何部门、单位或个人都不能随意更改。还有一些文种虽没有人硬性规定一定要怎么写，但在使用过程中大家都习惯于按照某种格式来写，很少改变。如书信，人们一般要写清称谓、问候语、正文、祝颂语、落款、日期等方面的内容，而且还要知道这些要素谁前谁后，应置于哪个位置，如何分段空格，等等。

此外，秘书写作的文稿往往要经过一定的规范的处理程序才能正式行文。如秘书起草完公文后要经有关领导审核、签发后才能正式生效。

（五）时效性

秘书写作要受到时间的限制。一方面，它要配合工作事务的开展，为工作事务服务，秘书写作必须迅速及时、讲究时效。如单位工作计划的写作就一定要在某项工作开始之前或刚刚开始时完成；公司企业要推出新的产品，就要先进行市场调查，写市场调查报告和可行性研究报告。另一方面，文书本身的功用或者效力要受到时间的限制。即它在一定的时间内有效用，比如合同只有在当事人约定的时间里才有效力，超出规定时间就失效了。因而，秘书在写作时除了及时迅速外，也要注意文章内容的时效性。

第二节　秘书写作的分类

随着人们社会实践活动的丰富，社会分工的精细化和公共关系、人际交往的多样化以及市场经济的繁荣与规范化，秘书写作的功能、形式、内容和书写技术都发生了很大变化。

秘书写作的内容由过去单纯的行政事务管理延伸到了社会生活的方方面面，体现出内容不断完备的发展趋势。21世纪，各种跨地区、跨行业、跨国界的经济组织不断出现，交往日益频繁，围绕经济活动展开，大量的经济文书应运而生。

同时，秘书写作的文体分工也更加精细、规范。现代社会生活的纷繁多样决定了秘书写作文体的多样性。各行各业不断出现新文体，如涉外经济文书、股份制企业文书、招标书、投标书、房地产文书、资产评估书、抵押文书、专利申请书等。秘书写作的范围会越来越广。秘书写作的内容将进一步扩充，呈现不断出新的动态发展特点。

为了使秘书写作更科学化，有效提高秘书写作能力，我们结合高职高专的教学目标和特点，围绕秘书工作的事务，将秘书写作的文体主要分为以下几类。

一、行政公文

根据2000年8月国务院颁布的《国家行政机关公文处理办法》，行政公文有13种，即命令、决定、公告、通告、通知、通报、议案、报告、请示、批复、意见、函、会议纪要。

二、事务文书

主要包括计划、总结、调查报告、规章制度、会议记录、简报、讲话稿。

三、日常文书

主要包括告启类文书，如启事、声明；便条契据类文书，如借条、领条、留言条；公务信函类文书，包括介绍信、证明信、推荐信、感谢信、表扬信、慰问信、祝贺信、聘书等。

四、礼仪文书

主要包括请柬、邀请函、祝词、欢迎词、欢送词、贺电、唁电、讣告、悼词等。

五、宣传文书

主要指消息、通讯、海报等。

六、经济文书

主要指广告、合同、市场调查报告、营销策划书、商函、招标书、投标书等。

第三节 秘书写作的一般过程及其方法

根据写作的基本规律，秘书写作可以分为三个阶段：准备阶段、写作阶段和修改阶段。

一、准备阶段

秘书写作前的准备工作主要包括两个方面的内容：一是思想准备，二是材料准备。

（一）思想准备

秘书写作具有受命性，要服从和反映领导意图。秘书写作的任务就是把领导的意图条理化、系统化。对于党政机关和企事业单位而言，领导意图实际上是党和国家的方针政策、上级指示精神在本单位工作中的具体体现，在一定程度上代表了本组织的意志。秘书写作的各种文稿要受命于领导，更要符合党和国家的方针政策和法律法规，需要与本单位的实际情况结合起来，在全面切实掌握本单位的实际情况的基础上提出具体的实施方案和措施办法。具体来说，要做好以下几方面的工作：

1. 吃透政策和法律、法规精神

这就要求秘书加强学习，熟知与本单位、本职工作相关的方针政策、法律法规，具备一定的科学文化和政治理论修养，能够遵循现行的法律、方针和政策，通过创造性的劳动把它们和本单位的实际情况结合起来，既坚持原则又灵活机动，写出符合要求的文稿，为现时的政务、商务、科技、管理服务。

作为文秘人员，必须遵守党的一切政策、方针、路线，这也是文秘写作最重要的一条。“笔下有财产万千，笔下有人命关天，笔下有是非曲直，笔下有毁誉忠奸”也说明了文秘写作的政策性和严肃性。

2. 理论联系实际，形成写作观点

秘书写作最终指向的总是结论、意见、措施、办法、规定、要求等抽象性、概括性的思想成果，并由此达到其实用性的目的。文秘人员能否准确把握本单位的实际情况，将政策法令与本单位的实际情况结合起来，直接关系到文章的合法性和合理性，直接关系到文章的意义和价值大小。文秘人员需熟悉专业和业务，有一定的实际工作经验，关心现实问题，关注社会需求，对实践活动进行分析、评价从而找出规律性认识，指导今后的实践。

（二）材料准备

所谓材料是指为写作而搜集的一系列的事实和事理。材料是文章内容的构成要素，也是形成主旨的依据，是秘书写作的基础。具体来说，要做好以下几方面的工作：

1. 材料的收集

秘书写作种类繁多，而且都是直接为现实服务的，它担负着反映千变万化的客观事物的任务。要想真正占有材料，首先要注意日积月累，材料积累多了，自然就会在写作时运用自如，积累材料应该从书本、文件资料、生活材料多方面进行；其次，要做好调查研究工作，即深入实际，掌握第一手资料，才能对事物有一个真实的、准确的认识；最后，我们还可以广泛收集各种渠道的间接材料，如信息网络渠道、档案渠道、大众传媒渠道等。

2. 材料的选择

秘书写作材料的选择标准如下：

（1）真实。这是秘书写作材料的第一位的要求。秘书写作所选用的材料必须内容真实，符合实际。所用到的事实、事例、数据，引用的言论等都应是现实生活中客观存在的。不能对材料任意夸大或缩小，更不能虚构。

为了保证所写内容的准确性与权威性，要对所用的材料进行必要的核对查实。对有疑问的事实性材料可以通过开座谈会、找知情人访谈、现场勘察等方式广泛听取干部群众或员工的意见，不真实、不能落实的材料要弃用。对有疑问的数据可以通过查对账册、报表等方法核实，如有必要，可以重新计算。如果我们的文稿中需要直接引用领导人或其他重要人物的讲话、重要文献的内容，应找到原始出处核对。

（2）新颖。新颖的材料是那些新近发生的、富有时代特点的材料，人们从中能够发现新问题、新观点、新方法。

（3）典型。典型指最能代表事物的本质、揭示客观规律的材料。这些材料往往能“以一当十”，产生强大的说服力。

（4）系统。指选择材料要全面。材料要既有正面的，也有反面的；既有点上的，也有面上的；既有现实的，也有历史的。整个材料构成一个纵横交错的立体网，形成系统材料。

（5）切旨。写进文章中的材料还必须切合主题需要，要能够为观点、主张服务，做到材料和观点统一。

3. 材料的运用

在写作中，材料运用得当对于深化和表现主题、增强文章的说服力，具有重要的意义。材料运用的方法主要有：

（1）点面结合。既有利于揭示事物的整体面貌，又有利于具体展示事物的发展状况。

（2）连引列举。在采用一个事例不足以说明情况和问题时，就要采用几个事例共同说明。

（3）参照对比。就是把两个以上的事实拿来比较，以便更加明了、更加有力地说明情况和观点。

（4）主体材料和背景材料相结合。主体材料是指文章中要说明和提供的主要情况资料，背景材料是为使主体材料更完整充实而选用的密切相关的其他事实材料。

（5）情况与数据相结合的方法。运用表示数量的材料加强对情况和观点的分析与认识。

二、写作阶段

（一）正确选用文体

秘书拟写的文稿种类繁杂，不同种类的文稿所表达的内涵、适用情况、写作格式各不相同。秘书在写作之前，要根据写作内容和写作目的的需要选用恰当的文体种类，不可随意乱用。要正确选用文体，需要做好以下工作：

1. 要明确行文对象，区分是内部行文还是对外行文

一般说来，内部行文较对外行文在格式体例的要求上要随意和灵活得多，在写作内容方面也有不同要求。

2. 要明确本单位与受文单位之间的关系

秘书写作时应遵守行文规则，根据隶属关系选用恰当的文体。如常见的上行文、平行文、下行文三种行文关系及其在格式、语词、语体使用上的差异。

（二）合理安排结构

结构指文章内部各部分之间的组织形式。好的内容还要有好的表达形式，这就需要我们在写作时根据观点表达的需要，精心而合理有序地安排结构。古人对此早有研究，刘勰在《文心雕龙·附会篇》中说："总文理，统首尾，定与夺，合涯际，弥纶一篇"，讲的就是如何安排文章的结构。元人乔梦符说："作乐府亦有法，曰：凤头、猪肚、豹尾六字是也。"

秘书写作的各种文稿在体式结构上或具有法定的格式，或具有一些惯用的结构模式，应当遵守。秘书写作结构规律可概括为：

1. 从整体上构思结构，一般是由总到分，再到总

先说行文的目的、依据，或总述事情的背景、经办过程，或对全篇内容作总的介绍和评价等等；再分别阐述观点、建议、措施、办法、经验、问题等；最后提出总的希望和要求。即综合——分析——综合。

2. 分层、分段中的分类与归类

把纷繁无序的材料有序组织起来，就需要对材料进行分类与归纳，形成篇章中的段落与层次。分类就是按统一标准，将全部材料分为若干部分，每部分形成一个层次。属于同一层次的材料，还可以进行再分割，形成若干段落。归类就是将性质相同的材料归成一类，形成类别材料的组合，一类材料形成一个方面，根据材料之间的内在逻辑关系形成层、段的先后顺序。一般有总分式、纵贯式、递进式、并列式等。

3. 归纳层、段主旨的方法

为使文章条理清楚、鲜明醒目，往往在一层或一段的开端，归纳其层、段主旨，并形成观点句。

（三）恰当运用语言表达

语言是文章写作的工具。在写作中，语言不仅要符合语法规范，而且应符合语体规范，能够根据文章特点和效用随情应境、准确得体地表情达意。秘书写作的语言具有实用性特征，是反映社会实践的规范化的书面语言，具有适应社会活动所需的语言风格、结构和规范。

1. 语言表达具有明确性

语言表达的明确性是实用文的功用决定的。只有明确才便于理解，便于执行，才能避免费时误事。明确性的要求在语言表达上必须做到：

（1）运用语气要准确。陈述、祈使、疑问、感叹等语气表达的意思各不相同。选择恰当语气，才能准确传情达意。

（2）运用词语要准确。准确指我们选用的词语要能如实地反映客观事物，切合表达意图，概念明确，判断正确，褒贬分明，轻重适度，无歧义。对于秘书工作者而言，要保证

用语的准确，必须做到以下几点：

第一，要学会斟酌字句，精心辨析词语的意义。在写作过程中要精心挑选词语，明确每一个词的确切含义和情感色彩，特别是要认真辨析同义词、近义词之间的细微区别。秘书界有一句俗语叫“一字入公文，九牛拉不回”，说的就是咬文嚼字的重要性。比如我们起草合同文本时经常要用到“订金”和“定金”两个词语，一字之差，意义迥异。

第二，用语必须得体、合体。所选用的语言要合乎特定文体的要求，合乎特定的语境、特定的场合。比如说起草行政公文时用语应庄重、严肃；制定法规时用语须肯定、明确；而在撰拟总结、计划等事务性文书时用语要明白、晓畅。此外，写作时还要考虑到与行文对象的关系和一定的语言环境。比如说对上级的行文用语要庄重、谦恭，对平级和不相隶属机关的行文用语要平和、礼貌。

2. 语言表达具有规范性

用语规范指秘书写作时除了要注意使语言合乎现代汉语的语法规范，合乎逻辑，合乎文体习惯，不能产生歧义外，还要学会一些必要的专业用语。三百六十行，行行都有自己的专业用语。如营销行业就有“畅销、脱销、滞销，旺季、淡季，毛利、纯利”等诸多专业用语。这些用语经过长期使用，已得到了社会的广泛认同。刚参加工作的文秘人员一定要多多学习，尽快熟悉业务，这样就不会说外行话，用语才能规范。

同时，还要注意书写规范。一要使用正确的简化汉字，不写繁体字、异体字等不规范的汉字；二要注意正确使用标点符号；三要注意规范地标注数字。

3. 语言表达具有程式性

程式性是实用文体写作区别与其他文体的一个独特要求。长期以来，实用文语言形成了一些相对固定的程式，主要表现为：有相对固定的体式，如标题、开头、结尾等；有相对稳定的结构方式；有相对稳定的习惯用语等。

实用文体写作的表达方式一般采用叙述、说明、议论，排斥描写和抒情。

4. 语言表达具有简约性

秘书写作要求用语要简洁明快，言简意赅，不蔓不枝，用最少的语言表达最丰富的内容。为了用尽可能少的语言文字来传递尽可能多的信息，常使用一些简略方法。

(1) 大量使用缩略语。可以在一定的语言环境下依据语法规则或习惯把双音节的词变成单音节的词，如应该——应，经过——经，根据——据，将来——将；可以保留两个或两个以上并列结构中的不同语素，共用相同语素，如进口、出口——进出口，马克思主义、列宁主义——马列主义；可以把两个或多个并列词语中共同的语素或共同的性质提取出来，再与并列词语的项数组合，形成“数词＋共词”的形式，如废水、废气、废渣——三废，包修、包换、包退——三包，蚊子、苍蝇、臭虫、老鼠——四害。

(2) 使用简称法。包括规范式简称和替代式简称两种情况。前者是从一些固定短语中提取有代表性的词语来代替短语，如中国人民解放军——解放军，北京大学——北大；后者是指某些临时性质的内容需在文中反复出现时，为了行文的方便可在其第一次出现时根据不同情况用一个相对简短的词汇来替代的方法，如签订合同时可用“甲方”、“乙方”，“供方”、“需方”来替代签订合同的双方。

(3) 要学会使用习惯性用语。在长期的秘书写作实践中，前人积累的一些习惯用语，已得到了人们的广泛认同，使用频率十分高。如一些文言词语，常见的开端用语有“为、为了、根据、遵照、按照、据悉、现将、关于、值此、由于、随着、目前、今、兹、查”等十余种；祈请用语有“请、拟请、将请、务请、恭请、应予、限予、责成、希、希予、希即”等十余种。此外，还有专用的表态用语、征询用语、承启用语、称谓用语等等。

(4) 经常使用富有概括力的熟语。如雷厉风行、执迷不悟、弄虚作假等。

三、修改阶段

由于主观认识的局限，或业务知识、文字能力的不足，我们很难让写出的文稿一下就达到完美的境地。秘书写完稿子后总要仔细审核，反复地思考、推敲以发现其中的不足，有针对性地修改。《关于建国以来党的若干历史问题的决议》是我党历史上的一篇重要文献，从组织起草到完成定稿历时一年多，经过了4000人的大讨论、几十人的专门讨论、政治局扩大会议讨论、十一届六中全会预备会讨论等多个程序，数易其稿。在审稿的过程中，邓小平同志至少九次对稿子提出修改意见。最后，该文终于在党的十一届六中全会上获得通过。可见，做好审核修改工作是保证文稿质量的重要保障。那么，如何做好文稿的审核修改工作呢?

(一) 明确修改的内容

一看文章观点是否与党和国家的方针政策、是否与领导的意图相符。审核时注意深化主题，校正观点，错误的改正确，消极的改积极，模糊的改鲜明，肤浅的改深刻，散乱的改集中，片面的改全面。

二看材料是否真实、典型、恰当。观点是材料分析的产物，同时需要材料的支撑。如果材料不够真实、典型、恰当，就不能很好地体现主题，影响观点与措施的可信度。修改时，材料芜杂的删除，材料贫乏的增添，材料不当的置换。

三看措施、办法是否切合实际。注意提出措施的理由是否充足，是否符合客观实际；分析措施中的执行期限是否恰当；判断措施的内容是否明确具体，易于执行，便于检查。

四看结构是否合理。结构的修改就是理清思路。思路不清的修正总体线索，段落不当的调整顺序，主次不明的重新安排详略，首尾不妥的重新设计。

五看文稿语言表达是否恰当。易生歧义的改准确，啰唆冗繁的改简洁。

六看文稿的体式是否得当。首先文种的选用要适当，其次文稿的格式应符合要求，第三行文关系与语气要得当。

(二) 掌握修改方法

修改文章有的是大修大改，需要全篇重写或部分重写；有的是小修小改，采用增、删、换、调等方法。常见的方法有：

(1) 求助法。初稿完成后，可按权限要求将其送交单位或部门领导审核，并按领导的意见修改。如果是不涉密的文稿还可请其他同事提意见，帮助修改。

(2) 读改法。通过自己反复诵读发现问题，进行修改。

(3) 冷改法。稿子写完后搁上一段时间，再重读初稿时易于发现文中不完善、不妥当之处，从而推动修改的进行。

第四节 秘书写作应具备的能力素养

写作是一种富有创造性的精神性活动，写作水平的高低不仅仅取决于写作技巧，还要受写作者的认知能力、认知水平和文字素养的影响。秘书写作的实用性、综合性要求秘书具备综合性的多种能力。具体来说体现在以下几个方面。

一、思想理论素养

对于秘书而言，一篇文稿质量的高低关键在于文章的观点是否正确，是否切合实际，是否能解决实际问题。正确的思想和较高的理论素养是形成正确观点的重要保障，因而思想理论水平的高低对写作具有直接而决定性的影响。

(1) 要树立科学的世界观和方法论，并以之加强自己在信仰、观点、品德、节操等方面的改造。

(2) 要学会以辩证唯物主义的理论为指导，努力提高对客观事物进行鉴别、概括和分析的能力。

(3) 要站在政治理论的高度理解好党和国家的各项方针政策，在自己的实际工作中自觉落实好上级的指示精神，做好服务工作。

二、专业知识素养

专业知识一是指秘书人员要掌握好文秘知识，特别是专业的写作知识；二是许多行业的文稿专业性强，常常与有关专业、有关业务有密切联系。例如，如果我们对市场知识和营销知识一无所知，写作水平再高，文字能力再强，也是写不好市场预测的文稿的。因此我们要注意多方面地积累知识，尽快熟悉主要的工作环节，了解行业知识。

三、搜集处理信息的获得性能力

现代社会的信息载体多样化、信息传递迅速化和社会化，既带来了共享信息的广泛、便捷和效益，同时也对搜集和处理信息提出了更高的要求。作为秘书，首先，应意识到信息搜集的必要性和重要性，具备写作之前进行信息搜集工作的概念和意识，养成准备信息的习惯；其次，要了解信息收集的渠道，掌握常用的信息收集的方法，拥有得到信息的手段；再次，要熟悉对信息进行整理加工、贮存和传递的环节过程，并掌握其程序和工作方式。

四、分析、决策事务的思维性能力

任何一篇实用文的写作和制发都有特定职能和目的，都是为了解决某一类、某一方面的实际问题，都有特定的针对性。秘书写作的实践性和实用性要求写作者必须为了一个特定的目标，以对客观事物的认识为前提，根据客观条件的可能性，借助一定的方法，对问题进行判断分析，然后作出行动决策。这实际上就是对写作者提出了一种分析问题、解决问题的思维能力要求。它包含了发现问题——确定目标——拟订方案的主观能动的思维过程，保证了实用文的合理性和可行性。如写调查报告、可行性报告及策划书等文种时，这种思维能力要求更突出。

五、运用写作要素的表达性能力

写作是由主题、材料、结构、语言这四个基本要素构成的。任何写作都可视为四要素的整合运用。秘书写作作为文章写作的一个类别，既遵循写作的一般规律，也有其特点的体现。秘书人员应当比较系统地学习写作基本理论和写作知识，懂得写作基本原理，掌握常见的写作方法和技巧，努力提高语言素养。

（1）要注意丰富语言储备。首先要掌握一定数量的词语，丰富自己的词库。从某种意义上说，掌握词语数量的多少，直接关系到文章的表达质量，因为词库里的语词太少，没有挑选的余地，自然会影响文章的表情达意。

（2）要注意多阅读范文。通过阅读范文，不但学习别人的思维，处理问题的方式、方法和谋篇布局的技巧，也可以学习别人的表达技巧，积累语言，提高自己的语言素养。

（3）要多写多思。动手写作是提高写作水平的有效方法，只有在写作训练中才能够清楚地发现不足。同时，写作一定要和思考相结合，经过这种积淀、内化的过程才能真正形成能力。

[思考与练习]

1. 秘书写作与文学创作有何不同？

2. 结合实例说明秘书进行写作需要具备哪些能力。

3. 请对下列文字材料以“爱”为题进行高度概括描述，不多于30字。

爱并不是虚情假意的谎言，它是实实在在的情感，只要仔细感受，你就会发现爱本来就紧挨着你：它可能是清早母亲挤向你牙刷上的一寸牙膏，让你感受到温馨；它可能是陌生人的一把搀扶，让你体会到温暖；它可能是作业本里老师落下的一根白发，让你感悟到关爱；它可能就是一个微笑，让你理解到宽容和赞赏。在生活中，你有了这种感受、体会、感悟、理解，受到触动感染、激励鼓舞，就会丢掉冷漠，解除封闭，成为一个有爱心的人。

4. 阅读下面材料，从中提炼出3～5个正确的主旨。

让　　座

一青年坐在公共汽车的“怀抱婴儿专座”上，见一个怀抱婴儿的妇女上车也不让座。当售票员提醒他这是怀抱婴儿专座时，青年才极不情愿地让出座位。妇女坐下时，骂了声“木头”，青年未吭声。过了一会儿，青年忽然说：“我的钱包掉在座位下了。”妇女信以为真，起身让他去找。青年一屁股坐在座位上，再也不起来了。

5. 下面是一则某市中学生篮球比赛的报道稿，文中连用5个“战胜”，行文显得单调。请根据不同的比分，用5个“战胜”的同义词语分别填入括号，使用词准确又富有变化。

今天进行的中学生男篮预选赛中，一中队以72：60（　　）十五中队，十八中队以68：56（　　）八中队，二中队以98：42（　　）十一中队，三中队以78：77（　　）七中队，二十中队以86：80（　　）上届冠军五中队。

6. 下面的句子有歧义，有几种理解？请说出消除歧义的方法。

(1) 母亲的回忆。

(2) 我们是怎样发挥顾问的作用的？

7. 请把下面的文字重新排列成连贯的、段意明确的一段话。

(1) 我们不仅需要政治上、文化上的巨人，同样也需要有自然科学和其他方面的巨人。

(2) 我们相信一定会涌现出大批这样的巨人。

(3) 恩格斯在谈到 16 世纪欧洲文艺复兴时曾经说过，那是一个需要巨人而且产生巨人的时代。

(4) 今天，我们社会主义祖国的伟大革命和建设，更加需要大批的社会主义时代的巨人。

(5) 我们中华民族在人类文明发展史上，曾经有过杰出的贡献。

(6) 现在，在共产党领导下，我们民族正在经历着一场伟大的复兴。

8. 下面的句子括号中应该填入哪一句才恰当呢？

国务院早就要求沿淮企业必须限期停止向淮河排放污水，可这个工厂的领导却一直置若罔闻，拖延推诿，(　　)。

A. 既不传达上级指示，也不购置污水处理设备，以致污染问题越来越严重，环保工作没人管

B. 既不购置污水处理设备，也不传达上级指示，以致污染问题越来越严重，环保工作没人管

C. 既不传达上级指示，也不购置污水处理设备，以致环保工作没人管，污染问题越来越严重

D. 既不购置污水处理设备，也不传达上级指示，以致环保工作没人管，污染问题越来越严重

9. 请你对学校的一个守门人或小卖部的售货员进行仔细观察并写一段文字，要求与其他守门人、售货员区别开来。

10. 就秘书写作的认识、态度、写作状况及能力水平，在本班或本专业范围内作一次调查，然后整理出一份材料。

第二章　行政公文

公文是国家党政机关、企事业单位与其他社会组织、人民团体在处理日常公务活动中为行使职权、实施管理而制作的具有法定效力和规范体式的一种实用文书。广义的公文泛指机关管理、公务往来活动中形成的一切书面文字材料；狭义的公文专指行政公文，国务院 2000 年 8 月 24 日发布的《国家行政机关公文处理办法》中明确规定的 13 种公文。

公文撰写能力是国家行政机关工作人员一项基本能力要求。随着公务员制度的日益完善，公务员的表达能力，特别是公文写作能力越来越为人们重视。本章讲述的是狭义的公文，即国务院明文规定的具有法定效力和规范体式的公务文书。

第一节　行政公文的概念、特点、种类及格式

一、行政公文的概念

国务院 2000 年 8 月 24 日发布的《国家行政机关公文处理办法》中明确规定："行政机关公文，是行政机关在行政管理过程中形成的具有法定效力和规范体式的文书，是依法行政和进行公务活动的重要工具。"这一概念的基本含义包括三个方面。

（一）行政公文有法定的作者

这里所说的作者是指依法成立并能以自己的名义行使权力和承担义务的组织。组织负责人以个人名义制发公文，并非以私人的身份行事，而是以他所在组织法定的领导者的身份行使职权。

（二）行政公文具有法定权威性和行政约束力

行政公文一旦发布，便对受文机关产生行政约束力和强制执行力，具有法定的权威性。任何机关和个人都必须严格遵守，不得违背。

（三）行政公文具有规范的体式和制发程序

行政公文的文体和格式都有国家的统一规定。制发公文是一件严肃的事，必须按照规定的体式，不得随心所欲，自行其是。

二、行政公文的特点

（一）政治性

公文自产生起，就是管理国家的重要工具，是社会政治的产物，在内容上具有鲜明的政治性。在我国，公文具有传达、贯彻党和国家的方针、政策，处理机关行政公务的重要

职能，直接反映了小至机关团体，大至国家政权的政治立场和根本利益，是一个国家和政党的政治态度和阶级关系在文字上的体现。

（二）权威性

公文具有代行法定职权的功能，对受文机关在法定的时间和空间范围内，具有法定的权威性和行政约束力。

（三）时效性

公文主要在现行工作中使用，是为解决现实中出现的问题和矛盾而制作、发布的，因此公文都有很强的时效性。

（四）特定性

公文与一般文章相比，有特定的制发主体、特定的读者、特定的内容、特定的格式和特定的语言，而这“五特”又由特定的行政目的来决定。

（五）程式性

公文是一种高度程式化的应用文体。公文在长期实践中形成了独特的文章写作格式和一套制发规范，并用国家法规予以规定其处理办法。

三、行政公文的种类

《国家行政机关公文处理办法》中规定的行政公文有命令、决定、公告、通告、通知、通报、议案、报告、请示、批复、意见、函、会议纪要 13 种。行政公文按照不同的标准有不同的分类。

（一）按照特点和作用划分

按照特点和作用划分，有指挥性公文、报请性公文、知照性公文、商洽性公文。

（二）按照行文方向划分

按照行文方向划分，有上行文、平行文、下行文。

1. 上行文

指下级机关呈送给上级机关的行文。主要用于向上级机关汇报情况，请示工作，如请示、报告。

2. 下行文

指上级机关给下级机关发送的公文。主要用来传达贯彻党和国家的方针政策，采取强制性行政措施，发布法规，指导工作，如通报、通知、批复等。

3. 平行文

是平级或不相隶属机关之间商洽工作，询问、答复问题，向有关主管部门请求批准和审查时使用的行政公文，如函。

（三）按照秘密等级划分

按照秘密等级划分，有绝密、机密、秘密、普通公文。

秘密等级是指公文秘密程度的等级。密级不同，文件发放、传达、阅读的范围和保密期限也就不同。根据《国家秘密保密期限的规定》，保密期限按“绝密级事项三十年，机密级事项二十年，秘密级事项十年”认定。

（四）按照紧急程度划分

按照紧急程度划分，有特急公文、急件公文、常规公文。

紧急程度是指对公文传递和处理的时限要求。

（五）按照公文来源划分

按照公文来源划分，有收文、发文、内部公文。

四、行政公文的格式

行政公文的格式是公文组成部分在文面上的位置和书写要求，包括公文行文格式、用纸格式、装订格式。

（一）公文的行文格式

《国家行政机关公文处理办法》对公文的结构要素作了明确规定："公文一般由秘密等级、保密期限、紧急程度、发文机关标识、发文字号、签发人、标题、主送机关、正文、附件说明、成文时间、印章、附注、主题词、抄送机关、印发机关和印发日期等部分组成。"根据《国家行政机关公文格式》的规定，公文格式有文件格式和特定格式两种。特定格式有信函格式、命令格式和会议纪要格式，它们有特定的版式要求。下面我们主要介绍文件格式。

公文的各要素可划分为眉首、主体、版记三部分。

1. 眉首部分

公文的眉首又可称为文头或版头，包括公文份数序号、秘密等级、保密期限、紧急程度、发文机关标识、发文字号、签发人等项内容。眉首置于公文首页红色反线以上，一般约占 A4 型公文纸的 1/3 或 2/5 面积。

（1）公文份数序号。

公文份数序号是按同一文件中每份的发文顺序来编的，目的是便于文件统计、登记、保密和回收。份号用阿拉伯数字标志，位于版头左上角，主要用于内容机密的文件。

（2）秘密等级和保密期限。

密级指公文机密程度的等级，位于公文的版头右上端第一行，如需注明保密期限，则保密期限和秘密等级用★隔开。

（3）紧急程度。

是指对公文送达和办理时间的限制。紧急公文可分为"急件"、"特急"两类。如果是紧急电报，则据实际情况分别以"平急"、"加急"、"特急"、"特提"标志。如需标识紧急程度可顶格标识在右上角第二行。

（4）发文机关标识。

由发文机关全称或规范化简称后加"文件"组成，又称文件标识，用套红印刷。如果是联合行文，主办机关名称应列在前面，"文件"二字置于发文机关名称右侧，上下居中排列。

（5）发文字号。

发文字号位于发文机关标识正下方，由发文机关代字、发文年份、发文序号三部分构成，如国办发〔2005〕9 号。如果是联合行文，只标明主办机关的发文字号。发文字号中的年份应标全称，用六角括号“〔　〕”括入；序号不编虚位，不加“第”字。

（6）间隔线。

发文字号下 4mm 处设一条较粗的红色横线，称为“红色反线”。党内文件的间隔线正中印一颗红色五角星，行政机关公文不印红星。

（7）签发人。

上行文要由发文机关主管领导人签名。签发者姓名签在发文机关标识右下方，一般与发文字号平齐。签发人后用全角冒号。

2. 主体部分

主体部分包括标题、主送机关、正文、附件说明、发文机关、发文日期、印章和附注几个部分。

（1）公文标题附注。

公文的标题位于文头间隔线下居中位置，一般由发文机关名称、发文事由和文种三部分构成，如“××省教育厅关于召开 2001 年招生工作会议的通知”。

（2）主送机关。

主送机关，是指公文的主要受理机关。主送机关写在标题之下，顶格书写，末尾加冒号。如主送机关不止一个，应按其性质、级别或惯例依次排列，中间用顿号（类间用逗号）断开。普发性下行文，主送机关较多，一般使用泛称，如“院各直属单位”。上行文的主送机关一般是一个。一些没有特指主送机关的公布性公文，如公告、通告等，则不写主送机关。

（3）正文。

正文是公文的核心部分，用来表述公文的具体内容。除个别极简短的公文外，正文内容一般分开头（又称缘由或引据）、事项、结尾三部分。具体撰写要求因文而异，将在后面各类文种的学习中具体介绍。

（4）附件说明。

附件说明是用来补充说明公文正文所附的图表或材料。公文如有附件，在正文下空一行，左空两字标识“附件”，后标全角冒号及附件名称；附件如有多份，使用阿拉伯数字标出序号。附件一般应与公文一起装订，并在附件左上角第一行顶格标识“附件”。若不能一起装订，应在“附件”左上角第一行顶格标识公文的发文字号。

（5）发文机关。

正文末尾右下侧写上发文机关名称，称为落款。公文标题已写明发文机关的，一般可不再落款。

（6）发文日期。

发文日期以领导人签发的日期为准；联合行文以最后签发机关领导人的签发日期为准；电报以发出时间为准；会议通过的公文，以通过日期为准；法规性公文，以批准日期为准，或以专门规定的具体生效、开始执行的日期为准。

发文日期必须以公元纪年，用汉字数码完整书写年、月、日，“零”写为“○”。发文日期一般写在发文机关名称之下。会议通过的文件，发文时间可写在公文标题下的括号中。

（7）印章。

公文，除会议纪要和以电报形式发出的以外，都应加盖印章。印章要端正、清晰地盖在成文时间之上，上不压正文，下要压年、月、日。联合上报的非法规性文件，由主办机关加盖印章。联合下发的公文，联合发文机关都应当加盖印章。

(8) 附注。

附注是指公文的传达范围、使用范围的规定及应当说明的其他事项。标识在成文时间和印章之下，居左空两个字，用圆括括住。

3. 版记部分

版记部分又可称为文尾部分，包括主题词、抄送机关、印发机关、印发日期等内容。

(1) 主题词。

主题词是代表公文内容特征和归属类别的名词或词组，其主要作用在于方便电脑存储和文件检索。主题词一般由类别词（反映公文主要属别）、类属词（反映公文的主要内容）、文种词（反映公文的功能与形式）三个层次构成。每份公文写 3～5 个主题词，一般不应超过 5 个，最后一个词必须是文种词。

(2) 抄送机关。

抄送机关，是除主送机关外需要协助执行或了解公文内容的其他机关。其位置在主题词下一行，印发说明之上，并用一根上置横线和一根下置横线与之上下隔开。

(3) 印刷说明。

印刷说明部分由“公文印发部门”、“印制时间”、“印刷数量”三部分组成，由上横隔线和公文底线与其他部分隔开。

（二）公文印刷格式

公文书写一律从左到右横写、横排。公文版心尺寸为 156 mm×225 mm，上白边为 37mm，左白边为 28mm。文中发文机关标识一般用红色小标宋体字，一般应小于 22mm×15mm。公文标题用 2 号小标宋体字；主题词、秘密等级、紧急程度用 3 号黑体字；正文、主送机关、抄送机关、签发人、附件采用 3 号仿宋体字；签发人姓名用 3 号楷体字。

（三）公文的纸型和装订规格

公文用纸一般为国际标准 A4 型纸张，幅面尺寸为：210mm×297mm。公文应左侧装订。通告等公开张贴的公文用纸大小，可视实际需要确定。

[思考与练习]

1. 多选题

(1) 在下列几种应用文中，具有公文的法定效用的有（　　）。

A. 调查报告　　B. 函

C. 介绍信　　D. 倡议书

(2) 书写公文文稿有统一的规定，这就是（　　）。

A. 用圆珠笔和铅笔

B. 在统一印制的具有规范格式的发文纸上书写

C. 所有文字、图表、符号都应写在规定的图文区之内

D. 要压住或越过装订线

(3) 公文结尾的方式很多，最常用的主要有（　　）。

A. 专用术语殿后　　B. 介绍制发公文的内容及背景

C. 强调、重申式　　D. 交代施行时间或处罚措施

(4) 动笔撰写公文前要选好文种，选择文种的依据有（　　）。

A. 政策法规依据　　B. 工作关系依据

C. 职权范围依据　　D. 行文目的依据

(5) 公文开头的方式多种多样，最常用的有（　　）。

A. 开门见山，揭示主题　　B. 说明发文目的

C. 引用名人名言　　D. 提问式开头或表态式开头

(6) 确立公文的主题有哪些最基本的要求？（　　）

A. 正确　　B. 集中

C. 深刻　　D. 鲜明

(7) 区别正文各层次的标注方法，常见的有（　　）。

A. 用数量词标示　　B. 用小标题标示

C. 用惯用语标示　　D. 用不同的自然段标示

(8) 书写文稿除了禁绝错别字外，还忌用（　　）。

A. 国务院公布的简化汉字　　B. 异体字

C. 复合字　　D. 繁体字

(9) 在什么样的情况下数字必须使用汉字？（　　）

A. 在表述序数时　　B. 在很庄重的句子中

C. 具有修饰色彩　　D. 在词语中作为词素的数字

2. 说出你所在的学校或单位的上级、下级、平级机关。

3. 阅读附录四《国家主题词表》，熟悉主题词的类属。

4. 请手工绘制一份行政公文格式图。

第二节　通知

[例文简析]

例文一：指示性通知

××省人民政府办公厅关于加强节约用电工作的通知

×政办发〔2006〕30号

各市、州、县人民政府，省政府各部门：

根据《中华人民共和国节约能源法》和《省人民政府关于做好建设节约型社会近期重点工作的意见》（×政发〔2005〕39号），为缓解我省电力瓶颈制约，促进经济增长方式转变，加快建设节约型社会，经省人民政府同意，现就加强节约用电工作有关问题通知如下：

一、充分认识加强节约用电工作的重要意义

能源是国民经济与社会发展的重要物质基础，节能、节电是国家的一项长期战略。党

的十六届五中全会提出，"'十一五'时期要达到"资源利用效率显著提高，单位国内生产总值能源消耗比'十五'期末降低20%左右"。我省一次能源总体自给率不足四分之一，火力发电用煤的98%需从省外购入，电力供应比较紧张，能源匮乏已成为制约全省经济社会发展和全面建设小康社会的重要因素。多年来我省持续开展节约用电工作，取得了较好效果，但与建设节约型社会的要求相比仍然存在差距。各地、各部门要以科学发展观为指导，坚持"开源与节约并举，节约优先"的原则，充分认识加强节约用电工作的重要性，综合运用经济手段、法律手段和必要的行政手段，促进节电节能技术创新和技术改造，大力推广和使用节电技术、设备和产品，提高电力使用效率，推进全社会节能用电。

二、明确节约用电的重点领域和重点技术

（一）加快重点用能单位节电技术改造。改善电能质量，引导企业采用无功就地补偿、智能控制、谐波滤波器等节电控制技术和产品，提高系统运行效率；鼓励企业改造主要耗电设备和工艺，采用变频调速和高效变压器等高效节电设备与工艺，淘汰低效风机、水泵、电动机、变压器、冷冻机等落后设备，提高用电效率；支持企业采用天然气、冷电、热电三联供，余热、余压、新能源及资源综合利用发电，热电联产和远红外加热等技术，提高能源转换效率。

（二）鼓励大型公共建筑空调系统节能改造。指导和支持大型商场、宾馆、饭店、医院、体育馆、会议中心、办公楼、娱乐场所等的中央空调系统进行高效制冷（热）、送水和送风技术的节能技术改造，并积极鼓励使用天然气、热力和采用溴化锂空调技术替代电力空调系统的改造；鼓励使用冰蓄冷空调技术。

（三）发展可再生能源，推广绿色照明和节能型家用电器。一是推广太阳能热水器、太阳能光电技术等太阳能利用技术，在公园、广场和风景旅游区等推广使用太阳能路灯照明。二是鼓励具有自主知识产权的风力发电机组的技术开发和制造，加快风力发电设备国产化，扶持风力发电示范项目，积极开发风力发电资源。三是鼓励采用合理的采光和照明方式，充分利用自然光，推广使用节能灯、半导体照明等绿色照明技术。四是认真执行国家《能源效率标识管理办法》，鼓励使用节能型家用电器。

三、采取切实措施，确保节约用电工作落到实处

（一）加强组织领导。各地要加强对节电工作的组织领导，将节电节能工作纳入重要议事日程，做好检查、监督、协调工作。党政机关、事业单位和社会团体要强化用电管理，制定切实可行的节电工作方案，带头落实各项节电措施。要积极发挥有关行业协会和电网经营企业的专业优势，组织开展节约用电知识培训。要开展多种形式的节电宣传活动，向全社会广泛深入地宣传节约用电的意义，提高全民节电意识，在全社会形成良好的节电氛围。对在节电降耗中成效明显的集体和个人应当给予表彰和奖励。

（二）加强监管和引导。电力主管部门要切实加强电力需求侧管理，做好日常节电检查和用电检查，依法对重点用电单位用电状况进行监测，督促重点用户制定节电专项实施方案，落实各项节电措施，并做好节电示范项目及改造工程的组织实施和推广工作。统计和电力主管部门要尽快建立主要产品电耗统计报表制度，对本地区重点用电大户建立统计报表制度，监测其能耗情况；各重点用电大户应及时报送产品能耗及用电情况。要加强对国家规定的电解铝、硅铁、电炉钢、黄磷、合成氨、烧碱、聚乙烯、电石、水泥等九类高耗电产品的用电及电耗管理，对产品单耗达不到定额标准或不参加产品单位电耗考核管理

的九类产品生产企业，供电企业在供电紧张时段应依照法定程序对其实施限电。建设主管部门要加强对新建、扩建或改建工程项目的管理，项目可行性研究报告中应有电能利用评价，并由各地节能主管部门审定。项目设计电耗定额不得高于国家定额，不得选用国家已确定淘汰或应进行改造的用电设备。

（三）加快产业结构调整。产业主管部门要严格执行国家和省有关电耗限额管理，加快产业结构调整，运用高新技术和先进适用技术改造提升传统产业，依法淘汰落后生产能力。开展产品单耗管理，凡不符合电耗限额标准的，必须限期治理改造，改造后仍未达到要求的或逾期不治理的要依法关停。

（四）制定电价激励措施，加大扶持力度。省价格主管部门要会同电力行政主管部门，根据全省节电工作的长远目标和电力供需形势，积极研究提出分时电价、季节性电价、蓄能电价、尖峰电价等各项电价激励措施，按程序报批后组织实施，鼓励节约用电。省财政在安排财政贴息资金、科技三项费用及新产品开发基金等资金时，要对节电重点领域、重点技术及节电产品生产，节电新技术、新产品和新工艺的推广和应用给予重点支持。各地要多渠道筹措资金，支持节电措施的实施。税务部门要按照财政部、国家税务总局《关于印发〈技术改造国产设备投资抵免企业所得税暂行办法〉的通知》（财税字〔1999〕290号）等有关政策，对开发、生产和使用国家鼓励的节电技术和产品，经确认后，及时办理有关税收抵免事项。

××省人民政府办公厅（公章）

二〇〇六年四月十日

简析

标题完整、规范。本文属指示性通知，在正文部分写明了通知的依据、目的，然后用分条列项的方式从三个方面提出了指示精神和要求，具有高屋建瓴的指导性。“经省人民政府同意，现就加强节约用电工作有关问题通知如下”是格式化的过渡用语，简洁而有公文语体色彩。

例文二：事务通知

中华全国总工会办公厅关于2006年组织劳模休养活动的通知

总工办发〔2006〕17号

各省、自治区、直辖市总工会：

为了大力弘扬劳模精神，推动全社会进一步尊重劳模、关心劳模、学习劳模，中华全国总工会决定，今年组织2000名全国劳动模范、全国五一劳动奖章获得者参加休养活动。现将有关事宜通知如下：

一、参加休养活动的对象

参加休养活动的对象是各行各业在生产、教育、科研一线工作的全国劳模和全国五一劳动奖章获得者（全国劳模占70%，全国五一劳动奖章获得者占30%）。已经参加过全总组织的休养活动的劳模，此次原则上不再安排。患有传染性疾病或行动不便的人员请不要安排。

二、休养时间及地点

根据各地报名情况，休养时间安排在6月中旬至11月底。休养地点和人数为：全总青岛疗养院110人；哈尔滨波斯特酒店太阳岛度假村两批207人；全总北戴河疗养院100

人；湖北武当山疗养院两批 190 人；大连五一国际酒店两批 156 人；陕西省工人疗养院 175 人；云南省工人疗养院四批 471 人；广西桂林工人疗养院两批 268 人；海南南田温泉国际度假中心三批 323 人（各省（区、市）劳模休养名额、时间、地点详见附件 1）。

三、休养费用

休养人员休养期间享受出勤待遇，往返路费由所在单位报销，休养期间的食宿、交通、游览门票等费用由全总承担。个别承担路费确有困难的单位，由所在省总工会帮助解决，省总工会解决有困难的由全总解决。

四、有关要求

(1) 各级工会组织要高度重视劳模休养活动，把做好参加休养人员的推荐、组织、宣传、接待工作，作为关心劳模、爱护劳模、尊重劳模、学习劳模、大力弘扬劳模精神的一项重要工作，切实抓好落实。接待劳模休养的省、区总工会要成立由分管主席牵头的劳模休养接待工作领导小组，负责组织协调工作和相关的新闻宣传报道工作。

(2) 各省（区、市）总工会要按照分配的劳模休养名额、时间和地点认真做好组织工作，每批派出一名工作人员带队（占本省名额）。在休养报到前 20 天，将劳模休养名单汇总表（附件 2）和参加北戴河休养劳模登记表（附件 3），以电子邮件方式报送全总经济技术部（电子邮箱：lmch@acftu. org. cn，附件 2、附件 3 可从中国工会经济技术工作网 http://jjjs. acftu. org 下载）。在休养报到前 3 天将所乘的航班、车次报疗养院（度假村、酒店）。

(3) 接待劳模休养的疗养院（度假村、酒店）要制定具体接待方案，认真做好劳模的食宿、交通、参观、娱乐等活动安排，高度重视饮食卫生、人身安全，保证集体外出要有医务人员陪同，并为每位休养劳模办理人身意外保险。接待方案于休养前一个月报全总经济技术部。

(4) 参加休养的劳模要携带荣誉奖章、身份证，请不要带家属或随员。

附件：1. 各省（区、市）劳模休养名额、地点、时间分配表

2. 劳模休养名单汇总表

3. 参加北戴河休养劳模登记表

4. 全总经济技术部及疗养院（度假村、酒店）联系方法

中华全国总工会办公厅（公章）

二〇〇六年五月十八日

简析

作为一篇知照性的通知，正文部分写明了活动的对象、时间、地点和要求，内容要素清楚明了，便于有关单位办理，具体内容由通知的附件加以补充说明。采用条文式结构，语言明白，语气得体。

[知识讲授]

一、通知的性质和用途

通知是机关、团体、企事业单位在批转下级机关公文、转发上级机关和不相隶属机关

的公文，传达要求下级机关办理和需要有关单位周知或者共同执行的事项、任免或聘用干部人员时所使用的一种公文。大多数属于下行文。

通知的使用不受机关性质与级别限制，具有多种功能，是公文中使用频率最高、使用范围最广的文种。一份通知一般只用于布置或通知一项工作、事项。

二、通知的种类

通知按内容性质不同，可分为批示性通知、指示性通知、会议通知、事务性通知和任免通知五种。

（一）批示性通知

这类通知有“发布”、“转发”、“批转”三种不同形式。“发布”是将已获批准的本机关制定的行政法规或规章制度用发布、印发或颁发通知的形式发给有关单位。“转发”是将上级、同级和不相隶属机关的来文，用转发通知的形式，发给所属下级机关。“批转”是将下级机关来文用批转通知形式发给所属单位。它们的作用不同，行文关系不同，运用时应注意区别。

（二）指示性通知

上级机关对下级机关的某项工作有所指示，要求办理或执行时用指示性通知。

（三）会议通知

上级机关、单位、团体召开会议时，提前告知受文机关会议相关事项时用会议通知。

（四）事务性通知

要求下级机关办理或者需要知道有关事务性事宜时用事务通知。

（五）任免通知

用于上级机关任免下级领导人时使用的通知。

三、通知的写法

（一）通知的内容及结构

通知一般由标题、主送机关、正文、落款和成文时间构成。

1. 标题

标题一般由发文机关、事由和文种三部分组成。根据具体场合和内容，发文机关可以省略，文种亦可变“通知”为“预备通知”、“正式通知”、“紧急通知”等。

2. 主送机关

除本单位内部张贴、公布的一般事务性通知可不写主送机关外，凡以公文正本形式发送的通知均应写明主送机关。如果主送机关有多个，要按规范的一定的顺序排列。

3. 正文

通知正文一般包括通知缘由、通知事项和执行要求三部分。不同通知的正文写法不尽相同，参考例文时应细心体会归纳。在开篇写明通知缘由后，可用过渡语“现（特）通知如下”、“现将有关事项通知如下”转入具体通知事项。在通知事项和提出要求时，内容简单的采用段落式，内容繁多的一般采用分条列项法，在条目前加上序号。

4. 落款和日期

在正文右下方写上发文机关名称和日期。

（二）通知的写作要求

（1）主题要集中。每份通知要求说明一件事情，布置一项工作，达到一个目的，即“一文一事”。

（2）要点突出，措施具体。通知的写作要点在于将通知事项、要求、措施等交代清楚，做到明确具体，切实可行，使受文单位能正确理解并准确执行。

（3）结构安排要恰当。

（4）注意使用习惯过渡语。

[思考与练习]

1. 结合材料，给出通知的标题。

（1）××省教育厅职教处决定在全省高等职业学校开展以“我爱我的专业”为主题的演讲比赛活动。

（2）××市外贸局决定于2007年12月5日召开一次市外贸工作会议，传达贯彻上级指示，布置明年工作。

2. 湖北省人民政府关于调整全省最低工资标准下发一则通知。请写出主送机关，并填出括号中所需词语或句子。

主送机关：（　　　　　　　　）

（　　）适应我省经济社会协调发展，（　　）劳动者报酬权益，努力（　　）和谐湖北，（　　）国家《最低工资规定》（劳动保障部令第21号）和《湖北省最低工资暂行规定》（省人民政府令第74号），（　　）决定适当调整我省最低工资标准。

3. 你所在的学校要举办2008年秋季运动会，请你以学校的名义拟写一份通知，有关内容自拟。（建议写作前充分考虑这份通知所需内容，并落实主送机关名称）

第三节　通报

[例文简析]

例文

××省人民政府办公厅关于表彰全省政府研究系统优秀调研成果的通报

×政办发〔2006〕58号

各市、州、县人民政府，省政府各部门：

根据《省人民政府办公厅关于评选全省政府研究系统优秀调研成果的通知》，按照公开、公正、公平的原则和规范的程序，省政府研究室组织各方面专家对各级政府及省政府各部门申报的调研成果进行了认真评选。经过评审委员会三轮评审并报省政府领导审定，共评出一等奖10篇、二等奖20篇、三等奖30篇、优秀奖40篇（获奖文章及作者名单附后）。这批优秀调研成果具有广泛的代表性，集中反映了我省政府研究系统2004至2005年度调研工作所取得的优异成绩，对服务领导决策，促进经济社会发展发挥了重要作用，特给予通报表彰。

希望通过这次优秀调研成果评选，进一步调动各级领导和广大调研工作人员深入调研的积极性，使其能紧紧围绕各级党委、政府的中心工作，紧紧抓住经济社会生活的热点、难点、重点问题，进一步深化研究，不断提高调研工作的质量和水平，更好地为各级领导当参谋、出主意，推动全省政府系统调查研究与政策研究工作再上新台阶。

附件：优秀调研成果获奖文章及作者名单

××省人民政府办公厅（公章）

二〇〇六年四月二十七日

简析

事实情况部分概述了这次调研成果评选的缘由和基本情况，对获奖调研成果的意义进行了评述，提出了奖励决定，并用附件的形式展示奖励名单，使文章紧凑简明。希望部分对各级领导和广大调研人员提出了勉励和要求。全文表述完整、得体，具有逻辑性。

[知识讲授]

一、通报的性质和特点

通报是上级机关向下级机关传达重要精神或情况、表彰先进、批评错误时使用的公文。通报属于下行文。它具有典型性、教育性、真实性等特点。

二、通报的种类

按其作用可分为表彰性通报、批评性通报和情况通报三种。

表彰性通报主要用来表彰先进，介绍单位或个人先进事迹、成功经验做法，从而推动和改进本部门的工作。

批评性通报是针对某一错误或某一具有代表性的错误倾向而发，可以针对某一个人，也可以针对某一部门，还可以针对普遍存在的某种问题。主要用以提出问题、纠正错误以汲取教训，不致重犯。

情况通报主要用于传达上级的重要精神或沟通某项工作的重要情况，让上下部门及时掌握新精神、新情况，指导和推动工作的开展。

三、通报的写法

（一）通报的内容与结构

通报一般由标题、主送机关、正文、落款和日期组成。

1. 标题

一般由发文机关＋事由＋文种构成，有时也可省略发文单位。

2. 主送机关

作为“内部文件”指定下发的通报，要写受文单位，而普发性通报或在本单位公开张贴的，可省略受文单位。

3. 正文

通报正文按“事实情况→分析评价→决定事项→希望要求”四部分结构。不同种类的通报，正文内容各有特点。写作时一般采用段落式，注意不同内容归纳在一起要用自然段自然分隔。各类通报的结构类别见表2—1。

4. 落款

写明机关名称、发文日期并加盖公章。

表 2-1 各类通报的结构类别

结构类别	事实情况	分析评价	决定事项	希望要求
表彰通报	叙述被表彰的主要事实，交代时、地、人、事等要素	评价意义、重要性、经验等	表彰及奖励决定	号召学习先进榜样，弘扬精神
批评通报	公布错误事实，交代时、地、人、事等要素	分析原因、危害、教训等	处理、处分决定	要求吸取教训，引以为戒
情况通报	概述情况或传达重要精神	分析其性质与影响	表明意见和态度	努力的方向、应对的措施等

（二）通报的写作要求

1. 内容客观真实

通报中涉及的时间、地点、人员、事实情节、数据、背景等材料必须是真实的，不得有半点虚假。

2. 注意叙议结合

主要事实采用客观简要的叙述，在此基础上，要进行分析评论的，将通报的人和事上升到较高的理性认识的程度，达到总结经验、吸取教训、受到启迪、得到教益的实用目的。

3. 强调时效性

写作通报应抓住时机，及时将先进典型经验予以宣传推广；对反面典型予以揭露批评；对重要情况予以公布，引起重视。

[思考与练习]

1. 多选题

(1) 通报按其内容性质划分，可分为（　　）。

A. 表彰性通报　　B. 批评性通报

C. 指示性通报　　D. 情况通报

(2) 通报有以下特点：（　　）。

A. 具有较强的时效性

B. 让事实和数据说话，而不过多地阐发和论证道理

C. 具有教育性质，主要起宣传教育、沟通情况、交流经验的作用

D. 内容单纯，行文简便

（3）通报与通知的区别在于（　　）。

A. 通报是用来传达重要精神和情况的

B. 通报的事例典型、情况重要，具有较大影响

C. 通报的目的是引起读者的广泛注意并使其从中受到教育，而不着重要求予以具体办理和执行

D. 通知有主送单位，通报没有主送单位

2. 某校学生参加市教育局举办的征文比赛，有一人获得一等奖，五人获得二等奖，学校拟对其进行表彰。请写出通报的“事实情况”和“分析评价”部分。

3. 某县教育局为庆祝某高速公路开通，使1000多名县中小学生停课，顶着寒风坚持近十个小时参加庆典仪式，致使许多学生病倒，家长反应强烈。县政府发出通报批评，请写出通报的分析评价部分。

4. 从1995年开始，湖北省按照中央第三次西藏工作座谈会的要求，对口支持西藏山南地区。2005年湖北省政府授予33个单位“全省援藏工作先进集体”，陈刚毅等63名同志获“全省援藏工作先进个人”荣誉称号（名单略）。请以湖北省人民政府的名义拟写一份公文。

第四节　报告

[例文简析]

例文一

××省人民政府关于整顿和规范矿产资源开发秩序第一阶段工作情况的报告

×政文〔2006〕82号

国务院：

《国务院关于全面开展整顿和规范矿产资源开发秩序的通知》（国发〔2005〕28号，以下简称《通知》）下发后，我省高度重视，严格按照《通知》要求，切实加强组织领导，认真安排部署，集中力量，以“三查”为基础，以集中整治为突破口，以资源整合为重点，全面开展整顿和规范矿产资源开发秩序工作，取得了显著成效，圆满完成了第一阶段各项任务。现将我省有关情况报告如下：

一、切实加强组织领导

一是省委、省政府高度重视。（略）

二是健全机构，落实责任。（略）

三是认真进行安排部署。（略）

四是加强督促检查。（略）

二、集中整治，刹风治乱

（一）深入开展“三查”，全面摸清问题。（略）

（二）抓住关键，扎实开展专项行动。

一是开展对重点矿区、重要矿种的专项整治。（略）

二是围绕保障安全，开展煤炭矿山整顿关闭专项行动。（略）

三是围绕“从严治吏”，清理纠正国家机关工作人员和国有企业负责人投资入股办矿的问题。（略）

四是围绕“打黑除恶”，开展清理整顿爆炸物品、枪支弹药和管制刀具专项行动。（略）

五是从严考核，开展回采率专项检查。（略）

（三）集中治理，全面整改。（略）

三、突出重点，积极推进资源整合（略）

四、坚持在整顿中抓规范，探索建立长效机制（略）

五、主要成效

（一）通过刹风治乱，矿产资源开发秩序明显好转。（略）

（二）推进整合资源，优势矿产资源开发利用综合效益明显提高。（略）

（三）制度建设加快，矿产资源管理得到规范和加强。（略）

六、存在问题与下一步打算

我省矿产资源开发秩序整顿和规范工作，虽然取得了明显成效，但一些深层次矛盾和问题还未从根本上解决，整顿和规范工作面临的形势仍然十分严峻。一是工作进展不平衡，有些地方存在松懈麻痹思想和畏难厌战情绪；二是各种违法违规行为仍时有发生，矿业秩序面临较大反弹压力；三是重开发轻保护，浪费资源、破坏环境、安全保障程度低的问题还比较突出；四是部分地方矿产资源尚未实现集中统一管理，存在多头管理现象。我们将继续以科学发展观为统领，以此次检查验收为契机，进一步强化工作措施，标本兼治，狠抓落实，确保全面完成整顿和规范工作任务。

（一）继续抓治乱工作不放松，防止反弹。（略）

（二）大力推进重要矿产资源整合工作，着力治散。（略）

（三）加强制度建设，立足治本。（略）

××省人民政府（公章）

二〇〇六年十二月十九日

简析

内容要素完整，格式规范。作为汇报工作情况的报告，从措施和情况（一至四）、成效（五）、问题与打算（六）三个方面一一汇报，每个方面都有大量的事实描述和材料罗列（略写部分），报告的写作显得有理有据。运用了条文式结构使文章一目了然。整篇文章内容充实，层次清楚，表达准确。

例文二

关于对问责制问题开展专题调研的情况报告

接到《关于委托调研的函》后，××省纪委高度重视，省纪委召开会议，对如何结合实际开展好调研活动提出了明确要求，指出要把开展专题调研活动纳入年内法规工作的整体规划，并作为重点工作来抓。省纪委副书记何××同志亲自指导调研，对如何有效、务实地开展调研提出了具体要求，明确了具体措施。分管法规工作的副厅长储××同志亲自带队，深入基层开展调研，对调研的指导思想、具体内容和方式方法提出了具体要求。各级纪检监察机关统一行动，集中调研，条块结合，上下联动，全省18个省辖市都分别召开了常委会，对本地调研活动进行统一安排。××等8个市利用已建立起来的法规工作领导小组的优势，统一协调，多方参与，广开渠道，延伸触角，充分搜集意见。××等市纪委的主要负责同志亲自带队赴县乡听取意见。在近两个月的调研中，全省共召开专题座谈会50多次，走访专家学者200多人次，发放征求意见表3000多份，形成了问责制专题调研报告和规定草本18份，收集案例63个。现将几个主要问题的调研结果报告如下：

一、关于问责制规定的名称及其含义

各地围绕问责制规定的发布机关、问责对象和效力等级等问题，对问责制规定的名称进行了调研。比较普遍地认为：第一，发布机关应是中央纪委。《中国共产党党内监督条例（试行）》明确规定纪委是党内监督的专门机关，问责制是党内监督的一种重要方式，以中央纪委名义发布有利于问责制的落实，也便于与党纪处分相衔接，便于操作。第二，问责对象应限定在党员领导干部的范围内。现实中党委对一个地方和部门的重大问题具有决策权，对一个地方和部门的发展稳定起着关键作用。在我国现行的体制下，大部分行政首长，特别是政府主要负责人都是党员，将问责对象限定在党员领导干部，既包括了对党委系统领导干部的问责，也包括了对行政首长的问责。第三，法规效力层次应为“办法”。按照《中国共产党党内法规制定程序暂行条例》第四条的规定，中央纪委、中央各部门制定并发布的党内法规称规定、办法、细则，综合考虑用“办法”较为合适。此外，鉴于问责是一项新事物，在实践中有一个完善、健全的过程，因此，建议使用“暂行”二字。

各地认为，问责的范围应当围绕党员领导干部履行职责这个中心环节进行。党员领导干部由于故意或者过失，不履行或者不正确履行职责，以致影响党和政府形象，影响和贻误工作，损害公共利益或者损害公民合法权益的行为，或党政领导干部行为不端，在社会上造成不良影响的行为，都应受到追究和问责。不履行职责，包括拒绝、放弃、推诿、不完全履行职责等情形；不正确履行职责，包括无合法依据以及不依照规定程序、规定权限和规定时限履行职责等情形。实践中，被问责的行为既可能是不合法行为，也可能是不当行为；既可能是作为行为，也可能是不作为行为；既可能是作为不力行为，也可能是乱作为行为；既可能是集体行为，也可能是个人行为。

二、关于实施问责应当坚持的基本原则

调研中，各地普遍认为，实施问责应当坚持四个原则：一是权责一致的原则。职务、职权与职责是相互统一的，有权必有责，一定的权力对应于一定的责任，问责对象必须承担与其责任行为相应的责任。二是从严治党、有错必究原则。党员领导干部违反规定，应当问责的，必须问责。三是实事求是、依法依纪原则。对问责对象进行追究，应当以事实为依据，以国家法律和党内法规为准绳，区别不同情况，恰当地给予处理。四是惩戒与教育相结合的原则。问责不是单纯的责任追究，目的在于教育党员领导干部增强责任意识，少犯错误。因此，问责应建立在教育的基础上，做到防范为辅，教育为主。

三、关于问责的方式

问责的方式应是介于道德谴责和法律惩罚之间的可行措施。问责问题实质上应属党内管理的范畴，一般应采取组织处理，少数也可以采用纪律处分，但一般不宜动法。我们结合近年来党风廉政建设的实践，认为问责主体可以采取责令限期整改、取消当年评优评先资格、诫勉谈话、责令作出书面检查或在有关会议上作出书面检讨、通报批评、公开道歉、待岗学习、停职检查、责令辞职等方式进行问责。问责对象也可以主动采取整改问题、公开道歉、引咎辞职等补救措施纠正错误，避免或者减少不良后果的发生。这几种方式可以单独或合并使用，也可与组织处理、党政纪处分合并使用。在调研中，各地还认为，对于那些虽有缺点和错误，但不需要进行组织处理的问责对象，可以进行问责；对于一年内被问责两次以上的，干扰、阻碍、不配合调查的，打击、报复、陷害投诉人、检举人、控告人的，拒不纠正违纪违法违规行为的，应当进行组织处理或给予党政纪处分；对于涉嫌违纪的，移送纪检监察机关处理，涉嫌犯罪的，移送司法机关依法处理。

四、关于问责的对象、主体及问责的范围

实践中，问责对象的范围如果过宽，将不利于操作。鉴于公共权力主要集中在领导干部特别是各级党委（党组）的领导班子成员手中，建议问责的重点为各级党委（党组）的领导班子成员。在问责制还有待进一步完善的情况下，不宜对党的中央机关进行问责。我们建议将问责对象最终界定在“地方各级党委（党组）的领导班子成员”这个范围。

按照我国的政治体制，有权对各级党委（党组）的领导班子成员问责的主体应包括：上级党委（党组）、纪委，同级党委（党组）及其主要负责人也可以依照职权对班子成员和其他党员干部进行问责。同时，在调研中一些同志认为，问责只有是双向的，才能达到应有的效果，上级可以对下级问责，下级也可以按照一定的程序向上级问责。参照《党内监督条例（试行）》询问和质询制度的规定，党的地方各级代表大会代表，可对同级党的委员会全体会议决议、决定执行中存在的问题进行问责。问责往往涉及多个部门和人员，有一个牵头部门十分必要，根据纪检（监察）机关的职责权限，建议将纪检监察机关作为承办问责工作的具体部门。

五、关于问责的程序

各地在调研中认为，严格的程序是问责制沿着法治轨道前进，防止陷入人治误区的保证。问责应分三个程序，一是启动程序，二是调查程序，三是处理程序。启动问责有两种情形：一是应当问责的。党员领导干部有下列情形之一，给党和人民的利益造成损失的，应当进行问责：拒绝、放弃、推诿履行职责的；无合法依据或者不依照规定程序、权限和时限履行职责的；廉洁自律、道德品质、生活作风等方面行为失当；上级党委（党组）要求问责的；其他应当问责的情形。二是可以问责的。问责主体根据掌握的信息，如组织考察、年度考核、民主测评、行风评议、案件查处、群众举报、审计、巡视等工作中发现的问题；新闻媒体曝光的材料；公民、法人和其他组织的检举、控告、投诉；生效的司法判决或者行政处罚决定；人大代表、政协委员的提案、议案等，决定是否问责。

建议调查分三个阶段。一是作出问责决定后，应书面通知被问责对象所在单位的党委（党组）；二是纪检监察机关按照职责权限对问责对象进行调查核实；三是调查结束后，应当撰写调查报告，调查报告应当提出问责或者不予问责的建议。

建议处理分四个步骤。一是作出问责决定。问责或者不予问责的决定应当根据调查报告集体作出，不予问责应当有书面结论，问责决定应当包括主要错误事实、处理依据、问责方式、问责对象依纪依法应享有的权利等内容。二是送达问责决定。问责决定应当以书面形式送达问责对象及其所在党委（党组）。三是公开问责决定。除应当保密的内容外，问责决定应当公开，对于署真实姓名的党代表的问责要求，有关部门应当作出书面解释或者答复。四是复核问责决定。问责对象对问责决定不服的，可以在收到决定之日起 15 日内向作出决定的机关提出复核申请。

以上报告，不当之处，请指正。

××省纪委法规室（公章）

二〇〇五年××月××日

简析

本篇报告是在实施上级布置的任务后将相关情况反映给上级的报告。报告首先概括地对调研任务的基本情况进行了介绍，然后具体汇报调研所得，既有对现实情况的反映归纳，又提出了有益的建议，体现了此类报告的特点。

[知识讲授]

一、报告的性质和作用

报告是下级向上级机关汇报工作、反映情况、答复上级机关询问的上行公文。报告可以在事前、事后或事情尚在进行的阶段行文，主要是为了向上级机关提供信息，使之准确及时地了解下情，指导工作。

二、报告的种类

根据报告的性质和内容，报告可分为五种：

（1）工作报告，是向上级汇报本机关有关工作时写的报告。

（2）情况报告，是向上级反映本机关工作中出现的新情况、新问题、新动向时写的报告。

（3）建议报告，是针对本机关某个问题建议上级采纳某个方案、意见或采取某一具体措施时写的报告。

（4）答复报告，是答复上级的征求意见或询问问题时写的报告。

（5）报送报告，是向上级报送有关资料、物件时写的报告。

三、报告的写法

（一）报告的内容与结构

报告一般由标题、主送机关、正文、落款构成。

1. 标题

报告的标题有两种写法。一种是发文机关＋主要内容＋文种；另一种是主要内容＋文种。主要内容要简明、准确。

2. 主送机关

报告的主送机关即上级机关。如果受双重领导，报告应主送与报告事宜相关的直接上级主管机关，其他相关上级机关，可以抄送。

3. 正文

一般由开头、主体、结尾构成。

开头是正文的引出部分，导语的写法比较灵活，不同类型的报告有不同的写法。大致上，导语有背景式、目的式、根据式、叙事式几种类型。

主体部分的常见形式主要有总结式、三步式、指导式。

总结式主要用于工作报告，以“成绩→做法→经验体会→今后打算安排”为结构线索，采用叙议结合的表达方式，在叙述基本情况的同时，分析归纳，上升到理性的规律性认识。在总结式写法中，按照总结出来的几条规律性认识来组织材料、安排层次，是最常见的结构方式。

三步式主要用于情况报告，按“提出问题、分析问题、解决问题”三段论的方式结构文章。先叙述情况；然后分析产生原因，总结经验教训；最后提出下一步的工作措施。

指导式多用于建议报告。建议要针对某项工作提出方法、措施和要求，在形式上往往采用分条列项的方法逐层表达。

答复报告主体部分首先写明所针对上级机关来文日期与来文询问的内容，然后针对性地给予明确而具体的回答。

报送报告通常非常简略，只需写明“现将报上，请指正（查收）”即可，俗称“文件头”。

结尾即报告的结束语，可用程式化的习惯用语收结。如“特此报告”、“以上报告，请审阅”、“以上报告如无不妥，请批转执行”等等。

4. 落款

写上发文日期和发文机关名称。

（二）报告的写作要求

（1）正确使用文种。报告与请示名称不能结合使用。

（2）报告以叙述为主要表达方式，叙议结合。

（3）突出重点，详略得当，不要面面俱到。

[思考与练习]

1. 试从例文一中选择一个条目，说明省略部分的内容。

2. 试根据段落内容填写出段落主题句。

（　　　　　　　　　　　　）。依法审计、依法处理，是法律赋予审计监督工作的重要职能。各级审计部门要站在国家和法律的立场上，依法办事，执法必严，违法必究。对违纪违规问题，要依法依规进行处理；对情节严重、构成犯罪的，要移交司法机关处理；对被审计单位落实领导批示、审计决定和建议情况要跟踪审计，督促整改，改进工作；对屡查屡犯的部门和单位，要实行连续审计，直至纠正为止。同时，要建立审计新闻发布会和审计情况通报制度，定期向社会公布重大事项和严重违法违纪案件的审计结果，充分发挥舆论和群众监督的作用，增强审计的威慑力，扩大审计的社会影响。各级审计机关要建立健全审计复核、审计听证、审计执法检查等审计执法监督机制和内部管理控制制度，依法规范审计行为，努力提高审计质量和执法水平，防范审计风险。

（　　　　　　　　　　　　）。各级审计机关要面向21世纪，积极研究审计工作的发展问题，加强以审计干部队伍和审计方法手段现代化为重点的各项基础建设。当前和今后一个时期，要认真贯彻落实“从严治理审计队伍”的指示精神，按照审计署提出的“二十字”方针和关于加强“人、法、技”建设的要求，大力开展以“讲学习、讲政治、讲正气”为主要内容的党性党风教育活动，加强审计机关领导班子建设；开展多种形式的业务培训，全面提高审计干部的政治业务素质，努力建设一支政治强、业务精、作风硬的审计干部队伍。同时，要尽快制定审计计算机应用工作规划，争取当地政府和有关部门的支持，通过配备专业人员、建立计算机网络、积极探索计算机辅助审计等，逐步加快审计手段现代化建设。

3. 请结合你所在班级和学校的学习状况，以学工处的名义写一份倡导良好学风的工作报告。

第五节　请示

[例文简析]

例文一

关于召开区政协九届五次会议的请示

××区委：

根据《政协章程》关于召开政协全体委员会议的有关规定，经政协党史组研究，区政协九届五次全体委员会议拟于二〇〇二年一月底召开，现将会议召开的具体方案呈上，请批复。

附件：《关于召开区政协九届五次会议方案》

中共××区政协党组

××××年××月××日

简析

主送机关正确，请示的理由、事项清楚，将会议方案用附件随文上报，增强了这份请示内容的完整性和考虑问题的周到性。请示结语运用了格式化的语言，如“请批复”。

例文二

××市工商行政管理局关于新办酒厂有关问题的请示

市政府：

近年来，全市酒类发展很快，已登记发照的酒厂有37个，国营酒厂12个，去年生产白酒4200吨，酒类生产已处于饱和状态。目前申办酒厂的单位还很多，特别是乡镇企业，个体户要求办厂的很多。个别酒厂未经申请办照，擅自开业，部分酒厂在质量上也未达到要求。为了使酒类生产健康发展，根据国务院〔1982〕108号文件发布的《〈工商企业登记管理条例〉施行细则》的有关规定，特提出如下意见：

（一）未经申请登记，擅自开业的酒厂，按《细则》之三十二条规定，应勒令停办或停业，并处以××元人民币以下罚款。根据情况，确需开办，经过整顿，符合条件的，必须补办手续，领取营业执照，继续生产。

（二）根据市场需要，按照统筹安排、网点合理布局的原则新办的酒厂，必须在筹建前三日内到工商行政管理部门办理筹建许可证。筹建完毕后，需经有关部门验收合格，并在投产前三十日内到工商部门办理营业执照后，方可正式投产。

（三）现已生产的酒厂和今后开办的酒厂，都要严格遵守国家的政策法令，照章纳税，并保证质量，如违反规定的，要依法处理。

以上请示，如无不妥，请批转有关单位执行。

附件：全市酒厂分布情况表

××市工商行政管理局（公章）

二〇〇四年五月五日

简析

标题规范，内容齐全，格式正确，运用了过渡语“特提出如下意见”及结语“以上请示，如无不妥，请批转有关单位执行”。

［知识讲授］

一、请示的性质和作用

请示是向上级机关请求指示、批准的一种公文，属上行文。请示具有回复性。下级有一份请示报上去，上级就会有一份批复发下来。不管上级是不是同意下级的请示事项，都必须给请示单位一个回复。一般来说，凡办理下列事项时，都可用请示：

下级机关遇到新情况、新问题，因无章可循，需要上级机关给以指示的时候，要用请示；下级机关在处理较为重要的事件和问题时，因涉及有关方针政策必须慎重对待，需要报请上级机关批准时，要用请示；下级机关在工作中遇到问题，虽然有解决的办法，但由于职权、条件的限制，没有权力或没有能力实施这些办法，需要上级帮助解决的时候，要用请示；下级机关对有关方针、政策和上级机关发布的规定、指示有疑问，需要上级机关给予解答时，要用请示；下级机关之间在较重要的问题上出现意见分歧，需要上级机关裁决时，需要请示；下级机关在工作中遇到人、财、物等方面的困难，需要上级帮助解决时，需要请示。

二、请示的种类

由于在内容、性质、行文目的方面不尽相同，请示有两种类型，一种是请求指示的请示，一种是请求批准的请示。

（一）请求指示的请示

请求指示的请示运用于以下三种情况。

（1）遇到新情况、新问题，在有关的方针、政策、规章以及上级的指示中，都找不到相应的处理依据，无章可循，因而没有对策，需要上级机关给以指示。

（2）对有关方针、政策和上级机关发布的规定、指示有疑问，需要上级机关给予解释和说明。

（3）与友邻机关或协作单位在较重要的问题上出现意见分歧，需要上级机关裁决。

（二）请求批准的请示

请求批准的请示又可分为以下三种。

（1）请求批准有关规定、方案、规划。

（2）请求审批某些项目、指标。在工作中遇到人、财、物方面的困难，自己无法解决，可提出解决的方案请上级机关审核批准，在人、财、物方面给予相应的调配。如请求审批基建项目，请求审批购进设备物资，请求增加人员编制，等等。

（3）请求批转有关办法、措施。某职能部门在自己的职权范围内制定了相关的办法和措施，却不能直接要求平级机关和不相隶属机关照办，可用请示的方式要求上级机关批转给有关部门执行。如绿化部门制定的保护花草和绿地的办法，由于职权的限制不可能自己直接出面要求有关部门都执行这一办法，就可以将这些办法和措施通过请示提交给上级，要求上级机关批转给所有相关部门施行。

三、请示的写法

（一）请示的内容与结构

1. 标题

请示的标题可以由发文机关、事由、文种构成，如《××省人民政府关于增拨防汛抢险救灾用油的请示》。也可以由事由和文种构成，如《关于成立老干部办公室的请示》。

2. 主送机关

请示的主送机关就是负责受理和答复请示的机关。请示在确定主送机关时，要注意以下三点：一是不要多头请示，国务院办公厅规定："请示一般只写一个主送机关，如需同时送其他机关，应当用抄送的形式。"二是请示主送的是上级机关，不能是某领导者个人，只能主送上级机关，不能送领导者个人；三是不要越级请示。

3. 正文

请示的正文由开头、主体、结语三部分构成。

开头主要表述请示的原因、背景、理由，是上级机关批复的主要依据，要写得充分、恰当。内容简略、篇段合一的请示，开头也可以是表达行文目的和意义的一两句话，不独立成段。

主体表明请示事项，是请示最核心、最重要的部分。请求指示的请示，主体要写明想在哪些具体问题、哪些方面得到指示。请求批准的请示，要把要求批准的事项分条列款一一写明。如果在请求批准的同时还需要人、财、物等方面的支持和帮助，更需要把编制、数量、途径等表达清楚、准确，以便上级及时批准。这部分要求明确、具体。如果请示内容复杂，可以在条款之上分列若干小标题，每一小标题下再分条列款。

结语比较简单，在主体之后，另起一段，按程式化语言写明期复请求即可。期复请求用语常见的有"当否，请批示"，"妥否，请批复"，"以上请示，请予审批"，"以上请示如无不妥，请批转有关部门执行"，等等。

4. 落款

（二）请示的写作要求

（1）超前性，请示必须写在办事之前。先干后请示，边干边请示，是违反原则的。

（2）说明性，请示的目的在于向上级说明情况，请求帮助。因此，理由说明要充分，请求事项要明确具体。

（3）单一性，请示必须坚持一文一事。

（4）用语恰当，尊重上级，语气谦恭。

[思考与练习]

1. 某校数控科需添置两台数控机床用于学生实训操作，向学校请求帮助。请写出请示的标题。

2. 请写出请示惯用结束语四个。

3. 指出下列请示存在的问题。

请　　示

市人民政府，市教育局：

我校今年由于住校生急剧增加，现有的学生宿舍已经无法容纳，现在住校生基本上是一铺二人住宿，严重影响了学生的身心健康。为解决这一困难，我校需要再建一栋学生宿舍。另外我校的图书馆也没达到省两基标准，望上级部门给予适当支持。

特此请示，请马上批准。

××市工业学校

二〇〇五年八月十日

4. 请为上题中××市工业学校重新拟写一份请示。

第六节　批复

[例文简析]

例文

国务院关于组建中国邮政集团公司有关问题的批复

国家邮政局：

你局《关于报批中国邮政集团公司组建方案和公司章程的请示》（国邮〔2006〕398号）收悉。现就组建中国邮政集团公司有关问题批复如下：

一、原则同意《中国邮政集团公司组建方案》和《中国邮政集团公司章程》。

二、中国邮政集团公司是在原国家邮政局所属的经营性资产和部分企事业单位基础上，依照《中华人民共和国全民所有制工业企业法》组建的大型国有独资企业。主要经营国内和国际邮件寄递、报刊等出版物发行、邮政汇兑、邮政储蓄、邮政物流、邮票发行等业务。公司注册资金为800亿元，不进行资产评估和审计验资。实有国有资本数额，待公司成立后由财政部核定。

三、中国邮政集团公司暂由财政部代表国务院履行出资人职责。公司实行总经理负责制，总经理为公司法定代表人。

四、同意中国邮政集团公司进行国家授权投资机构和国家控股公司的试点。集团公司对其全资企业、控股企业和参股企业（以下称有关企业）的国有资产和国有股权行使出资人权利，依法经营、管理和监督，并相应承担保值增值责任。在国家宏观调控和监督管理下，集团公司依法自主进行各项经营活动。

五、同意将各省邮政局和原国家邮政局直属单位的经营性净资产上划作为中国邮政集团公司的国有资本。集团公司对有关企业享有资产收益权。国家未对国有企业统一征收国有资产收益前，在保证有关企业合法权益和自身发展需要的前提下，集团公司可集中部分国有资产收益，用于国有资本的再投入和结构调整。

六、中国邮政集团公司的财务关系在财政部单列。集团公司为完成国家任务所需资源和生产经营条件，凡属国家统一配置范围内的，均在国家相应计划中单列，并由集团公司统一组织实施。

七、中国邮政集团公司实行合并财务报表制度，其所属全资企业和分支机构由集团公司集中汇总缴纳所得税。集团公司及其下属邮政单位经营的邮政普遍服务、特殊服务业务按国家有关规定享受相关税收减免政策。

八、中国邮政集团公司根据国家有关规定，承担邮政普遍服务义务；受国家委托，承担机要通信业务、义务兵通信等特殊服务。集团公司要建立健全成本削减激励机制，在保证普遍服务能力和服务标准的前提下努力降低普遍服务成本，在此基础上，邮政普遍服务亏损由国家财政补贴。

九、中国邮政集团公司组建后，国务院及有关部门对邮政企业的原有扶持政策继续施行；地方人民政府对邮政企业的有关优惠政策，在规范的基础上继续执行。

十、中国邮政集团公司组建后，要根据国家产业政策，调整业务结构，优化邮政网络，实行企业内部重组，增强市场竞争力，提高投资效益和经济效益。同时，要积极创造条件，依照《中华人民共和国公司法》进行改组和规范，逐步建立完善的公司法人治理结构。

组建中国邮政集团公司是深化邮政体制改革、实现政企分开的重要举措，各地区、各有关部门要积极支持。国家邮政局要切实负起责任，做好组建中国邮政集团公司的各项工作，确保邮政体制改革顺利、平稳实施。《中国邮政集团公司组建方案》和《中国邮政集团公司章程》由财政部、信息产业部根据本批复精神，作必要修改后印发。

国务院（公章）

二〇〇六年八月二十八日

简析

首先交代引据“你局《关于报批中国邮政集团公司组建方案和公司章程的请示》（国邮〔2006〕398号）收悉”，然后运用过渡语“现就组建中国邮政集团公司有关问题批复如下”转入批复具体内容，内容符合格式要求。这篇批复结合所批示的具体问题的性质，首先对上报的《中国邮政集团公司组建方案》和《中国邮政集团公司章程》表明了态度；然后对其具体实施提出指导性要求，并表达了对组建中国邮政集团公司的殷切希望；最后提出了具体的答复意见，一气呵成，层次井然。

[知识讲授]

一、批复的性质和特点

批复是用于答复下级机关请示事项的公文，属下行文。批复具有明确的针对性，只主送给请示的单位，内容针对请示的事项，不涉及其他问题。同时批复具有被动性，下级有请示，上级才会有批复。批复不是主动的行文，是根据下级机关报送的请示而制发的，总是先有请示，再有批复。批复还具有明确性，对于请求指示的请示，批复要给以明确的指示；对于请求批准的请示，批复或者同意、批准，或者不同意、不批准。

二、批复的写法

（一）批复的内容与结构

1. 标题

批复的标题一般采用公文常规模式写法，即发文机关＋主要内容＋文种。略有不同的是，批复往往在标题的主要内容一项中，明确表示对请示事件的意见和态度。如《国务院关于同意陕西省撤销榆林地区设立地级榆林市的批复》，其中“同意”两字就是用来表明态度和意见的。如果不批准请求事项，标题中可以不出现态度和意见，到正文中再表态。如果是答复请求指示的请示，也无需在标题中表态。

2. 主送机关

批复的主送机关，一般只有一个，那就是发出请示的下级机关。

3. 正文

批复的正文由三部分组成，分别是批复依据、批复事项、批复结语。

(1) 批复依据。主要涉及两个方面：一是完整引用请示的标题并加括号注明其请示的发文字号，例如：“你省《关于变更西宁市行政区域范围的请示》（青政〔1999〕49 号）收悉。”二是提出与请求事项有关的方针政策和上级规定。上级有关的文件和规定是答复请示的政策和理论依据，可表述为：“根据××关于××的规定，现作如下答复。”必要时，可标引文件名、文件编号和条款序号。如果下级请示的事项在上级文件和规定中找不到依据，这样的文字便不需出现了。

(2) 批复事项。针对下级机关请示所作的答复，如发出的指示、作出的批准决定以及补充的有关内容，都属于批复事项。如果内容复杂，可分条表述，但必须坚持一文一批的原则，不得将若干请示合在一起用列条的方式分别给以答复。

(3) 批复结语。写在结尾处，文字简约。规范性结语有“此复”、“特此批复”等。

（二）批复的写作要求

(1) 要先回应后批复。一定要先表示来文已经收到，如你局××号文收悉。

(2) 态度鲜明，措辞明确。批复是指导性的，是下级行动的依据，所以要态度鲜明，措辞明确。

(3) 批复撰写要注意及时。

[思考与练习]

1. 陕西省人民政府将《关于撤销榆林地区行政公署实行市领导县体制的请示》（陕政字〔1998〕36 号）上报国务院。请写出批复的开头部分及过渡语。

2. 阳光造纸厂因打井建水塔缺少资金，因此黄冈向市工业局请求拨款 5 万元，请你代表黄冈市工业局写一份答应拨款的批复。

第七节　函

[例文简析]

例文一

建立全面协作关系的函

××大学：

近年来，我所与你校双方在一些科学研究项目上互相支持，取得了一定的成绩，建立了良好的协作基础。为了巩固成果，建议我们双方今后能进一步在学术思想、科学研究、人员培训、仪器设备等方面建立全面的交流协作关系，特提出如下意见：

一、定期举行所、校之间学术讨论与学术交流。（略）

二、根据所、校各自的科研发展方向和特点，对双方同感兴趣的课题进行协作。（略）

三、根据所、校各自人员配备情况，校方在可能的条件下对所方研究生、科研人员的培训予以帮助。（略）

四、双方科研教学所需要的高、精、尖仪器设备，在可能的条件下，提供给对方利用。（略）

五、加强图书资料和情报的交流。

以上各项，如蒙同意，建议互派科研主管人员就有关内容进一步磋商，达成协议，以利工作。特此函达，务希研究见复。

中国科学院××研究所（公章）

一九九五年×月×日

简析

格式规范，语言得体，采取诚恳合作、平等相待的原则。用语礼貌，有磋商之意，如“如蒙同意”、“建议”等。结尾用语体现公文色彩，“特此函达，务希研究见复”。

内容上提出目的和具体的建议，符合函的写作要求。

[知识讲授]

一、函的性质和作用

函是用于不相隶属机关、平级机关之间互相商洽工作、询问和答复问题或向有关主管部门请求批准的公文，属平行文。

函具有平等性和沟通性，主要用于不相隶属机关之间，体现着双方平等沟通的关系。函还具有灵活性和广泛性。函对发文机关的资格要求很宽松，高层机关、基层单位、党政机关、社会团体、企事业单位，均可发函。函的内容和格式也比较灵活，而且不限于平行文，所以运用得十分广泛。

在不相隶属机关之间，级别高的一方不能向级别低的一方发出指挥、指导性公文（个别晓谕性的通知例外），级别低的一方也不需向级别高的一方发出请示和报告。双方之间如果有事项需要协商或请求批准，都要使用“函”这种平行文体。

除作为平行文种出现之外，函有时也可用于有隶属关系的上下级机关之间。例如，上级机关向下级机关询问有关情况，用别的文体显然不合适，可以用函，但下级的答复最好用报告。上级机关向下级机关催办有关事宜，如要求下级机关呈报有关报表或材料时，也可以用函，下级同样要回以报告。

二、函的分类

（一）从格式上分类

函从格式上可分为公函与便函。

公函是正式的公文，像一般公文一样，有文件头、发文字号、标题、公章，严格按照公文格式撰写制作。便函不属于正式公文，格式可以比较随意，没有文件头，没有发文字号，甚至可以没有标题，但正文之后，要有机关署名、日期和公章。我们在本节介绍的，主要是作为正式文件的公函。

（二）从行文方向分类

函从行文方向可分为来函、去函和复函。

来函是指对方机关主动发来的函；去函是本机关主动制发的函；复函是回复对方来函的函。一般情况下，对方发来的是函，回复的也应该是函，但有时可以灵活处理。譬如前面说过，上级发函向下级询问有关情况，下级回复时用函虽然不为错，但有更合适的文种可选择，那就是答复报告。再如，对下级机关的请示，上级机关的办公部门（一般与下级机关在级别上是平级的）在接到授权的情况下，可以给予答复，但不能使用批复，只能用函的形式。

（三）从内容上分类

函从内容上可分为商洽函、询问函、答复函和请批函。

商洽函用于机关之间相互商量和接洽工作；询问函用于机关之间相互询问问题；答复函用于机关之间答复问题；请批函用于机关之间请求配合或批准。

三、函的写法

（一）函的内容和结构

1. 标题

由发文机关名称、主要内容（事由）、文种组成。较完全的写法如《国务院办公厅对国家工商行政管理局关于贯彻〈食用盐加碘消除碘缺乏危害管理条例〉有关问题请示的复函》、《国务院办公厅关于羊毛产销和质量等问题的函》等。也可以采用省略发文机关名称的写法，如《关于请求批准××市节约能源中心编制的函》。

2. 主送机关

函的行文对象一般情况下是明确、单一的，所以多数函的主送机关只有一个。但有时内容涉及部门多，也有排列多个主送机关的情况，如《国务院办公厅关于羊毛产销和质量等问题的函》（国办函〔1993〕2号）的主送机关有七个：国家计委、经贸办、农业部、商业部、经贸部、纺织部、技术监督局。

3. 正文

(1) 商洽函主要写明发函缘由，然后陈述商洽事项。

(2) 询问函内容集中，表达清楚，只询问一个问题，以便对方尽快答复。

(3) 答复函要先写依据，即引用来函的题目或发文字号，然后针对来函的问题或事项作出明确答复。如果不同意或否定对方，一定要说明理由。

(4) 请批函首先说明请求批准的理由，然后写请示批准的事项。要求理由充分，事项明确，语气得体。

结语部分视情况不同而有所区别，可用“特此函告”、“请函复”、“以上意见，请予函复”、“盼复”、“特此函告，请复”、“特此函复”、“此复”等惯用结语收束。

4. 落款

(二) 函的写作要求

(1) 正确使用文种，将之与“请示”、“批复”相区别。

(2) 一事一函。

(3) 内容简洁，不议论，不抒情。注意用语的分寸，用语要得体礼貌。

(4) 注意针对性和时效性。

[思考与练习]

1. 多选题

(1) 函是机关公文的一种，亦即公务信件，它的适用范围是（　　）。

A. 函可以广泛应用于各平行或不相隶属机关之间，属平行文

B. 函可以直接通过邮局投送

C. 函不受作者限制，任何机关和组织均可制发

D. 函不受内容繁简、字数多少的限制

(2) 函具有灵活方便的特点，它的具体表现是（　　）。

A. 平行机关之间相互商洽工作

B. 不相隶属机关之间询问和答复问题

C. 向有关主管部门请求批准

D. 可直接通过邮局投送

2. 下面一则公函在格式上、内容上都有不妥之处，请指出错误。

×××学校：

据悉，你校宿舍尚有空余，我单位与你紧邻，目前招收的新员工宿舍问题还未解决，严重影响了我们的工作，特去函，请帮助我们解决宿舍紧张问题。望尽快回复。

××公司

3. ××集团公司新进财会及收银人员25名，学历偏低，无工作经验。现送××学院学习商业会计、点钞、会计原理、企业管理。学费800元/月，食宿自理。时间4月25日～5月25日。

(1) 请代××集团公司起草一份去函。

(2) 代学院起草一份复函。

第八节　会议纪要

[例文简析]

例文一

××省对外经济贸易委员会议纪要

1月4日，×××副主任主持召开1999年青洽会第一次筹备会议，参加会议的有：省外经贸委×××、×××、×××，省贸易促进会×××，青岛市外经贸委××、×××，省国展公司×××，省外贸信息中心×××等同志。会上，×××副主任传达了省政府领导同志关于青洽会的指示精神，讨论了洽谈会总体工作方案等文件，议定了有关工作。现纪要如下：

一、关于青洽会举办时间。根据省政府研究意见，1999年青洽会定于7月12日至18日举办，同时举办青岛国际啤酒节。青岛市要做好两会衔接工作。

二、关于青洽会主（承）办单位。1999年青洽会主办单位：山东省对外经济贸易委员会、中国国际贸易促进委员会山东分会、青岛市对外经济贸易委员会。承办单位：山东省国际贸易展览公司。

三、关于青洽会总体方案。会议一致同意该方案，要求结合贯彻刚刚结束的全省外经贸工作会议精神，抓紧修改完善，1月底前报省政府审定后印发。由省外经贸委贸发处、办公室负责。

四、关于青洽会境处招商方案、网络招商会和招展方案。会议原则同意这三个方案，同时指出这三项工作事关青洽会成败，必须高度重视，认真抓好。各方案要细化，必须有明确的工作目标、责任和要求。三个方案分别由省外经贸委贸发处、省外贸信息中心和省国展公司负责抓紧修改完善，于1月20日前由贸发处汇总提交领导审定后组织实施。

五、会议要求。立即确定青洽会请柬、宣传单页、材料袋等内容和样式，由省国展公司负责落实，1月底前完成，并抓紧开展对外邀请工作。

六、会议确定。春节前召开全省1999年青洽会筹备工作会议，检查本次会议议定事项落实情况，全面动员部署1999年青洽会筹备工作。

（公章）

一九九九年一月十日

简析

标题由会议名称和文种构成。开头部分概述会议基本情况，简明扼要。主体部分在结构形式上，对会议讨论的精神和决议分条列项逐一概括说明。语言上使用了会议纪要的惯用词语，体现了会议纪要的特征，如“现纪要如下”、“会议一致同意”、“会议原则同意”、“会议要求”、“会议确定”等。

例文二

一九九〇年经济特区工作会议纪要

2月5日至8日，国务院在深圳召开经济特区工作会议，参加会议的有深圳、珠海、汕头、厦门、海南五个经济特区的负责同志，广东、福建、海南三省人民政府和国务院有关部门的负责同志。×××副总理主持了会议。2 月 8 日，××总理专程到会听取汇报，作了重要讲话。会议交流了各经济特区的工作情况，讨论了贯彻落实党的十三届五中全会精神，进一步抓好治理整顿和深化改革，更好地发展外向型经济，充分发挥对外开放窗口和基地作用问题。现纪要如下：

一、会议认为，1986 年经济特区工作会议以来，特区按照国务院批准的工作方针，把经济工作重点从初创阶段的"搭架子、打基础"转到"抓生产、上水平、求效益"方面来，努力发展以工业为主、工贸结合的外向型经济，取得了显著成果。(略)

二、会议指出，经济特区要在治理整顿和深化改革中求稳定、求提高、求发展，积极吸收利用外资和引进先进技术，更有成效地扩展对外贸易和经济技术交流，把外向型经济提高到新水平，在沟通内外经济技术联系，出信息、出技术、出经验、出人才和扩大出口创汇、增加社会积累等方面更好地为全国服务，在服务中进一步发展壮大。为此，要着重抓好以下几个方面的工作：

(一) 把治理整顿和深化改革的方针具体贯彻落实到特区工作中去。(略)

(二) 进一步改善投资环境，更有成效地吸收外商投资。(略)

(三) 积极调整产业结构和产品结构，增强国际交换和竞争能力。(略)

(四) 适应发展外向型经济的需要，继续深化改革，建立有效的宏观调控机制和富有活力的企业经营机制。(略)

三、会议强调，加强社会主义精神文明建设是特区建设的一个重要方面。特区的干部在频繁的对外经济交往中，在吸收利用外资、学习国外先进技术和管理经验的同时，政治上必须保持清醒的头脑。要坚持四项基本原则，加强思想政治工作，保持正确的政治方向。对敌对势力的"和平演变"阴谋，对资产阶级自由化，对腐朽生活方式的侵蚀，要保持高度的警觉，进行有效的斗争。

要加强党的建设，发挥党组织的战斗堡垒作用，发扬密切联系群众的优良作风，深入进行思想政治教育，各级领导干部要带头学好马列著作、毛泽东著作和邓小平著作，理论联系实际，经常深入基层，深入群众，发扬求实精神，指导特区的各项建设。要发扬勤俭建国、艰苦奋斗的优良传统，加强廉政建设，建立和完善民主监督制度，克服消极腐败现象。要普及和提高文化科学教育，加强职业道德建设，倡导移风易俗。对社会上出现的"六害"和各种丑恶现象，要运用法律的、教育的武器予以扫除，常抓不懈。对海外黑社会的渗入，必须密切注视，坚决打击，将其解决在萌芽状态。特区在经济不断繁荣、人民生活不断提高的同时，要努力创造一个安定的社会环境，使人民安居乐业，使投资者放心，更好地显示出社会主义精神文明的新风貌。

四、会议强调，要继续认真执行中央和国务院制定的对经济特区的各项特殊政策措施。各级有关部门在制定经济管理具体措施时，应从特区的实际情况出发，允许其有一定的灵活性，支持特区更好地发展外向型经济。根据党的十三届五中全会提出的"经济特区和沿海开放地区的基本政策措施不变，并在实践中逐步加以完善"的精神，针对当前实际工作的需要，会议明确以下各点：

(一) 特区固定资产投资规模控制和建设项目审批权限，仍按国务院对经济特区的现行规定执行。(略)

（二）为了与特区投资项目审批权限相衔接，特区人民政府审批出让国有土地使用权的批准权限为耕地67万平方米以下或其他土地134万平方米以下。超过限额，应经省报国务院审批。（略）

（三）年度人民币信贷计划，深圳继续实行切块安排，厦门、珠海、汕头特区仍实行戴帽下达的办法。请中国人民银行总行根据经济特区经济发展的实际需要，适当增加与外商投资配套的资金和流动资金贷款指标。年度外汇信贷管理办法不变，请中国银行根据特区外汇存款增加的情况，对效益好的重点项目所需外汇贷款给予支持安排。（略）

（四）特区一般贸易收汇仍实行按净创汇"倒二八"分成的办法。（略）

（五）特区进口属于国家实行配额和许可证管理的生产性物资，深圳、厦门和海南特区每年按实际需要直接向国家有关主管部门申报计划；珠海、汕头特区应先向省申报计划，经平衡后再向国家有关主管部门申报、戴帽下达，在批准数额内，领取进口许可证并组织进口。（略）

（六）允许深圳在海关的保税仓库制度基础上，试办保税生产资料市场，统一组织生产资料进口，供应特区内企业，以逐步改变由于各企业自行零星进口而产生的难以集中管理、有些企业利用转让定价转移利润等弊端。具体实施和管理办法，由国务院特区办公室会同经贸部、物资部、海关总署和国务院机电产品出口审查办公室等部门商定。（略）

××××年××月××日

简析

开头部分会议情况的叙述非常精练概括。全文充分运用了条文式的优势，围绕进一步抓好治理整顿和深化改革、更好地发展外向型经济、充分发挥对外开放窗口和基地作用问题，从四个大的方面，结合指导性的原则和操作性的措施，归纳了会议的主要精神。语言运用有纪要特点。

[知识讲授]

一、会议纪要的性质和作用

会议纪要是根据会议宗旨、会议文件、会议记录等会议材料综合反映会议概况、会议决定及会议精神的一种公文。《办法》规定：会议纪要"适用于记载和传达会议精神和议定事项"。会议纪要一是为了向上级汇报会议情况，及时得到上级指导；二是向下属传达会议精神，作为本系统、本地区、本单位开展工作的依据，及时贯彻执行。一般比较重要的会议都要编发会议纪要。

二、会议纪要的写法

（一）会议纪要的内容与结构

1. 标题

标题写法有两种形式：一是单标题，由会议名称加上文种名称构成；二是双标题，由正、副标题组成，正标题揭示会议主要内容，副标题由会议名称加上文种名称构成，如《一切围绕经济转　一切围绕效益干——安徽沿江四市负责同志座谈会纪要》。

2. 期号

表明年份、期号。有的不写期号，标题写完后，即写正文。

3. 正文

（1）开头。写会议概况，概述召开会议的基本情况，内容包括会议召开背景、重要性、目的、时间、地点、与会人员、主要议程、对会议的总体评价等。有的可以不写，有的可放在主体部分写。通常有两种写法：一是叙述式，将会议的基本情况作为一段概述，使人看后对会议有个大概了解。另一种是条目式，将会议的时间、地点，参加人员和主持人、会议议程等基本情况分条列出，这种写法多见于办公会议纪要。

（2）主体。写决议事项，内容包括会议讨论的工作、对过去工作的回顾和评价、会议讨论研究取得的结果、对会后工作的要求和措施。主体的写法有三种。一为综述式写法。就是将会议所讨论、研究的问题综合成若干部分，每个部分谈一个方面的内容。一般用“会议认为、会议决定、会议指出、会议强调”等引导词作为领起。较复杂的工作会议或经验交流会议纪要多用这种写法。其中比较复杂的层次又可分条列项来写。二是条文式写法。就是把会议议定的事项分点写出来。办公会议纪要、工作会议纪要多用这种写法。三是发言记录式。就是把与会人员的发言要点记录下来。按照会上发言的顺序，把每个发言人的主要观点和意见择要出来。要注意写发言人的名字，有的还要在名字后面加括号写明单位和职务。一些重要的座谈会纪要，常用这种写法。

（3）结尾。一般写明会议希望、要求和号召，有时补充说明次要情况。也有的不另作结尾，而将以上内容放在决议事项部分一并陈述。

4. 落款

写上制发机关名称、纪要签发日期，加盖印章。

（二）会议纪要写作要求

（1）要抓住要点。突出纪要性特点，突出会议的中心和重点，归纳整理会议要点，不要面面俱到，记流水账。

（2）要实事求是反映会议的各项内容。要善于收集和运用会议材料，并在此基础上真实、客观而又全面、概括地反映会议内容。

（3）层次要分明，条理要清楚。不管哪种写法，纪要的层次除可利用小标题、序号表示外，还可以使用“会议决定”、“会议同意”、“会议听取”等惯用词语表示层次。

（4）语言准确简洁，使用固定的惯用词语。会议纪要通常用“会议”或“代表”为第一人称。常用的词语有“会议认为”、“会议指出”、“会议决定”、“会议要求”、“会议号召”等。

[思考与练习]

1. 将会议纪要主体部分的三种方式制作成写作模版。

2. 阅读下列材料，写一篇会议纪要。

会议名称：中国高等教育学会 EMIS 专业委员会第五届学术年会暨广东高教学会信息网络专业委员会 2000 年学术年会

会议时间：2000 年 12 月 19 日～22 日。

会议地点：中山大学。

会议内容：会议交流和探讨了 MIS 建设的经验和成果，开发的环境、方法、策略和技术，MIS 建设体制、管理模式和队伍，网络应用、信息资源建设和 MIS 发展前景。

与会领导：中山大学副校长×××、广东省教育厅信息中心主任×××等领导。

参会单位与人员：全国 78 所高校的 143 位代表。

专题报告：中国高教学会 EMIS 专业委员会顾问、香港城市大学电算服务处处长×××先生作了“为虚拟大学的来临作准备”的专题报告。

会议形式：大会发言及分组讨论相结合。

会议成果：收到论文 54 篇，录用 43 篇，将编辑成论文集正式出版。

会议精神：

(1) 党的十五届五中全会将国民经济信息化列入十五计划，并提出要实行政务管理信息化。

(2) 加强对 MIS 建设的领导，仍然是当前 MIS 建设的重要问题。

(3) 高校管理信息中心是高校 CIO 体系的中坚，应努力发挥更大的作用。首先要针对学校的信息系统建设进行规划，起到信息管理和技术支持的作用，采取多种形成，组织力量予以实施。

(4) 随着高校信息化建设的不断深入，MIS 的内涵发生了很大的变化，我们应该利用自身的技术优势，积极开拓，参与学校教育信息化的各项工作。

(5) 高校 MIS 建设是一项长期的综合性的系统工程，因此必须有一支稳定的高素质的技术队伍。各单位要从机制、体制等方面研究解决这个问题。

第三章 事务文书

在任何一个国家行政机关、企事业单位中事务文书使用的数量都很多且频率很高，学好事务文书的写作是管理机关、处理事务的需要。事务文书的写作对具体工作具有约束规定作用，对领导决策具有参谋作用。在事务文书的写作中要有实事求是的态度，有前瞻意识，还要掌握充分的材料。

第一节 事务文书的概念、特点、种类

一、常用事务文书的概念和特点

事务性文书是国家机关、社会团体、企事业单位在日常事务活动中用来传递信息、沟通情况、制订计划、总结经验、调查情况、规范行动的系列文书的总称。事务性文书具有很强的实用性。如工作开始前，要制订“计划”；工作告一段落后，要进行回顾、评估，需“总结”；一件事情调查结束，要写“调查报告”；为传递信息、交流经验．要编发“简报”；为规范人们的行为，要制定“条例”、“规定”等规章制度；领导讲话需要“讲话稿”。这些事务文书被广泛运用着，在日常事务活动中起着重要作用。

事务性文书是一个宽泛的概念，相对于行政公文，它具有如下特点：

(1) 事务性文书是处理日常事务活动时使用的，它所反映的是具体职能部门的看法和意见，作者可以是具体职能部门，也可以是其工作人员。而行政公文体现的是各级领导机关的意志，其作者是法定的各级领导机关或机关领导人。

(2) 事务性文书是用来处理实际事务的工具，对推动实际工作、解决实际问题，所起的是参考和指导作用。只有通过公文载体批转、转发、发布的行政事务应用文，才具有法定作用。

(3) 事务性文书虽有一定的写作格式，但这是在实践中逐步形成的惯用格式，不是固定不变的，作者可以根据内容和写作要求，自由、灵活、多样地确定表述程序，合理地安排文章结构。

(4) 在表达方法的运用上，事务性文书以说明、叙述、议论为主，但有时也可适当运用描写等方法，使语言既准确、质朴、简明，又生动、形象、活泼，增强文章的感染力和说服力。

二、事务文书的种类

事务性文书种类繁多，文种与文种之间又缺少必然的联系，因此，事务性文书的分类

是相当困难的。在这里，我们只是从文体的特点，对事务性文书作一个简单的归类，大体分为五种：

一是调查总结类，包括调查报告、总结等。

二是计划类，包括计划、规划、安排、设想等。

三是记录简报类，包括简报、会议记录、会议策划书、大事记、工作日志等。

四是讲话类，包括讲话稿、开幕词、闭幕词等。

五是规章制度类，包括章程、细则、公约、须知、办法、制度等。

三、事务性文书的写作要求

(1) 事务性文书在写作上虽然比较灵活，但也不能过于随意，它具有一套约定俗成的格式，撰写者应熟悉所撰拟事务类文书的基本格式，对习惯性的一些用法（如称谓等），都要按照社会约定俗成的内容去写，不能自搞一套。

(2) 事务性文书的内容除了不违反国家的方针、政策、法令法规外，也不能违反其固有的内容要求。如计划、总结等事务性文书，它们的内容到底应包含哪些，虽然国家没有统一的规定，但人们在长期的写作实践中已经形成了一套相对稳定的内容要求，没有特殊情况，不要随意增减。

(3) 事务性文书在语言上要力求简洁明了，概念准确，不矛盾，不重复，不出现歧义句。特别是对于一些契约类、凭证类的事务文书更应讲求语言逻辑的严谨，用语的准确、精练。还有一些事务类文书具有交际礼仪的作用，要注意语言的委婉有礼，要经常使用一些表示问候、祝福和恭敬的惯用语。

[思考与练习]

1. 说说事务文书与行政公文的区别。
2. 列举你在学习和生活中接触和使用的事务文书，谈谈你对事物文书的认识。

第二节 计划

[例文简析]

例文一

××学校2004年度工作计划

在2004年，我校将以邓小平理论、“三个代表”重要思想为指针，深入推进“一切为了孩子，为了孩子一切，为了一切孩子”的办学思想，将“会做人、会生活、会学习、会健身、会实践、会创新”的育人目标分解落实到学校工作的每一个环节中，继续朝着“办人民满意的教育”这一办学目标前进，并力争今年创建“县级示范校”成功。为了完成上述各项任务，学校将从以下八个方面开展工作：

一、师德师风建设

(1) 以教师道德行为规范、教师行为六不准等相关资料做教师师德师风建设教材，定期开展学习活动。

(2) 完善《教师师德师风考核方案》、《教师师德师风建设管理办法》，定期检查，过硬考核，落实奖惩。

(3) 开展树“师德师风”标兵活动，在教师中评选一批师德师风建设成效显著的教师，作为教师榜样，以典型带动全面。

(4) 加强教师主人翁意识培养，让“校兴我荣、校衰我耻”的理念深入教师心中，成为教师工作、学习、生活的源动力。

二、教师业务水平提高工作

(1) 组织好“请进来、走出去”活动。请有教改成效、教学成果显著的知名教师到校办讲座。积极选派学校教师外出参加各种培训和教学观摩等活动。

(2) 充分利用网上资源，对全校教师业务水平进行培训。

(3) 积极开展校本培训，开展好“传、帮、带”活动。针对我校代课教师中有不少新手的情况，在教研会上，学校要选出各年级段的重难点作为突破口，让新手尽快进入角色，掌握适当的教学方法。

三、学生德育工作

(1) 继续推行“月评活动”、“红领巾监督岗活动”，并细化活动细则，加强检查落实力度，以规范学生言谈举止。

(2) 开展主题中队活动。将学生必备的道德品质分解细化在一个个专题中队活动中得以培养，如“宽容是一种美德”、“争做守信小公民”等活动。

(3) 继续完善“红领巾广播站”建设。开辟适合学生口味、能展现学生才华的栏目，如作文展示、故事沙龙、校园时讯、表扬站等。

(4) 每周一举行升国旗仪式。注重国旗下讲话这一环节，结合当周中队活动主题，加强对学生进行教育。

(5) 完善校园文化建设，以标语、黑板报等形式为学生营造一个好的德育环境，并开辟如“涂鸦墙”等供学生展示自己才艺的小天地。

(6) 加强与家长、社会的沟通，为学生构建一个学校、家庭、社会三位一体的德育场。

四、教学工作

(1) 抓好教学“六认真”的落实。定期检查与随机抽查相结合，并将检查结果与教师考评结合。

(2) 完善教师教学业绩考评方案，过硬落实奖惩。

(3) 开展教学教研工作，以教研带动教学工作全面提升。

(4) 举行学生钢笔字大赛。

(5) 狠抓六年级工作，做到抓早、抓好。

(6) 积极组织全校师生参加上级组织的各种比赛活动，并鼓励教师参赛出成果。

五、安全工作

(1) 加强安全知识的教育。

(2) 成立安全工作领导小组，制定应急方案，签订安全责任书。

(3) 定期进行安全隐患检查，及时排除安全隐患。

(4) 完成综合楼建设。

六、体育卫生工作

(1) 坚持“两操”活动，增强学生体质。

(2) 举行运动会、体操比赛。

(3) 加强食堂、小卖部监管，落实专人负责。

七、团队、工会工作

(1) 发挥团队、工会职能，为学校决策提供意见和建议。

(2) 充分运用团队、工会的凝聚力，使全校师生拧成一股绳，推动各项工作的进展。

(3) 积极开展校务公开工作。

八、后勤工作

(1) 严格执行一费制收费标准。

(2) 学校重大支出由行政会讨论后执行。

(3) 厉行节约，杜绝浪费性支出，如租车、随意吃喝等。

(4) 先保学校工作正常运转，后偿还以前债务。

在全校教职工齐心协力、踏实工作下，我深信以上八个方面的工作会逐一得以落实，学校拟定的各项工作目标会逐一实现。××学校辉煌的明天会在我们的手中诞生。

××学校（公章）

二〇〇四年三月十日

简析

本计划开篇提出工作任务目标，接着从八个方面展开具体的实施措施，将任务落到实处。结构层次非常清楚。

例文二

××省2000年专利培训工作计划

一、指导思想

以党的十五大和十五届四中全会及全国技术创新大会的精神为指导，按照全国专利工作会议的总体要求，围绕省委、省政府提出的加快科技进步、提高技术创新能力和省科技厅组织的高新技术产业化、工业科技进步、科技兴农三大工程的实施，以县处级以上党政领导干部、专利管理干部和大中型企业领导干部为重点，大力开展知识产权培训工作，积极推进知识产权人才培训体系的建设，努力改善我省知识产权普及教育和人才培养的现状，充分发挥专利制度在我省经济和科技发展中的作用。

二、工作任务

(1) 拟与省委组织部、省委宣传部、省经贸委、省科技厅联合发出“关于加强专利宣传培训工作的通知”，争取省委组织部、省人事厅、省经贸委等部门的支持，充分利用各级党校和行政学院，对各级党政领导，科技、经济等有关部门领导进行专利及知识产权知识的培训。

(2) 争取与省经贸委联合举办厂长、经理培训班，对国有大中型企业领导人进行知识产权知识和专利战略的培训。培训大纲采用国家知识产权局拟定的“大中型企事业领导干部知识产权培训参考提纲”，培训人数不少于100名。

(3) 争取与省科技厅联合举办一期“县（处）级领导干部知识产权培训班”，培训对象主要是市县科委主任、各市专利管理局和院校、科研单位的科技处长。培训大纲采用国家知识产权局拟定的“县级领导干部知识产权培训参考提纲”。培训人数不少于50名。

(4) 拟与省工商联联合举办一期厂长、经理培训班，重点对民营企业领导人进行知识产权知识的培训，培训人数不少于50人。

(5) 结合“××省企业专利示范工程”的实施，拟于5月～6月期间举办一期专利工作者培训班，继续为企业、高校、科研院所培养新的专利工作者。培训大纲采用“专利代理人培训大纲”，培训人数不少于150名。

(6) 与省教委协商，将知识产权知识的普及工作向大、中小学延伸。在有条件的大专院校，开设知识产权选修课。编印一些图文并茂的资料供中小学生阅读。

(7) 与省司法厅协商，争取将专利法列入“十五”普法计划，有领导、有组织、有系统地把专利法普及引向深入。

(8) 与省内高校或学术机构联合，借助其师资力量和学术权威性，培养高素质的知识产权专业人才。调动社会各方力量，积极筹建面向机关、企事业单位、科技管理及经济管理干部的知识产权培训基地。

三、保障措施

(1) 成立专利培训工作领导小组，由局领导任组长，成员由办公室、综合管理处、法规处、实施处负责人组成。

(2) 针对不同培训对象，向国家知识产权局征订有关教材，或结合我省实际，组织力量编写形式多样的知识产权培训教材与资料。

(3) 争取国家知识产权局专项经费支持，确保培训计划的落实。

（公章）

二〇〇〇年四月十二日

简析

本篇计划结合省级专利培训工作的特点，在内容上侧重年度内要完成的工作任务有哪几项，只提出了抽象的保障措施，想一想这样写的原因。

例文三

××镇党委2005年下半年工作设想

按照市委“牢固确立、全面落实科学发展观，推进城乡统筹发展，加快城乡一体化进程”的要求，2005年下半年全镇经济社会发展的总体思路是：全面贯彻市委八届九次全委（扩大）会议精神，高扬“攀高争先、跨越奋进”的旗帜，突出工业经济主体地位，加大招商引资力度，激发民营经济活力；巩固农业基础地位，加大农业项目建设和园区建设力度；拉大城镇建设框架，加快城镇开发，以城乡统筹发展的思路总揽全局，努力推进全镇经济社会全面、协调、可持续发展。

实现这些目标，既是××镇人民的期盼，更是党政政府的责任所在。我们将进一步理清工作思路，加大工作力度，把握工作重点，创新工作举措，凝心聚力，埋头苦干，攻坚克难，乘势而上，努力完成全年各项目标任务，为全市跨越发展多作贡献。

一、突出工业经济主体地位，在招商引资上实现突破

解决目前农村面临的所有问题，必须依靠经济发展，发展是解决一切问题的根本所在。要始终突出这个中心，我们就要从本乡镇实际出发，排除一切干扰，把目标定位、工

作重点、精力配置充分投入到经济建设中。

(1) 强攻招商引资，推进项目建设。继续深化“发展是第一要务”、“招商引资等于零，一切等于零”的理念，坚持工业经济的主体地位，坚持将招商引资作为经济工作的重中之重。下半年，在国家宏观环境继续趋紧的情况下，要充分利用自身有利条件，巧解难题、求真务实、统筹协调，谋求招商引资新的突破；要全民发动，全民参与，形成声势浩大的招商热潮；要放大区位优势，合理布局规划，开发长江岸线资源，突出接轨上海主线，实施定点招商与专业招商相结合，增强招商力量，更新招商理念，创新招商方式，扩大招商成效；要强化服务意识，为企业提供全程服务，以诚信服务营造良好的发展环境。大力培植规模企业，进一步优化产业结构，在巩固传统劳动密集型企业发展的同时，积极引进医药化工、机械电子类企业，培育高新技术企业。

(2) 加速工业园区建设步伐。坚持“工业立市、园区兴市”的发展理念，要充分利用××公司已征地66667平方米的优势，集中精力，集聚财力，加快园区建设步伐，放大集聚效应，凸现园区产业特色；要充分发挥园区的“筑巢引凤”功能，提高标准厂房的吸引能力和利用效率。

(3) 大力发展民营经济，推动全民创业。全民创业是经济发展的原动力，是富民强镇的活力源，是解放思想的催化剂。要突破思想障碍，营造宽松、宽容的社会氛围，建设公开公正的政务环境；要突破心理障碍，培育创新创业的群体；要突出干部的示范带头作用，突出群众的创业主体作用，营造全民创业热潮，创造一切有利条件，激活民间资本，鼓励、支持民营经济快速发展。

(4) 加大项目建设的力度，着力推进项目建设进程。积极化解宏观调控带来的新矛盾、新困难，确保签约项目早开工、跟踪项目早签约。

二、巩固农业和农村基础地位，在农业项目和园区建设上实现突破

要以实现现代工业的理念经营农业，以城乡统筹的思路抓农业。要加大农业项目投入力度，推进结构调整，全面提高农民收入增长水平。

(1) 以创建特种经济专业镇为重点，全力抓好农业园区建设。积极引导农民确立市场意识，大力推广新品种、新技术，推进农业产业结构调整，把特种经济专业村镇创建工作引向深入。在2004年原有3个特种经济专业镇的基础上，今年再创建5个特种经济专业村，使全镇特种经济作物面积达到70%以上。在原有农业园区基础上，再新建4个高标准示范园区，即千亩出口蔬菜种植基地、千亩无公害蔬菜基地、高标准蔬菜示范区、千亩雪菜种植示范区。要大力引进新品种、新技术，加大农业招商力度，必须在培育和引进蔬菜深加工企业上取得突破。

(2) 以有效增加农民收入为工作的着力点，大力实施农业百项投入工程。继续实施镇村两级农业百项投入工程，抓紧兴办农业龙头加工企业，拓宽农民增收渠道，提高农民增收水平。

(3) 推进农村土地流转和劳动力转移。积极探索符合市场经济规律、符合农民意愿、适合农业园区建设需要、适应农业产业化经营的土地经营权流转方式，逐步建立起以品种为主导的农村合作经济组织，通过提供有效服务，加速推进农村剩余劳动力的转移。

三、加快城镇开发实施进程，在城镇建设上实现突破

城市化是推进社会生产生活方式由乡村向城市转化的历史进程，是实现农村工业化的

关键。城市建设是城乡统筹发展的龙头。要加快农村城镇化、农村现代化步伐。

(1) 高起点、高标准设计城镇规划。围绕“一街两区三市场”的目标，加大××商贸市场工程、园区项目工程建设力度，拉大城镇框架，将××镇建设成一个布局合理、设施配套、具有较强辐射和带动能力的区域性经济文化中心。

(2) 充分发挥名镇品牌效应，加快小城镇开发，提升城镇品位，优化城镇功能，拉动服务业发展。按照“两街”、“两区”、“两配套”的要求，进一步拉开小城镇建设的新框架，营造城镇建设新空间。结合工业园区建设，建成××商贸城，形成30000平方米的新兴商贸区。实施××路二期改造工程，拓宽道路，完善配套，启动农民住宅小区开发项目。加强生态环境建设，塑造城镇崭新形象，创造良好的人居环境和投资环境，努力实现城镇开发与经济发展良性互动，城镇规模与经济规模同步扩张，园区建设与城镇建设协调配合。

(3) 确立经营城镇的理念，完善市场化运作机制，提高政府收益。在城镇开发上，要规范操作土地出让，对开发用地实施挂牌出让。在小城镇管理上，对城管中队实施市场化运作，核定收支基数，政府定额补贴，实行自收自支，自负盈亏。对所有户外广告、公用设施实行有偿使用，规范管理。对所有建设工程项目，凡是财政资金投入的，一律实行招投标，做到公开、公正、公平，实施阳光操作，并完善工程监督、监理制度，确保施工质量，发挥品牌效应，全面提高城镇化水平。

(4) 以市场化手段运作政府所控制、拥有及衍生的各种物质资源和非物质资源。把工业园区建设和小城镇建设统一规划，同步实施。一方面，使一部分基础设施共享共用，减少投入成本；另一方面，通过工业园区建设，拉开城镇框架，营造城镇开发新空间、新亮点，把土地开发收益用于投入工业园区配套建设。

四、加强党建和精神文明建设，稳步推进各项社会事业，促进全镇三个文明协调发展

面对科学发展观提出的新要求，面对统筹城乡发展的新任务，面对宏观调控带来的新考验，全镇各级党组织和全体党员干部务必振奋精神、坚定信心、激励斗志，以提高执政能力为重点，切实加强领导班子和领导干部队伍建设，着力提升驾驭全局工作的水平，为推进城乡统筹发展、加快城乡一体化进程提供强有力的组织保障。

(1) 把握时代主旋律，倡导文明新风尚。要在全镇进一步强化大局意识、创新意识、危机意识、拼抢意识，努力营造全面、协调、可持续发展的良好氛围。以培育新市民、倡导新风尚、塑造新形象为重点，切实加强全民思想道德建设，深入推进未成年人思想道德建设“十个一百”工程，深入开展以“文明在行动”为主题的群众性精神文明创建活动，巩固扩大文明村镇创建成效，发展繁荣文化事业。要把干部群众的智慧和力量凝聚到跨越发展和实现“两个率先”的目标上来。

(2) 切实加强党的组织建设。要切实加强和改进党的基层组织建设，优化党组织的资源配置，创新党组织的设置方式，积极探索把党组织建在各类专业协会、产业链上的农村党建新举措；创新党组织活动载体，全面实施“强基工程”，深入开展“四群两争”主题活动，扎实推进“三级联动富民帮扶”工程，不断增强基层党组织的创造力、凝聚力和战斗力；加大教育培训力度，全面提高党员干部带动农民致富的能力；建立健全严格的考核机制，责任明确，奖罚分明，把各个方面的积极性调动起来，发挥出来，形成强大的工作合力。

(3) 切实加强和改善党风廉政建设。从学习贯彻《实施纲要》入手，严格执行和落实党风廉政建设责任制，完善制度建设，健全监督机制。要加大查案力度，强化责任追究。

推行党务公开、政务公开，着力推进行风建设，优化投资环境。各级领导干部要以身作则，廉洁自律，以自身的襟怀坦荡、高风亮节，影响群众，引导群众，以自身的身先士卒、率先垂范，带动群众、组织群众，与群众同心同德、同甘共苦、同谋大业。

（4）加强民主法治建设。深入开展“四五”普法教育，着力提高全体公民特别是农民的法律意识，积极贯彻实施《行政许可法》，加大行政审批制度改革，促进政府职能转变。积极扩大基层民主，推进政务公开，完善村民自治机制，精心打造“平安××”，全面提升社会矛盾大调解机制，巩固完善社会治安大防控体系。一是完善调处中心建设，充分发挥其职能作用；二是抓好保安联防费的市场运作；三是切实抓好青少年法制教育；四是继续关注三类重点人员，力保社会稳定。

（5）加快推进各项社会事业领域改革。加快农村五件实事的实施步伐，多为群众办实事、办好事，改善群众的生产生活质量，让农民在深化改革中得到实惠。要及时梳理各种矛盾，规范处理各类遗留问题，化解社会不稳定因素，改善党委政府在群众中的形象，提高党委政府在群众中的威信。要整合各类社会资源，多渠道筹集资金，使社会事业建设投入新机制和新体制。

五、强化财经制度管理，开源节流，确保财政正常运转

继续巩固公共财政支出改革成效，规范财务管理，千方百计增加财政收入，大力组织预算外收入，确保公教人员工资的正常发放和机关事业单位的正常运转。

在目前财力紧、财源少、财政拮据的状况下，要办事，办实事，办好事，必须巧办事。这个“巧”，就是要遵循市场经济规律，尽量用市场化运作的手段减少各种财政支出。这样既节省了政府投入，又赢得了民心，更堵塞了腐败的源头。

面对当前纷繁复杂的各类矛盾，面对跨越发展的奋斗目标，面对统筹城乡发展、加快城乡一体化进程的历史任务，让我们满怀豪情，迎难而上，求真务实，开拓创新，全面贯彻落实科学发展观要求，为推进我镇经济社会全面、协调、可持续发展而努力奋斗。

（公章）

二〇〇五年五月二十日

简析

本计划内容充实，安排恰当，语言合乎要求。

[知识讲授]

一、计划的性质和作用

（一）计划的性质

计划是党政机关、企事业单位、社会团体及个人对今后一段时间的工作、学习等活动作出预想和安排的一种事务性文书。计划就是对即将开展的工作的设想和安排，如提出任务、指标、完成时间和步骤方法等。计划具有预见性、针对性、可行性和约束性的特点。无论是单位还是个人，无论办什么事情，事先都应有个打算和安排。

（二）计划和作用

计划是实践活动中广泛运用的科学方法。计划的作用主要体现在以下几方面。

（1）指导、推动和保证作用。各条战线、各行各业、各个部门、各个单位乃至个人，根据国家的总目标和上级主管部门的要求，结合实际情况，制订好计划，并以此为指导，认真去实践，就可以避免盲目性，增强自觉性，有利于采取切实可行的措施，从而推动和保证生产、工作、学习任务的完成。

（2）检查促进作用。做好工作计划，是建立正常的工作秩序、提高工作效率的重要手段。可以根据计划，随时检查、掌握生产、工作、学习的进展情况，及时肯定成绩，总结和推广经验，发现问题，纠正偏差，从而检查、督促计划的实现，取得更好的成效。

（3）资料依据作用。计划是预先制订的在一定时期内有关生产、工作、学习等方面的打算和安排的书面材料。它是考查一个部门、单位乃至个人在某一时期的生产、工作、学习等各方面情况的凭据资料。一个部门、单位或个人，进行总结时，都得对照相应的计划执行情况，这样，事前的计划又成了事后总结的依据之一。

二、计划的分类

在实践中，计划有许多名称，如比较长远、宏大的称为“规划”；比较切近、具体的称为“安排”；比较繁杂、全面的称为“方案”；比较简明、概括的称为“要点”；比较深入、细致的称为“计划”；比较粗略、雏形的称为“设想”。凡“打算”、“安排”、“要点”、“设想”、“方案”、“规划”等，都属于计划的范畴。

表 3－1　　计划的分类

名称	时间	内容	范围
规划	时间跨度大	涉及面广，内容概括，只提远景目标，是全面性的战略部署	本单位，本部门
设想	长远或近期	对工作任务作粗线条的非正式的安排	本单位，本部门
打算	近期内	提出任务，但其中的指标、措施较粗略	本单位，本部门
安排	短期内	任务明确，内容单一，措施较具体	本单位，本部门
要点	一定时期内	布置主要任务，交代政策，提出原则性要求	上级对下级，本单位，本部门
方案	近期或短期内	就某项任务、课题的具体实施，从目的、要求、方式、方法都作出全面安排	

三、计划的写法

（一）计划的内容与结构

计划没有固定的格式，可以采用条文式，也可以采用表格式，还可以采用条文与表格结合式。一份完整的计划，一般应包括以下几个部分。

1. 标题

常规写法是由单位名称、适用时限、内容、文种四个要素组成的。如《××建筑工程安装公司 2005 年工作计划》、《××大学××学院 2004～2005 学年第一学期教学工作计划》。

除常规写法外，还有一些变通的写法。变通主要体现在要素的省略与文种名称的变化上。先说要素的省略。有些计划，省略单位名称，如《2005 年度全民义务植树造林工作计划》；有些计划，省略适用时间，这在专题计划中比较常见，如《××大学第二期教师安居工程工作计划》；有些计划，省略单位名称和适用时间两个要素，如《科研工作计划》。再说文种名称的变化。由于每一份计划所强调的重心各有侧重，其指挥性、约束性的强弱程度也有较大不同，计划不一定都用本名做标题，可以根据自身的特点和需要变换名称，如《××大学党委宣传部××年度工作要点》、《党委中心学习组 2005 年理论学习安排》。

如果计划未成熟，也可在标题后括号内注明“初稿”、“讨论稿”、“草案”、“征求意见稿”等字样。

2. 正文

计划的核心内容一般包括目的要求（为什么做）、目标任务（做什么）、措施办法（怎样做）以及时间安排（何时）。正文一般由前言、主体和结尾三部分构成。

（1）前言。是计划的开头部分，可简明扼要地交代制订计划的目的或依据，提出工作的总任务或总目标，介绍本单位的实际情况。一般一两个自然段即可。前言和主体之间常用“为此，要抓好以下几项工作”、“为此，特制订本计划如下”等语句引领下文，进行过渡。

（2）主体。要明确一定时间内要完成的目标任务，提出切实可行的步骤、方法、措施，交代具体要求。这是计划最重要的内容，也是篇幅最大的一部分。由于内容繁多，要注意条理和层次的安排。结构上通常采用标明序号、分条列项的形式。常见的结构形式为：用“一、二、三……”的序码分层次，用“（一）、（二）、（三）……”加“1. 2. 3. ……”的序码分条款。要注意从主到次，每项写一件事。

（3）结尾。提出希望、发出号召、展望前景、明确执行要求等。也可以在条款之后就结束全文，不写专门的结尾部分。

3. 落款

在计划结尾的右下方，要写上制订者的名称和制订日期。制订者的名称，是单位制订的就写单位的全称，在标题中已写明的也可以不再写，只写制订计划日期即可；是个人制订的计划，在标题中不写姓名，结尾必写姓名。制订计划的日期要写清年、月、日。

（二）计划的写作要求

（1）注重依据。一是政策依据要遵循；二是客观依据要认清。

（2）切实可行。根据实际情况定目标、定任务、定标准，目标要明确，其措施要可行。

（3）正确选用文种。要弄清各种计划种类之间的区别，选用正确的文种名称。

（4）结构清晰。

[思考与练习]

1. 某公司秘书小李要写一份本公司全年工作计划，如果你是小李，写作前需要做哪些工作？

2. 某县水利局拟开展 2007 年“讲文明、树新风”活动，请代其写出计划的标题和开头部分。

3. 某学校食堂开展健康月活动，请你代表食堂写作一份活动计划，要写出活动目的和具体措施。

4. 请结合大学英语等级考试，为自己写一份备考计划。

第三节 总结

[例文简析]

例文一

锐意改革 迎接挑战 谱写农电事业新篇章

——2004年工作回顾

2004年我们××县农电局以“改革、发展、创新、突破”为主线，以“巩固成果，完善机制，细化管理，全面推进，整体升位”的二十字方针为总体工作思路，坚持“安全是基础，效益是中心，服务是宗旨”的方针，以改革促发展，加强营销、安全、行风建设的管理，实现了经济效益创历史新高，安全生产形势良好，双文明建设站排头，行风建设同步发展，“创一流”工作稳步推进的良好局面，为建设一流农电企业，加速我县农村经济的发展作出了应有的贡献。

一、各项指标完成情况

(1) 全年没有发生重大以上责任事故，没有发生送、变、配电设备考核事故，截至2004年12月31日，实现连续安全运行6205天。

(2) 送电设备完好率达94%；变电设备完好率达87%；配电设备完好率达到79%，完成年度计划指标。

(3) 两票合格率和执行率均达100%。

(4) 电压合格率99.67%，配电可靠率99.89%，均比去年同期有所提高。

(5) 购电量完成10847万千瓦时，完成年计划指标的120.67%，比去年同期多购电2374万千瓦时，上升28.03%。

(6) 售电量完成10543万千瓦时，完成年计划的123.4%，比去年同期多售电2406万千瓦时，上升29.57%。

(7) 综合损失率完成2.8%，比上年同期下降1.16%，其中，60KV损失率完成2.81%，比去年同期上升0.94%；10KV损失率完成-0.11%，比去年同期下降2.23%。

(8) 购电平均单价完成306.78元/千瓦时，比上年同期上升13.79元/千瓦时。

(9) 售电平均单价完成434.61元/千瓦时，比上年同期降低0.1元/千瓦时。

(10) 提成电费完成1254.68万元，完成年计划的115.53%，比去年同期多提199.74万元，提高18.93%。

(11) 购电税前提成115.67元/千瓦时，比去年同期降低8.84元/千瓦时。

(12) 电费收缴率完成100%，上缴率完成100%。

二、严细管理确保企业的生存和发展

1. 靠机制实现增产增收

2004年，我局的售电量达到1.05亿千瓦时，提成电费超过1200万元，经济效益突破历史最高水平。主要是因我们强化了机制建设，重点抓好收费制度改革和线损管理工作。

(1) 改革收费制度，推行电费坐收。

为了彻底扭转电费收缴难的被动局面，我局对收费制度进行了改革，推行电费坐收制。为了做好这项工作，我局共投资 20 余万元，为各供电所配备微机、打印机等设备。根据我局的实际情况，我们编写了《坐收程序培训教程》，多次举办坐收工作培训班，对坐收人员进行技能和服务上的培训。同时我们在用户中加大宣传力度，并不断完善坐收管理制度。通过一年的努力，广大用户认识到了坐收制度的众多益处，对电费坐收从不理解到广泛拥护。到现在为止，我们的电费坐收制度已在全县 22 个供电所全面铺开，步入正轨。

（2）加强线损管理，搞好台区承包，努力做到增供扩销。

2004 年 3 月，我局开展了为期一个月的用电大普查，重点检查用电变更手续和各个供电所的设备投运状况，按规范化的要求，对各所站的经营工作进行规范；对各个台区的 100 千伏安以上的配电变压器进行重点普查，重新建立大用户的设备档案。

根据市公司的要求，成立线损理论计算小组，对近 12 万低压用户开展线损理论计算工作，目前已完成了 486 个台区。根据长春城郊兴隆山供电所线损管理经验，在上半年线损实测的基础上，我局在全县范围内组织了新一轮的线损实测工作。

我局通过加强对用户峰谷表和无功表管理，加强力率电费、峰谷电费、基本电费管理，大力推广峰谷表和无功表的使用，使基本电费实现增收 43 万元。在此基础上，对 10 千伏用电大户继续推广预付费磁卡表，全年共安装磁卡表 25 块，有效地缓解了电费大户的收费难题。

2. 靠政策和服务实现增供扩销

我局为了吸引和回收负荷，出台了《增供扩销优惠办法》。通过我们的多方努力，用电负荷增长较快，截至 12 月末，新增配电变压器 295 台，用电容量 25180 千伏安。新增负荷带动售电量增长近 1000 万千瓦时。

另外，为了能在 2004 年 4 月全省同网同价这种不利条件下挖掘潜力，提高效益，我们根据各所的改造和线路情况，重新核定各所站的线损指标，制定了台区承包管理办法。承包内容包括线损率、实抄率、发行率、电费收缴、优质服务等内容，严格控制零电量用户。这样我们保证了到户实抄，最大限度地降低了损失，减少了同价对我局经济效益的不利影响。

3. 靠严管实现安全生产无事故

在安全生产管理方面，以全方位、大安全思想为指导，严抓严管，实现第十六个“安全年”。

（1）以大力开展各项活动为载体，打好安全生产翻身仗。

2004 年我局从实际出发，加强了制度化管理，大力开展各项安全生产活动，加大监督检查力度并实行重奖重罚，从而提高了职工的安全生产意识和全局的安全生产系数。

县供电辖区内开展了一次“地毯式”的安全大普查，在认真检查评比的基础上，进行了总结表彰，大力开展了安全大普查暨农网改造“回头看”活动。并于 11 月 19 日召开了专题总结表彰大会，对表现突出的 17 个供电所给予奖励；在基层职工和农民合同工中开展了两次安规大汇考，使他们对安全生产的基础知识达到了熟练掌握和应用的程度，提高了基层职工的安全生产意识和理论水平；在全体生产人员中认真开展“农电安全一日大思辨”活动，极大地提高了生产人员的安全意识。

通过这些活动的开展，我局的安全生产基础工作有了根本性的好转，安全生产形势明显好于往年。

(2) 建立安全风险抵押制度。

2004年我局建立了安全风险抵押制度，从党政一把手到基层台区电工，层层交纳安全生产风险抵押金，使安全生产与个人的经济利益挂钩。局里与各基层所站长签订了《安全生产责任制合同》，一年来，执行情况较好。

(3) 认真抓好春秋检、百日安全等季节性工作。

2004年春秋检送电专业共登杆检查66千伏送电线路2条，共455基杆塔，登杆检查率100%，共发现并处理一般缺陷37件；变电专业共检修二次变电所12座，检修率100%；完成二次变电所主要电气设备绝保试验以及66千伏及以下开关机构传动试验，共发现严重缺陷19件，处理19件，发现一般缺陷61件，处理55件；配电专业各供电所共发现设备缺陷2215件，处理2132件，综合处理率96%，其中发现并处理严重缺陷43件。春检期间共查出安全管理问题460余条，下发《存在问题整改通知单》38份。

在春秋检和安全生产月活动期间，我们从严管理，认真开展，并在检查评比的基础上，举行总结表彰大会，对工作完成较好的变电所、供电所和先进个人给予表彰奖励，奖金总额达41500元。

在做好电网的检修维护工作的同时，我们还加大了对安全工作的宣传力度。由局工会、团支部和生产部共同组织我局的15名青年志愿者，到新庙、长山等乡镇集市搞宣传活动，通过发传单、设咨询台、展览安全用电板报、播放安全录音等方式，在用户中宣传安全知识，使安全观念深入到广大用户心中。

4. 靠依法治电实现稳定的用电秩序

2004年，经过局保卫科的努力、县公安机关的大力配合，我们在电力市场整顿工作方面取得了显著成果。一年来，共查处各类危害电力生产、设施安全和窃电等违法犯罪活动和案件32起，其中窃电案件16起，违章用电8起，损坏电力设施案件3起。在案件的处理过程中，我们在公安机关的协助下，使4人受到治安拘留等法律制裁，大大提高了我局在电力执法方面的威慑力。

另外，我们对一些用户之间、用户与供电部门之间的纠纷加大了协调和处理力度，全年共调节供用电纠纷7起，调查处理举报3起，及时化解上访事件1起。在此基础上，我们全力配合公、检、法部门，对一些涉电案件进行妥善处理，保证了安全可靠供电。

5. 靠制度实现规范化管理

(1) 加强劳动纪律，实现机关管理规范化。

"加强纪律性，革命无不胜。"纪律是一个企业完成各项任务的保证。为了提高我局的整体素质，保证各项工作顺利进行，2004年下半年我们重新修订出台了行之有效、操作性强的《职工奖罚办法》和《职工考勤管理制度》，对劳动纪律加大了管理力度。在落实奖罚机制方面，我们以制度为依据，抓典型，着重处理有旷工、酗酒、打架斗殴等劣迹行为的职工，处罚迟到早退和在岗期间不注重个人仪表的职工。一年来共有6名职工受到了不同程度的行政处理和经济处罚，数名职工在机关早会被通报批评，使我局机关工作作风进一步规范，职工面貌焕然一新。

(2) 完善制度，实现供电所管理规范化。

为了确保我局的供电所规范化建设工作能够保持成绩，不出现滑坡，我们加强了制度化管理，大力开展供电所规范化管理“回头看”活动。在软件上，我们进一步细化管理制度，加强检查考核力度；在硬件方面加大资金投入，改善部分所站的办公条件。去年我们对乌兰架海供电所、变电所的房屋进行了改造，并在力所能及的条件下为其他所站更新和配置必备的办公设施。在去年年末前我们对各所站的行风工作、规范化建设和双文明建设情况进行了一次大规模的检查评比，并以此为依据对各所站进行了打分排名。

三、精诚服务赢得用户的充分信任

1. 自我约束，实现优质服务常态管理

在行风建设和优质服务工作上，我们坚持抓好常态管理，为农民排忧解难做好事，合理制定电力检修时间，根据农时做好支农保电工作，对乡镇企业积极扶持、超前服务；召开大规模用户座谈会，与广大用户进行对话交流，倾听用户的心声，聘请30位客户代表作为农电义务监督员，并颁发了义务监督员聘书和监督员联系卡。

另外我局坚持履行八项服务承诺，设立了举报电话，并把农电局长及经营部主任的联系电话直接打印到二次发行电费票据上，便于及时与用户沟通解决问题，避免了很多供用电矛盾的激化和行风事件的发生。

2. 上门服务，增强服务的主动性

2004年，为了提高服务水平，我局增强了服务的主动性，在优质服务的方面实行规范化和亲情化管理。我局在各基层供电所建立了特殊用户档案，将辖区内的用电大户及五保户、特困户等全部登记在册，并定期开展上门服务，为这些特殊用户排忧解难，提供用电服务。对一些用电大户，我们定期上门服务，长期保持沟通，以服务保证负荷的稳定。

3. 重点扶持，促进地方经济的快速发展

对一些地方大中小企业，我们一贯积极扶持，以促进地方经济的快速发展。2004年，我们重点与德大公司、联通、红河石油、华都石油等地方企业加强沟通往来，以提供优质服务为切入点，充分发挥了电力先行军的重要作用。

龙海油田是我局在2004年新增的大用户。在该用户上项目之初，我们积极扶持，主动为其提供一切用电方便，最终确保了该企业的施工期和正常运营，既为我局赢得了良好的声誉，也取得了一定的经济效益。

四、以人为本，实现企业文化建设的新飞跃

1. 有计划地搞好职工培训，提高人的素质

(1) 大力加强基层职工培训。

局里成立了职工培训中心，一年来共举办职工培训班348学时，培训人数235人次。各供电所每月就地组织农民合同工培训一次，结合工作实际通过不同形式开展培训教育工作，使我局职工，特别是农民合同工的整体素质有所提高。在去年8月份市局举办的第三届农村电工岗位知识竞赛中，我局的电工代表队荣获集体第二名。

为了广泛吸纳人才，去年我局面向社会招收大中专毕业生22人。在经过两个月岗前培训后，他们全部到基层供电所，承担一些农民合同工认为难度较大的脑力工作。通过在实际工作中继续学习和锻炼，他们现在已承担起各供电所的软件管理工作。

(2) 积极组织机关职工学习，提高员工综合素质。

2004年，在职工的思想教育方面，我们主要组织职工学习了党员王敬国的先进事迹，学习了市公司提出的“新五观”教育和推荐的系列教育图书，使职工的思想觉悟和精神风

貌都有所提高。

2. 创造条件，营造和谐愉快的工作氛围

为丰富职工的业余文化生活，焕发职工精神，营造一个和谐愉快的工作氛围，我局在元旦、春节、三八节等重大节日，分别开展了有益的文体活动或大型文艺汇演，并在下半年集中精力在全局范围内成功举办了“生命·安全杯”演讲赛、安全知识竞赛和篮球赛等活动，收效很好，既增强了企业的凝聚力和向心力，同时也焕发了职工的精神面貌，以利于更好地投入工作。

二〇〇四年十二月六日

简析

这篇总结采用双行标题的形式。开头部分概述基本情况，对过去一年的工作作出总体评价。主体部分首先从十二项指标上回顾2004年的具体任务完成情况，回答了“做了什么”；接着从三个方面列举经验体会和采取的措施，回答了“做得怎样”，符合总结的内容要求。但在内容安排上，由“做了什么”到“做得怎样”缺乏过渡，若安排成两个部分而不用连续序号进行写作，可能更恰当。

例文二

2006年度××中学工作总结

一年来，我校在上级党政和教育主管部门的正确领导下，坚持以“依法办校，科研兴校，质量立校”的办学策略，以“为了一切学生，一切为了学生，为了学生一切”为办学理念，以“教学高质量，管理高效能”为办学宗旨，与时俱进，锐意创新，扎实工作，力求实效，以课程改革为契机，以科研兴教为先导，以提高教师素质为保证，以队伍建设为驱动力，以教学质量为生命线，全面贯彻党的教育方针政策，实施素质教育，严抓安全教育，努力开创××中学教育教学工作新局面。经过全校教职工的团结努力和勤奋工作，我们较好地完成了本学年度各项工作目标任务，现总结如下：

一、抓好思想政治工作，开展师德教风建设

强化队伍建设，提高队伍素质，改善队伍形象。教师是人类灵魂的工程师，除具有较高的专业知识和理论水平外，还应具有良好的品德修养。为此，我校狠抓师德、教风建设。

(1) 加强领导干部作风建设。领导干部是学校及各部门工作的主持者、领头雁，领导干部自身必须作风正、形象好、有威信，才具有号召力和影响力。所以，我校一贯重视干部队伍的作风建设，利用各种机会，反复要求干部要增强以校为家的意识，讲廉洁，讲奉献，在教职工中和社会上树立良好的自身形象。一个勇于开拓、甘于奉献、作风正派的领导干部队伍已经形成。

(2) 认真组织教职工学习政治理论，加强教职工及党员队伍的思想作风建设，规范党员例会学习制度。胡锦涛总书记“八荣八耻”发表后，我们及时组织全体教职工认真学习，出版宣传板报，张贴宣传画报，使广大师生了解“八荣八耻”精神实质，树立社会主义荣辱观。同时充分利用“政治学习”和“业务学习”的机会，组织全体教职工认真学习各级教育工作会议精神以及《中小学教师职业道德》、《师道师德》。通过学习，大家清楚地认识到推进基础教育发展的重要性，从而转变教育教学观念，增强做好教育教学工作的使命感和责任感。

(3) 自觉接受学生家长和社会各界的监督。我校继续加强“××中学学生家长促进会”监督作用，并定时召开学生家长会、学生代表座谈会、教师代表座谈会，印发“致学生家长的公开信”，诚恳征求学生家长对学校教育教学工作的意见和建议。

二、加强学校德育工作，做到求真、务实

学校德育工作始终是学校工作的“主页”，也是学校工作的重心。为此，围绕德育工作我们在本学年度做到了讲实效、务实。

(1) 实行了班级德育成绩量化考核制度。其基本思想就是每学期每生的德育基本分300分，以学生的表现、纪律、出勤、成绩、仪表等按好与差进行得失分结算，逐日打分，周末结算，下周一由班主任在本班公布分数。学生的得分情况，作为学校评选先进个人参考基数，其结果记入学生的档案。

(2) 进一步规范了班会课要求，提高了班会课的质量，使班会课成为学校德育渗透、德育行为、德育理想和道德教育的主阵地。班会要求每周一课，必须做到有备而上，主题明确。科任教师也要参与德育工作，成为德育工作者。

(3) 党员、行政人员、班主任、教师的谈话记录是我校德育工作的一个亮点。我校要求每个党员、行政人员、班主任、教师要每周和五个以上的学生谈心，了解信息，帮助矫正，指明方向，且要做好记录，学期末上缴分管德育工作的副校长。本项工作起点高，要求高，效果好。

(4) 开展“扶贫”活动，以“帮扶两困学生”为主要内容，对“贫困生”实行了“结对帮扶”。学校每学期都对贫困生实行减免学杂费政策，并动员社会各界对这些学生进行救助。

三、努力实行教学创新，强化教学常规管理

学校的中心工作是教育教学，课改是提高教育教学的关键，换句话说，要提高教育教学水平，必须抓住课改，研究课改，落实课改，让教师动起来，让学生活起来，让学校亮起来，在“真”上求功，在“实”上求精。一年来，我们围绕上级教育主管部门的大目标，紧紧依托我校的长远目标，开展了一系列卓有成效的工作。

(1) 以《新课程标准》为准则，教师们逐步领会到教学的终极目标不是让受教育者适应现实，而是改造、创建新的现实，培育出有创造能力的人，从而形成了“实施新课程的成败在教师，教师的要务在于更新教学观念”的共识，确立了“一切为了学生的发展”的教学理念，树立了“以人为本，育人为本”的思想。树立学生主体观，贯彻民主教学思想，构建一种民主和谐的师生关系，尊重学生人格，尊重学生观点，承认学生个性差异，相信学生都存在发展潜能，积极创造和提供满足不同学生学习成长的条件。树立学生发展观，将学生的发展作为教学活动的出发点和归宿。关注学生情感的体验，关注学生学习兴趣等非智力因素，重视了学生独立性、自主性的培养与发挥，使获取知识、学会学习、掌握知识和技能的过程，成为学生丰富情感、完善自我、学会合作、学会做人的过程。

(2) 加强了教育的开放性，加强了教学与学生生活、现代社会、现代科技的联系。教师在教学中立足课堂而不受课堂局限，立足学科教材而不受其限制，善于捕捉现代社会、现代科技以及其他学科的知识信息和最新成果，丰富教学内容，开阔学生视野，使教学活动始终充满活力。同时在教学中结合教学内容开展研究性学习等综合实践活动，为学生营造了学习、体验的实际情境，创设动手实践、创造的现实环境，将传统的课堂教学拓展到教室外、学校外，加强了学校教育与社会的密切联系。

(3) 为了进一步提升办学层次，我校实施了“走出去，请进来”教育教学战略，让广大教师严格把好教学大关。一是把好教研活动关。开学伊始，我校就建立健全了备课制度，使计划落实到位，教研活动如期开展。由于教研活动扎实，我校课堂教学质量得到大大提升，并涌现了一批又一批的骨干新教师和教研能手。二是把好课堂教学关。对于教学过程中的“备、讲、批、辅”等各个环节，教导处专人负责，严格把关，加强指导和督查，提出了相应教学要求。针对我校的青年教师多这一实际情况，学校组织新老教师结对帮扶，以老带新，以新促老，互相学习，共同提高。这些措施的实施缩短了青年教师间基本功和教学水平的差距，并促进了青年教师的成长。

(4) 倾重于毕业班管理的工作。行政人员都要经常深入课堂听课，了解教育教学情况，并制订切实可行的教育教学评估方案和初三级升学奖励制度，有效地促进了教师教学积极性的发挥。对毕业班的师生给予多方位的精神鼓舞和物质奖励，努力提高毕业班的教学质量，为高中阶段培养合格的毕业生作了很大的努力，也取得了可喜的成绩。今年，我校中考成绩在一类地区名列前茅。

(5) 加强学籍管理，加强学生管理。学校全面落实中学生日常行为规范和学校制定的相关制度，严格履行学籍管理规定。对品德知识均不合格者不予毕业，打消过去只要参加考试者均为合格者的念头。

(6) 做好教科研工作。按省“十一五”课题要求，我校黄保玩老师的《初中问题生的成因与转化对策的研究》课题已经上报待批。

四、加强校园文化建设，全面提高学生素质

(1) 加强校园文化建设，必须使校园文化在物质、精神、制度三个方面均衡发展，发挥校园文化的整体优势。要通过多渠道增加投入，进一步整治和美化校园环境，兴建更多、更好的教学、生活和文化体育设施。要把校风、教风、学风建设，作为校园文化建设的重点工程来抓。要树立全员意识，完善政策导向，充分发挥教书育人、管理育人、服务育人的作用。要进一步建立和健全学校的规章制度，尤其是建立和健全学生教育和管理的激励机制和竞争机制，加强对学生进行道德纪律教育，形成教师严谨教学，学生勤奋好学、勇于创新、敢于竞争的良好风尚。总之，我校通过校园文化的整体化建设，促进了学生的全面成长。

(2) 关爱学生生活，浓郁校园文化。团委、教导处积极组织学生开展形式多样的活动，丰富学生的文化生活。一是作文比赛和英语竞赛，提高了学生的写作水平和英语水平。二是为发挥学生对文学的爱好及特长，提高他们的文学修养及写作水平，继续办好《自在》文学。三是发扬学生“主人翁”的精神，我校的团员多次陪同市、县外团员参观彭湃故居，既能发扬“主人翁”的精神，又能从思想深处受到教育。这样丰富多彩的活动对学生起到了潜移默化的教育引导作用。

(3) 开展好各项活动，扎实培育“××精神”。一年来，我校团委以“纪念彭湃诞辰110周年”为契机，开展了形式多样的教育活动：缅怀革命先烈，先后到彭湃故居、龙山革命烈士纪念碑、红宫红场接受爱国主义教育等。认真组织召开了学生会、报告会、心理辅导会以及金牌讲师李博的“成功之路”演讲会等。班级之间开展了各种球类比赛，开展争创“文明班级”活动，旨在培养合作精神、团队精神、拼搏精神、全局意识、责任意识、成功意识，发扬“××精神”。

五、加强后勤工作和安全工作，保障教育教学正常进行。

(1) 规范收费行为。我们按照县物价局核定的收费标准进行收费，严格执行“收费通知单”制度。设立了收费公示栏，公开了监督电话，将学校收费完全置于社会的监督之下，避免了乱收费现象的发生。

(2) 严格执行有关财务管理规定，认真执行上级有关收费政策，杜绝了教师中乱订资料和乱收费等不良现象。积极组织开展勤俭节约活动，培养学生勤俭节约的良好习惯。同时积极将学校教育教学、办公及学生用品的采购纳入统一管理。

(3) 高度重视学校安全工作，将其作为学校的一项重要工作来抓。一是按要求认真制定各项安全工作制度、措施和应急方案；二是进一步强化对全体师生的安全宣传教育；三是坚持安全工作经常化，发现问题及时进行整改；四是坚决杜绝事故苗头，无论经费多紧张也积极组织资金对出现的隐患进行了整改。由于全校教师的共同努力，我校在本年度基本没有安全责任事故发生。

六、学校体卫工作不断巩固和提高

我们认真执行了学校体育工作条例并认真做好卫生工作，特别是结合本校实际，利用健康教育课、宣传栏、学生集会、班队活动等进行了大量的卫生健康知识宣传教育，加强了学生常见病、多发病的预防，促使学生养成良好的卫生健康习惯，做到了我校无一例食物中毒、无一例传染病等意外事件的发生。

七、加强学校安全保卫工作，切实做好防范措施

保卫人员认真落实岗位职责，配合学校搞好安全教育。加强对出入人员的登记、管理，消除影响教育教学秩序的不稳定因素。定期组织安全检查，及时检修相关设备，搞好人防、物防、技防，消除安全隐患，加强巡逻，确保校园治安无大事。

当然，我们的工作还不可避免地存在一些不足，今后我们将更加扎实地做好师德建设工作，探索“以德治校”、“以法治校”的新路子，坚定“质量立教，科研兴校”的思想，进一步提高教育教学质量，为××中学再创新高而努力奋斗！

二〇〇六年五月二十日

简析

这篇总结主体部分以学校工作为纲，分七大方面进行回顾总结。每一方面以经验为主题句，下面具体展开所做工作和取得的成绩。内容全面，有条有理。

[知识讲授]

一、总结的性质和作用

(一) 总结的性质

总结是本部门、本单位或个人对某个阶段的工作进行回顾、检查和分析，从中找出经验教训，获得规律性认识，以指导今后工作的一种事务性文书。它在党政机关、企事业单位、社会团体和各类公司中被广泛使用。

总结具有回顾性、客观性、自我性、经验性的特点。总结是回顾过去所做的工作，所

列举的事例和数据都必须完全可靠，确凿无误，任何夸大、缩小、随意杜撰、歪曲事实的做法都会使总结失去应有的价值。同时总结以自身工作实践为材料，通常采用第一人称写法。而且总结还必须从理论的高度概括经验教训，从而得出规律性认识，这样才能达到总结的目的。

（二）总结的作用

通过总结，人们可以由感性认识上升为理性认识，发现问题，得出经验，掌握规律，使今后的工作少走弯路，从而取得更好的实践效果。总结出的先进经验还可以推广开来，为其他单位所吸取、借鉴，推动面上的工作。总结是推动工作前进的重要方法，是寻找工作规律的重要手段，是培养、提高工作能力的重要途径。

二、总结的分类

根据不同的分类标准，可将总结分为许多不同的类型。

（1）按范围分，有个人总结、班组总结、单位总结、行业总结、地区总结等。

（2）按内容分，有工作总结、教学总结、学习总结、科研总结、思想总结、项目总结等。

（3）按时间分，有月份总结、季度总结、半年总结、年度总结、一年以上的时期总结等。

（4）按性质分，有综合性总结、专题性总结等。

三、总结的写法

（一）总结的内容与结构

根据不同的内容和目的，总结的格式和写法比较灵活。一般包括三部分。

1. 标题

总结的标题有多种形式。

（1）公文式。这是最常见的形式，由单位名称、时限、总结内容、文种组成，如《××市财政局2004年工作总结》、《××厂2005年上半年工作总结》。有的总结标题中不出现单位名称，如《创先争优活动总结》、《2004年教学工作总结》。

（2）文章式。有的总结标题是对内容的高度概括，并不标明“总结”字样。大多数用于专题经验总结，如《科技立厂　人才兴业》。

（3）双标题式。由正副题组成，正标题点明文章的内容主旨或重心，副标题具体说明文章的制作单位、内容和文种，如《构建农民进入市场的新机制——运城麦棉产区发展农村经济的实践与总结》。

2. 正文

（1）开头。主要概述基本情况，介绍时间、单位、背景、指导思想、主要工作任务、取得的主要成绩和问题等。作为开头部分，应开门见山，简明扼要，内容应有所侧重。

（2）主体。这是总结的主要部分。这部分内容包括成绩和做法、经验和教训、今后打算等方面。要写明在什么思想指导下，做了哪些工作，采取了哪些措施，取得了哪些成绩，有哪些经验体会。这部分内容中，成绩做法是事实材料，经验体会是规律性认识，经验体会是重点，成绩做法围绕它来选择和安排详略。

.这部分常见的结构形态有三种。

第一，纵式结构。也称阶段式，就是按照事物或实践活动的发展过程安排内容。写作时，把总结所包括的时间划分为几个阶段，每个阶段写一个部分，用“一、二、三……”等序号排列，按时间顺序分别叙述。每个阶段（即每个部分）再按照成绩→做法→经验体会的块式结构来安排。这种写法的好处是事物发展或社会活动的全过程清楚明白，适用于时限较长而又有明显阶段性的工作。

第二，横式结构。根据内容归纳出几个观点，每一个观点就是一个大层次，再逐层叙述。各层之间呈现相互并列的逻辑关系。每个观点之下，再按照概述→过程做法→经验体会来写。这种结构适用于专题经验总结。可以采用小标题式，将主体部分分为若干层次，用“一、二、三……”等序号排列，每层加一个概括核心内容的小标题，重心突出，条理清楚。

第三，分部式结构。按照情况→成绩→经验→问题→意见几个大的部分来写。适用于内容比较单一的单位总结或个人体会。可以采用贯通式，像一篇短文；也可以每部分用序号标出；也可用小标题。

(3) 结尾。是正文的收束，提出今后努力的方向、任务和措施，表明决心、展望前景。这段内容要与开头相照应，篇幅不应过长。有些总结在主体部分已将这些内容表达过了，就不必再写结尾。

3. 落款。与计划基本相同。

（二）总结的写作要求

(1) 观点和材料统一。总结中运用的事实材料应与观点形成照应，以观点统帅材料，对材料进行分析选择。要注意点面结合和详略得当。要根据实际情况和总结的目的，把那些既能显示本单位、本地区特点，又有一定普遍性的材料作为重点选用，写得详细、具体。而一般性的材料则要略写或舍弃，做到该详的要详，该略的要略。

(2) 要总结归纳出理性的规律性的认识。总结的目的是发现问题，得出经验，指导实践。因此，一定要从材料的基础上提炼出具有普遍规律性的“经验之谈”。

(3) 注意结构形式的选择和运用。

[思考与练习]

1. 试用图表展示主体部分的结构模版。

2. 这是一篇某学校安全教育工作总结的材料，请你针对所给材料进行概括，写出段落主题句。

（　　　　　　　　　　）由学校党总支书记、校长负责，将安全保卫工作列入各有关处室的目标考核内容，并进行严格考核。严格执行责任追究制度，对造成重大安全事故的，要严厉追究有关领导及直接责任人的责任。

（　　　　　　　　　　）建立学校安全保卫工作的各项规章制度，并根据安全保卫工作形势的发展，不断完善充实。建立健全定期检查和日常防范相结合的安全管理制度，以及学生管理、门卫值班、巡逻值班、防火防灾、食品卫生管理、防火安全管理、体育器材检查、健康体检等规章制度。严禁私自组织学生集体服用药品和保健品；严禁学生参加商业性庆典活动；严禁组织学生从事不符合国家有关规定的危险性工作；严禁教师个人利用假期（日）私自带学生外出，在校外开展的社会实践活动要坚持就近、徒步原则。对涉及学校安全保卫的各项工作，都要做到有章可循，违章必究，不留盲点，不出漏洞。

（　　　　　　　　）利用班会、团队活动、活动课、人防课等途径，通过讲解、演示和训练，对学生开展安全预防教育，使学生接受比较系统的防溺水、防交通事故、防触电、防食物中毒、防病、防体育运动伤害、防火、防盗、防震、防骗、防煤气中毒等安全知识和技能教育。还利用学校广播、黑板报、悬挂横幅、张贴标语等宣传工具及举行主题班会、讲座、安全征文与知识竞赛等形式开展丰富多彩的安全教育。学校积极推行一周安全提醒，利用周前会议和周一升旗活动时间，小结上周安全工作，强调安全事项。通过《加强节假日对子女监护》的公开信，增强家长的安全意识。通过教育提高广大学生的安全意识、安全防范能力和自我保护能力。

3. 下面是一家旅游公司有关“十一”黄金周工作总结中的主题句，请你对这些材料进行分类，说明它们哪些是属于反映“十一”黄金周的基本情况的，哪些是反映经验的。

(1) 出游规模和旅游收入与去年同期基本持平。

(2) 安全情况总体良好。

(3) 旅游投诉情况。

(4) 市场秩序总体健康。

(5) 旅游综合接待能力和服务质量不断提高。

(6) 节前旅游促销力度大，效果显著。

(7) 假日旅游统计预报和宣传报道，在“五一”黄金周旅游中发挥了积极的引导作用。

(8) 旅游新景点、新项目不断涌现，旅游活动丰富多彩。

(9) 旅游拉动作用明显增强，综合效益不断提升。

(10) 餐饮红火，客房爆满，游客吃住舒适。

4. 针对你个人或你所在的班级、部门，结合工作、学习、生活，写一篇总结。

第四节　调查报告

[例文简析]

例文一

××村进城农民工权益保护调查报告

农民工，是我国社会由传统农业社会向现代工业社会、信息社会转型过程中形成的一个特殊劳工群体，是中国二元经济结构和户籍制度下的畸形产物。本文采用与农民工座谈、到有关职能部门咨询、查阅有关资料等调查方法，从二元经济结构下农民工权益的界定、受侵犯的具体表现和当前所采取的措施及效果等方面，对××县××村进城农民工权益受侵犯的情况进行了调查。调查显示，外出就业对农民的生存发展起着不容忽视的作用，对近三分之一的农户家计则起决定性作用。但农民工合法权益受侵犯的问题大量存在，非常突出。

一、基本情况

××县地处滇、川、黔三省结合部的乌蒙山区，位于朝援市中部，是一个国家重点扶持的典型山区农业贫困县。2003年底，全县总人口52.4万人，农业人口49.6万人，占总人口的95%，农民人均纯收入1000元，其中务工收入占农民人均纯收入的31%。××村位于××县西南部，海拔1600米，耕地面积21.88公顷，人均耕地0.08公顷，常年以种植玉米、马铃薯为主，没有特色支柱产业，附近没有任何厂矿企业。2003年底，全村共有54户人家，328人，外出务工人员93人，占总人口的34%，务工收入占全年人均纯收入865元的42%。举家外出务工的有3户，外出务工人员中，初中以上文化的有25人，小学文化的有55人，40岁以下的78人。

二、二元经济结构下，农民工应享有的权益

我国宪法第三十三条第二款明确规定："中华人民共和国公民在法律面前一律平等。"这一条款同样适用于农民工。同时，《劳动法》第三条第一款规定"劳动者享受平等就业和选择职业、取得劳动报酬的权利，休息休假的权利，获得劳动安全卫生保护的权利，接受职业技能培训的权利，享受社会保险和福利的权利"等权利。此外，工会法、民法、合同法、三大诉讼法、行政复议法、国家赔偿法、仲裁法、人民调解条例等实际上也规定了民工在不同具体法律关系中的法律地位及其行政的、司法的、准司法的权利救济途径。但是，经过调查××县××乡××村进城务工农民，我们发现在现实中他们得不到公正的社会待遇，甚至沦落到二等公民的地位，合法权益受侵犯的情况普遍存在。

三、进城农民工权益被侵犯的具体表现

(1) 社会管理严重歧视农民工。一是户籍制度上，公安部提出以在城镇有稳定职业、收入来源和稳定的住所，作为取得城镇户口的条件，而多数地方却把"稳定的居住场所"改换成"在城镇购买住房"。二是社会治理上，把农民工作为不安定因素，一旦整顿社会秩序，就把矛头指向农民工，强制审查，收容遣送。农民工××说，外出务工一般都需要身份证、外出务工证、暂住证、健康证、所在工厂工作证这五种基本证件。未婚妇女还需办理未婚证，已婚妇女要办婚育证。每年在家乡和打工地两头办证花的"冤枉钱"就达200元左右。若被当地派出所查出"五证"不全，则会被送到收容遣送站。

(2) 就业限制。农民工李××、林××等反映，大多数城市将农民工排斥出城市明文禁止的一些岗位，绝大多数农民工只能在非正式市场寻找就业机会，从事城市人不愿干的"脏、累、粗"工作。许多城市还从保护本地人就业的角度出台了禁止和限制外来人口就业的政策。如广东省对农民工严格实行"六不准"，即在春节后一个月内，省内的所有用人单位一律不准招收外省民工；回乡过节的民工返岗时，一律不准带新民工入粤就业；职业介绍和人才交流机构一律不准开展介绍外省民工的介绍活动；不准举办劳务和人才交流集市；外省驻粤劳务办事机构一律不准向广东组织劳务输出；任何组织和个人，特别是新闻单位一律不准刊登和发布招用外省劳动力的广告或信息。

(3) 就学歧视。一些地方对解决农民工子女接受义务教育政策的执行大打折扣，甚至违背政策。一是公办中小学校向农民工子女额外乱收费的现象并未停止，农民工严××反映，其在外务工期间，子女上学交借读费小学每学期少的200元，多的400～500元，还暗示要拿不成文的一次性赞助费，小学1200元，初中几千元不等，不然就以学生名额已满拒收。二是对招收民工子女的简易学校，采取不承认、排斥甚至扼杀政策。据民工李秀坤反映，某大城市，明明有几十所民办的民工子弟小学，有关部门却称不存在，成为无人过问的边缘学校。

(4) 社会保险和福利权利的缺失。一些用人单位，特别是个体和私营企业要么不给农民工买社会保险，要么为了应付检查只给少部分农民工投保，要么避重就轻只买一种保险，而回避其他几个险种。大多数用工单位没有按《劳动法》与农民工签订劳动合同。一些从事危险行业的用工单位与农民工签订“事故责任自负”的“生死合同”。李××在山西某工厂打工时，被机器压掉一只手，关系一辈子的生活，仅得到一万多元钱的赔偿，他在厂里闹着不走，反遭一顿毒打。

(5) 拖欠工资问题突出。22个调查民工中，有15个民工反映工资被拖欠和克扣，占调查人数的68%。据民工反映，拖欠、克扣工资的形式多样，有的是建筑业包工头在工程完工后拒发工资，有的拖欠工资发给回家路费，有的连路费也不给；有的是企业向民工收取800～2000元的押金，或扣押一两个月的工资；也有的是企业一年中平时只发给民工生活费，把大部分工资扣在老板手里占用，并随时找借口处罚民工、克扣工资，如果农民工对企业不满意，要离开，那已做几个月的工资也就拿不到了。民工周××说：“我们村出县打工的都有拖欠工资收不回来的情况，多的8000元，少的2000～3000元，其中80%以上不可能收回来了。即使在县内打工的，也有一半以上被拖欠工资。”

四、为保护进城农民工合法权益所采取的措施及效果

2000年以来国家出台不少促进农村劳动力转移、保护民工权益的新政策，特别是2003年1月国务院办公厅《关于做好农民进城务工就业管理和服务工作的通知》，提出多方面的政策。这些政策，贯穿着破除城乡身份、就业融于市场、保障民工权益、促进农民进城的思想，体现了市场经济和城镇化的发展方向，也显示出社会管理改革的方向，但存在宣传不够、执行打折扣的情况。

(1) 就业的公共服务歧视基本未变。一些城市限定企业先招收城镇劳动力，后招收农民工，硬性限制企业使用农民工的比例，对农民工就业变相收费（把以往对农民工的几证收费，变为向企业按招用农民工的人数收费，或对农民工租房加收管理费）。城市公共就业服务、政府举办的劳动力市场场所，仍只服务于城镇居民，不向进城农民工开放。有的城市，形成了自发的农民工劳动力市场，虽然也存在问题，但农民工能从那里找到活计，经久不衰，有关部门不是去帮助管理和完善，却要予以取缔。由于缺乏公开合法的农民工就业中介服务场所，带欺骗性的中介组织得以活动。被调查的民工中有50%以上反映外出务工时上过这种中介组织的当，还有的被以介绍工作为名，骗入传销组织。

(2) 执法力度和法律援助不到位。根据《违反〈中华人民共和国劳动法〉行政处罚办法》第6条的规定，对因有克扣或者无故拖欠劳动者工资的，县级以上各级劳动行政部门，“应责令支付劳动者的工资报酬、经济补偿，并可责令按相当于支付劳动者工资报酬、经济补偿总和的一至五倍支付劳动者赔偿金”。问题是农民工讨要被拖欠工资处于软弱无力的地位，向政府有关部门求助，多被推诿开。上访政府主管部门，得到解决的为数较少，大部分得到的回答是没有签订劳动合同，不予受理，或是欠资千元左右，不屑受理。但没签合同，多数情况是农民工要签合同，老板不签，说要签就到别处干，民工哪里都多

的是。民工们说："现在工作不好找，怕老板嫌烦，不叫在那儿干，口头协议协议就妥了。"结果是该得的报酬得不到。

五、对策措施

(1) 彻底改革户籍制度。修订现有的《户口登记条例》等法律法规，放开中小城市户口，对大城市实行户口准入制度，达到一定标准即可办理入户手续，建立统一、开放的人口管理机制。尽快改变农民工身份转换滞后于职业转换的现状，允许在城市有合法固定住所、稳定职业和生活来源的农民转为市民。

(2) 完善农民工权益保障的法律法规。一是尽快制定出台《农民进城务工经商权益保护法》，建立农民工权益保障机制。二是进一步完善《劳动法》等法规，尽快制定有关农民工工资支付的法律、规定，建立起劳动者工资支付责任制和预警制度，对拖欠工资的企业进行有力的制裁。三是国家和地方各级政府尽快修订或废除对农民工有歧视性的法规和文件。

(3) 转变城市管理理念，推动农民工的本地化。一是取消一切对农民工有歧视性的招工规定，消除"就业壁垒"。二是为农民工求职提供免费职业推介，免收进场费、求职登记费等中介费用，同时降低农民工进场求职的门槛，使其享受同等的"市民待遇"。三是建立健全劳务用工信息网络。四是妥善解决民工子女受教育难问题。城市在可能的范围内要多增设一些学校。城市现有学校要尽量多地接纳民工子女上学，收费应与本市学生同等对待，不增收其他费用。

(4) 加大执法力度和法律援助。劳动部门要加大劳动执法检查力度，严厉查处侵害农民工权益的用人单位，打击非法职业中介，确保用工市场信息准确。教育部门要加强对民工学校的管理，保证民工子女受教育的权利和质量，对经教育主管部门批准的民工学校学生学籍应予承认，对经教育主管部门批准外出办学的教师的职称评定、调资、升级等待遇要公平对待，给予关心。司法部门要在农民工集中的城市开展法规咨询服务，为农民工提供维护合法权益的帮助，接受维权求助。法律援助中心及法律服务机构要及时为外出农民工提供代理、辩护等帮助。

(5) 提高农民工的组织化程度。一是进一步加大对《工会法》的宣传贯彻力度，使农民工充分认识到工会的重要性。二是加快工会在用人单位，特别是私营、"三资"企业里建立基层组织的力度，最大限度地将农民工吸纳为工会成员，提高其组织化程度，通过法定渠道维护农民工的权利。三是推进厂务公开工作，健全职代会制度，完善职工民主管理机制，从源头上保障农民工的利益。四是进一步健全劳动争议调解、仲裁机制，促使农民工劳动争议得到及时、公平、合理的解决。

(6) 加强就业前培训工作。一是职业技能的培训，提高农民工的劳动技能和劳动力价值。二是要结合技能培训做好农民工的维权教育，提高农民工的法律意识，通过教育使农民熟悉法律，运用法律维护自己正当合法的权益。

简析

标题采用公文式标题，由调查内容和文种构成。前言说明调查缘由，介绍调查主体、方法等。主体部分从基本情况——法律规定——问题表现——措施效果——对策措施对农民工权益保护问题作了由表及里的分析，有观点，有事实，富有逻辑性。建议有针对性，合情合理，水到渠成。应将具体调查时间及地点说明清楚。

[知识讲授]

一、调查报告的性质和作用

调查报告是运用科学的方法，有目的、有计划地对某一情况、问题、经验进行调查研究后所写的书面报告。调查报告运用调查研究的成果来反映情况、揭露问题、传播经验、提高认识，也为制定政策、进行决策、指导工作、处理问题提供依据。调查报告具有信息传递作用、指导表彰和通报惩戒作用。

二、调查报告的特点

调查报告的性质，决定了写调查报告的特点。第一，目的明确，有针对性。调查报告要能从当前的实际工作需要出发，经过调查研究提出新的问题，总结出新经验；要解决实际工作中迫切需要解决的问题。第二，事实确凿，讲准确性。调查报告首先要介绍事实，然后才在事实的基础上概括、提炼出结论和观点，主要是用事实说话。在调查报告中，由于观点或结论是全部依据事实得出的，因此它必须做到事实确凿、全面和完整。

调查研究是一种普遍的经常运用的方法，但并非所有的调查研究都需要写成调查报告，一般在三种情况下需要写成调查报告：一是社会普遍关注或需要引起社会关注的问题的调查，写成后供传媒发表；二是为领导重要决策服务的有关情况和信息的调查，写成后供领导参考；三是为解决较复杂问题服务的专题调查，写成后供有关人员参考。

三、调查报告的分类

按照不同的标准，调查报告可以分为不同的种类。通常按反映的内容分为以下三类：

（一）反映情况的调查报告

这类调查报告反映调查对象的有关情况，或发掘事物某一方面的特色，或揭示事物的真相，或反映现实生活中的新事物、新趋向，为了解情况、研究问题、制定政策提供依据。

（二）总结经验的调查报告

这类调查报告以实际工作中成绩突出的单位或个人为对象，把他们所取得的成绩、经验作为报告内容，着重介绍他们的具体做法和体会，并将其上升到理论的高度加以概括、提炼。典型经验调查报告不仅可以起到表彰先进、树立典型的作用，而且可以推广典型经验，形成星火燎原之势，以点带面，从而推动其他单位的工作。

（三）揭露问题的调查报告

这类调查报告主要是针对工作和生活中发生的重大事故或出现的严重失误进行调查，通过全面、深入、细致的调查分析，用确凿的事实说明事故或问题发生的情况、原因和结果，指出其产生的背景及性质，说明其危害性，以引起相关人员的注意，为解决问题创造条件。

四、调查报告的写法

（一）调查报告的内容与结构

1. 标题

有两种形式：单行标题和双行标题。

（1）单行标题。一般有两种写法，一种是公文标题的写法，即写明事项、范围和文种等，如《关于江苏省 2001 年人口普查情况的报告》；另一种是文章标题的写法，可以根据不同内容选定不同的标题，如恩格斯的《英国工人阶级状况》、毛泽东的《湖南农民运动考察报告》等。

（2）双行标题。也称正副标题，与新闻的标题相似，一般正标题揭示调查报告的基本内容，即调查报告的主旨、价值等，副标题说明调查的对象、事项和范围等，对正标题起补充说明作用，如《成绩应该肯定　问题不容忽视——仪表厂下岗职工生活现状的调查报告》、《小商品　大市场——充气玩具热销上海市场的奥秘》等。

2. 正文

调查报告的正文一般包括前言、主体和结语三个部分。

（1）前言。着重介绍调查的基本情况并提出问题。基本情况一般包括调查的目的、对象、时间、地点、经过、范围、方法结论等。在前言部分就提出问题，是调查报告常用的手法，它可以把调查报告的重点开门见山地告诉读者，以使读者迅速把握全文中心。

（2）主体。是调查报告的核心内容，也是对调查研究结果的具体引证、论说部分。这部分内容包括作者调查的主要事实和观点，写法比较灵活。

反映情况的专题性调查，侧重介绍事件，可采用事件进程式结构，又称纵式结构，按事件发生、发展、结局的先后顺序安排材料，把事件的来龙去脉交代清楚。多用于内容较单一的调查报告。

总结经验的调查报告，可以采用并列式结构，又称横式结构，根据经验或成绩的材料性质归类，把内容并列分成几个部分，分别介绍。

揭露问题的调查报告，可以采用递进式结构，首先提出问题，通过介绍和分析调查材料说明问题，最后得出结论，层层推进，逐步深入。

（3）结语。是调查报告的结束语。可以总结全文，深化主题；也可以指出不足、存在的问题或提出新的问题发展趋势；还可以提供有益的建议，供读者参考。结语应写得简洁、凝练。如果有些调查报告主体部分写完后，不需要再写结语，就不用单独的结尾。

（二）调查报告的写作要求

1. 深入调查研究，充分占有材料

调查报告是调查研究的产物，没有调查研究，调查报告就会成为无米之炊、无源之水。因此，深入实际进行客观细致的调查，充分地占有材料，是写好调查报告的前提和基础。

调查是获取信息的主要途径，调查方式直接影响到调查的效果。因此，确定调查方式是调查准备工作中的重要内容。常见的调查方式有：个别访问、开调查会、现场观察、问卷调查、查阅资料。

2. 认真分析材料，科学提炼观点

充分占有材料之后，还必须对材料进行认真分析研究，从中提炼出科学的观点。要运用正确的思想和科学的方法对材料进行一番去粗取精、去伪存真、由此及彼、由表及里的深入认识工作，对材料进行分析、综合、归纳，从而发现事物内在的联系和本质特征，找出规律性的东西，形成科学的观点。

3. 注意叙述、议论、说明相结合

调查报告靠事实本身说话，这就决定了表达方法要以叙述为主；又要在事实的基础上作出科学的分析，表明态度，提出自己的见解和主张，因此也兼有分析、议论。调查报告应以叙为主，以议为辅，叙议结合。

4. 精心布局谋篇，中心突出

调查报告的结构布局，要服从内容的需要，要为报告的中心思想服务，要做到材料运用详略得当，结构布局线索畅达，分析论述缜密严谨，层次条理分明。

[思考与练习]

1. 多选题

(1) 有关调查报告的主题说法正确的是（　　）。

A. 调查报告的主题要符合国家的方针政策

B. 调查报告的主题由撰写人提出，主管领导同意

C. 调查报告的主题要在深入的调查研究中逐步确立

D. 调查报告的主题要求正确深刻，符合客观实际

(2) 调查报告的正文主体在层次安排上有多种方法，包括（　　）。

A. 按时间顺序或工作发展阶段安排

B. 按对比的方式安排

C. 先按时间顺序安排，再在每部分分问题阐述

D. 按内容并列写成若干问题或方面，分别予以叙述

(3) 下列有关内容，应在调查报告正文的开头部分撰写的有（　　）。

A. 概述调查对象的情况，给读者以概貌的认识

B. 告诉读者写作背景的有关情况

C. 给读者展示前景，发出号召

D. 以议论、提问的方式揭示全文主题

(4) 调查报告有时可用正副标题，正副标题的作用分别是（　　）。

A. 正标题用以揭示报告主题

B. 副标题用以揭示报告主题

C. 正标题用以标注报告的内容和文种

D. 副标题用以标注报告的内容和文种

(5) 调查报告的作用有（　　）。

A. 可以为领导制定决策、实施管理提供依据

B. 给本机关进行政策研究、制订计划以指导

C. 发往下级机关以便其参照执行

D. 在报刊上发表，用以交流与推广经验、沟通信息、宣传政策

2. 服装公司要获得几十年来消费者的身高变化资料，以便对服装生产作出决策。如果你是公司调研人员，你准备采用什么调查方法？为什么？

3. 如果让你写作有关在校大学生的消费情况的调查报告，请你写出调查报告的前言部分。

4. 由于相关原因，大学生就业难成为一个时代的话题，请你对大学生群体的职业观、就业现状、求职遭遇等情况进行调查，写一篇有关大学生就业的调查报告，要求格式正确，内容明确，语言准确。

第五节 规章制度

[例文简析]

例文一

食堂卫生管理制度

防止“病从口入”，搞好食堂卫生是关系全体员工身体健康的大事，必须引起厨房工作人员思想上的高度重视，必须花大力气搞好食品、厨房、餐厅及周围环境卫生，为此，特制定食堂卫生管理制度。

一、厨房工作人员在上班时间，必须穿戴白色的工作服、工作帽。

二、采购人员采购各种食品时，注意把好食品的质量关，要保证食品的新鲜，不变霉、不变质，以防食物中毒。

三、各种蔬菜等食品必须清洗干净，先洗后切，防止食物营养成分流失，餐具每天必须进行高温灭菌消毒。

四、厨房各种用品、用具，用后必须及时清洗干净。冰箱（柜）内存放物品要分袋存放，定期清理。

五、食堂餐桌、地面，饭后必须及时进行清扫，保持餐桌、餐椅的干净整齐。每星期必须对餐厅及厨房大清洗一次。

六、厨房工作人员必须适当维持买饭买菜时的秩序，树立员工自觉排队打饭、打菜的习惯。

七、望各位员工大力支持食堂的工作，以保持餐厅内外的环境卫生。

二〇〇五年五月

简析

内容比较简单的规章制度，通常在前言说明制定的原因、目的和要求，然后逐条陈述具体内容。

例文二

印章管理使用制度

一、印章的使用管理

（一）印章的保管和使用，应指定专人负责。

（二）管印人员要忠于职守，不得徇私舞弊，擅自使用印章。

（三）印章要专柜保存，使用一把钥匙，严格管理。使用印章，须经领导签字批准。

（四）盖印前要审核手续是否完备，材料是否齐全，对于不符合要求的，等手续完备后方可盖印。盖印中要严格按照公文格式规定，盖印要工整，字迹要清晰，将印章下边压在公文落款日期的正中间。

二、审批和使用范围

（一）省政府印章的使用须经省长、副省长或秘书长签字批准，经办人员要登记、签名并注明印数量、理由等。

使用范围：

1. 以省政府名义发的各类公文（包括文件、函、命令、公告、通告、传真电报等）。

2. 省政府与省委，与省军区、与国务院有关部委及其他省、市、区人民政府联合发的各类公文。

3. 以省政府名义颁发的奖状，发出的贺信、贺电及介绍信等。

4. 以省政府名义颁发的证件、证书等。

5. 其他特殊情况需要盖印时，须请示秘书长以上领导批准。

（二）省政府办公厅印章的使用须经厅主任或副秘书长签字批准。使用范围可按第二条第一款各条规定办理。介绍信盖印须经主管副秘书长批准，并详细登记盖印张数。以省政府或办公厅名义在邮电局发明码电报，加盖机要处印章。

（三）各处室、科印章使用时，须经处室、科领导批准。

三、存档

凡加盖省政府办公厅印章的所有公文、介绍信、证件、证书、奖状以及其他文字材料，应分别留存底稿、影印件、存根、样本等，交档案科归档。

四、印章的刻制、颁发和更新

（一）刻制地区行政公署、市、人民政府和省人民政府工作部门、直属机构及省政府办公厅直属企事业单位的印章，必须以省政府或办公厅正式文件为依据，并到公安部门指定的专门刻制单位制作。颁发以上印章时，按办公厅财务规定收取工本费，由财务科向领印单位开具办公厅财务收据。

（二）所发印章因年久损伤或经国务院批准更改行政区域名称后，需要更换印章的，用印单位要向办公厅提出申请，经主管领导批准后，承办人员负责及时刻制，领取新印章时要将旧印章交回。

（三）办公厅各处室、科印章的刻制应依据正式文件或领导批示，由专人刻制，制成后交给管印人员注册登记，然后通知处室、科有关人员签领。

（四）经省政府决定撤并的工作部门或直属机构，其印章由管印人员负责及时收回并登记销号。要严格管理，定期负责监销。

（五）国务院各部门驻省单位或其他机构需刻制印章的，要经秘书长以上领导签字批准，并将领导指示件贴在介绍信存根处。

简析

本文采用条目序号法进行编排，直接分条款陈述内容，一目了然。

例文三

教职工代表大会条例

第一章 总则

第一条 根据《中华人民共和国宪法》第十七条“国家坚持社会主义原则，保障人民参加国家管理，管理各项经济事业和文化事业，监督国家机关和工作人员”的规定，学校必须在实行党支部领导下的校长负责制的同时，建立和健全党支部领导下的教职工代表大会制，发扬教职工主人翁的责任感，保障职工群众当家做主管理学校的民主权利。

第二条　教职工代表大会是事业单位实行民主管理的基本形式，是职工群众参加决策和管理、监督干部的权务机构。

第三条　教职工代表大会遵照党的方针、政策和国家法律、指令，在党支部领导下行使职权，正确处理国家、集体和教职工个人三者的利益关系，协调学校内部矛盾，保证完成教学任务，为办好社会主义学校而努力。

第四条　教职工代表大会的组织原则是民主集中制。

第二章　职权

第五条　教职工代表大会，根据国家政策、法令和教育方针行使下列职权。

1. 讨论和审议校长工作报告，听取和审议学校财务预算，讨论和审议学校重大决策。

2. 讨论和决定学校教职工福利基金、奖励基金的使用，以及教职工奖惩办法，教职工住宅分配方案等有关职工切身利益方面的问题。

3. 讨论学校体制改革事项、工资调整方案、教职工培训计划和各种规章制度。

4. 监督学校各级行政领导干部和工作人员，对工作中有成效的干部可以提请上级机关予以表彰和奖励；对有特殊贡献的干部，可以建议上级机关予以提职晋级；对不负责任造成损失的干部，建议上级机关予以批评、处分或罢免；对严重失职和违法乱纪的干部，建议上级纪检部门和国家政法机关严肃处理。

5. 教职工代表大会要支持校长行使职权，维护和稳定教学秩序的机制运行；教育教职工不断提高主人翁责任感，自觉遵守劳动纪律，认真钻研教材，多出优质课，多写优质论文，努力提高教育教学质量。

6. 教职工代表大会对学校主管机关的决定和指示有不同看法时，可以提出建议。如经主管机关审议后，仍维持原决定和指示，职工代表大会应配合贯彻执行。

第三章　职工代表

第六条　教职工代表大会的代表，以行政、年级、后勤为单位，按性别比例，由教职工直接选举产生，凡在本单位享有公民权利的干部和职工均可当选为代表。

1. 在教职工代表大会上有选举权和表决权。

2. 有权参加检查学校执行教代会决议和提案落实情况，有权向主管行政机关提出合理化建议。

3. 因行使正当民主权利而遭到打击、报复时，有权向有关部门提出申诉或控告。

第七条　职工代表义务。

1. 模范遵守党的方针、政策、法律、指令，严格遵守劳动纪律、规章制度，做好本职工作。

2. 正确代表群众利益，密切联系群众，如实反映群众意见。

3. 努力学习，不断提高政治觉悟和教育教学水平。

4. 帮助教育和监督不遵守学校规章制度、违反劳动纪律的职工自觉地改正缺点错误。

第四章　组织制度

第八条　召开教职工代表大会时，选举大会主席团。主席团成员包括第一线教学工作人员、科组长、行政领导，按比例组成，女职工应占一定的比例。大会主席团实行常任制，但不设常设机构。

第九条　教职工代表大会一般每年召开一次，每次会议必须有三分之二代表出席；遇有重大事项，经三分之一的代表提议可以召开临时会议。

教职工代表大会的选举和决议，必须有全体代表的过半数通过方能生效。

第十条　教职工代表大会议题，要在广泛听取群众意见，经大会主席团审议后，提请教代会大会通过。

第十一条　教职工代表大会闭会期间，需要临时解决的问题，可由工会主席召集有关职工代表参加会议进行处理。

第五章　工作机构

第十二条　学校工会承担教代会工作机构的任务，处理组织工作、业务工作、日常事务。

第六章　附则

第十三条　本条例适用于本学校。

简析

此文为章条体例，全文分成若干章，每章又分若干条。总则往往表明订立规章制度的目的要求；分则写明具体事项；附则是对中心内容的补充和说明，放在最后一章。

[知识讲授]

一、规章制度的性质和用途

规章制度是国家机关、社会团体、企事业单位为了建立正常的工作秩序，根据政策、法令和实际情况，制定出的全体成员共同遵守的行动准则。它具有内容的规范性、执行的强制性、制定的程序性等特点。

二、规章制度的种类

（一）行政法规类

行政法规是国家立法机关或政府部门颁发的具有法律性质和公文效用的规章制度。行政法规多用规定、条例、办法、细则等名称。

（二）章程类

是党政、社会团体、企事业单位用于规定组织性质、宗旨、任务、结构、成员、权利、义务、纪律、活动规则等纲领性内容的文件。

（三）制度类

一般是行政部门、企事业单位根据实际需要制定的、要求有关人员共同遵守的办事规则和行动准则。名称有制度、规则、守则、须知等。

（四）公约类

是机关团体、人民群众在自觉自愿的基础上，经协商决议而制定的共同遵守的行为规范。

三、规章制度的写法

（一）规章制度的内容与结构

1. 标题

有以下几种形式：制发单位＋规章内容＋文种，如《××机场文明公约》；适用对象＋文种，如《高等职业学校学生守则》；规则内容＋文种，如《教师资格条例》；制发单位＋文种，如《中国共产党章程》；只有文种，如《公约》。

2. 正文

主要有两种特殊的结构形式。

（1）章条体例法。即把全文分成若干章，内容比较复杂的，可分为总则、分则、附则。总则表明目的、要求、指导思想和适用范围；分则写明具体事项和内容；附则是对中心内容的补充说明，放在最后一章。每章分若干条，每条分若干款。可根据内容的繁简依次分出七个层次，编、章、节、目、条、款、项。常用的是章、条、款三级。用条号统编，款号分列，自始至终，条号不因分章而断开，每一条里的款号则各自成序，不与前条款号相衔接。

（2）条目序号编排法。内容比较简单的可以只分条不分章，在开头部分说明制定的原因、目的、要求等，然后逐条陈述。

3. 落款

单位名称和日期。

（二）规章制度的写作要求

（1）要与党和国家政策相符。

（2）要与本单位本部门的实际情况吻合。

（3）要明确制定权限。全国性的行政法规由中央、国务院制定；部门性、地方性的行政法规由国务院各部委、省、直辖市、自治区制定；不得越权、越级随意制定，下级的规章制度不能和上级部门的相抵触。

（4）内容明确具体，条理清楚，款项分明。

[思考与练习]

1. 某社区居委会工作制度中有以下条款，请在括号中填入合适的词语。

（1）（　　）群众工作，虚心（　　）群众意见，（　　）工作，努力为群众（　　）。

（2）以身作则，事事走在群众前头，做群众的（　　）。

（3）对居民反映的问题和要求，要（　　）接待并实行承诺，（　　）办理时限和解决程度，建立意见箱，（　　）接受社区成员的检查和监督。

（4）为了（　　）社区居委会财务管理，（　　）财务行为，（　　）理财水平，结合社区居委会实际，（　　）本制度。

2. 为你所在班级制定一份班委工作制度，请写出这份制度的内容提纲。

3. 请针对社会不文明现象拟写一份文明礼貌公约。

第六节　简报

[例文简析]

例文一

××县计生委改进检查方法转变工作作风成效明显

中共××县委办公室一九××年××月××日

按：县计生委努力转变工作作风，坚持从实际情况出发，对今年四月份计生宣传月的工作检查不搞兴师动众，不从乡镇和部门抽调人员，全部依靠本单位的干部组织检查，这样既减少了对乡镇和部门工作的牵扯，又全面检查和掌握了全县计生工作情况，受到基层和群众欢迎。希全县各级部门认真借鉴此次经验，进一步加强党风廉政建设，改进工作作风，提高工作效率，以实际行动推动全县两个文明建设的发展。

今年3月下旬至4月下旬，我县集中领导、集中力量、集中时间开展了《四川省计划生育条例》和《中国计划生育发展纲要》宣传活动。县计生委于5月2日至28日，对各乡镇的活动情况进行了全面检查验收。他们切实转变作风，积极改进方法，由本单位干部组成一个检查组，统一思想、统一标准开展检查活动，取得了较好效果。其基本做法是：

（一）统一思想，提高认识。计划生育工作政策性强、涉及面广，每年都要进行几次阶段性工作检查。针对今年检查时间在“双抢”期间的新情况，县计生委党组专门召开会议，在认真总结过去工作检查经验的基础上，积极改进检查方法，改过去从乡镇和各相关部门抽人组成检查组为组织县计生委机关干部集中检查。在干部职工会上，明确了这次检查的目的、方法和基本要求，统一了全委从领导到一般干部对这次检查的思想。

（二）统一确定检查对象，集中时间开展检查。整个检查时间集中在五月份内进行，实行抽查的方法，对各乡镇随机抽取一个村作为检查对象，并保密封存村名，检查组到达了乡镇时再启封公布检查的村，然后分组直接进村入户开展检查。

（三）统一检查验收标准。为了杜绝检查中的人为主观因素，减少乡镇对检查结果产生异议，挤干工作中的水分，他们在检查中，严格按照政府办公室广府办〔1995〕2号文件《关于对贯彻〈四川省计划生育条例〉集中宣传活动进行考核奖惩的通知》规定，统一检查评分标准，坚持“一把尺子量到底”，直接考核到检查的村社。同时，在检查前，组织检查人员认真学习了2号文件和有关的政策规定及业务知识，提高了检查人员的政策水平和业务技能，为公正考核检查奠定了基础。

（四）统一口径汇总检查结果。进村分组到户开展检查后，以村为单位，统一口径将各社的情况汇总。然后向乡领导汇报检查情况，交换意见。如乡镇对被查村社的检查结果提出异议，则当场重新核实汇总，对问题比较突出的乡镇，检查人员与乡镇领导、计生办一起，共同分析原因，找出差距，研究补救措施。

（五）统一费用开支渠道。过去的计划生育工作检查，由乡镇或计生办接待检查组，超标准、超规格接待现象时有发生。为从根本上改变这种状况，这次检查不由乡镇接待安排，不接受乡镇的宴请，而由县计生委依照有关规定，本着节俭原则，从紧安排，统一支付费用。有乡镇准备按惯例安排宴请，被检查组婉言谢绝。初步统计，13 人的检查组，在长达一个月的专项检查中，开支费用不到过去同类检查费用的十分之一。

（六）切实做到“四个坚持”。一是坚持客观、公正地考核各乡镇的集中活动开展情况，进村入户如实登记、汇总，最后按标准计分；二是坚持不兴师动众，只要乡镇在工作上的配合，不要在生活上的陪同，减轻了乡镇领导的精力负担；三是坚持固定检查人员，从计生委机关抽出的 13 名干部自始至终参加检查，保证了按时完成任务；四是坚持执行严格的组织纪律，检查人员必须遵守计生委党组规定的各项纪律制度，如有违反，从严处理。

这次检查，全面、真实地了解了我县人口生育现状，掌握了各乡镇开展集中宣传活动的情况。据统计，检查结果数比乡镇报表更接近实际。如对育龄妇女进行普查，原乡镇报表统计普查率为 93.75%，而检查结果普查率仅为 80.42%，减少了 13.33 个百分点；落实安扎措施率，报表统计为 95.21%，检查统计为 72.12%，减少了 23.09 个百分点。

简析

这是一则专题性工作简报，围绕计生委改进检查方法转变工作作风组织内容。题目简明，突出主旨；按语概括性强，对内容进行了精到的评议。条文式结构，使人一目了然。结尾对工作进行综合评价，具体数据发人深思。

例文二

××集团公司财务工作会议简报

（第×期）

在清产核资工作全面展开，新的《企业会计制度》即将实施，主辅分离逐步开展的形势下，12 月 16 日～18 日，集团公司在××楼召开了××集团 2003 年度财务工作会议，各子、分公司总会计师、财务科长、决算人员、审计人员，各指挥部办事处财务主管等 130 余人参加了会议。

集团公司总会计师××出席会议并作了重要讲话，在讲话中，××从认清新的财务形势、树立新的财务理念、完善成本管理机制、规范资金运作、实施新《企业会计制度》、做好清产核资工作、做好财务预算工作、做好审计工作、加强会计基础工作、加强财会队伍建设等十个方面作出重要指示，为集团公司下一步的财务工作指明了方向。

集团公司副总会计师、财会部部长××总结了 2003 年度××集团公司财务工作情况，并对下一年度××集团公司的财务工作作出了安排布置，提出了 2004 年度财务工作九个方面的要点：加强内部资金管理，提高信用意识；加大成本管理工作，探索有效的成本管理途径；严格执行财务预算制度，加大对资本运营中的监控；做好清产核资工作，为全面执行《企业会计制度》奠定基础；执行《企业会计制度》，完善相关的财务配套制度；结合“主辅分离”，紧缩经费开支；开展财会信息化建设，促进财会管理水平的提高；继续加强财会队伍的建设，提高公司的财务管理水平；加强财会学会建设，充分发挥财会学会的作用。

此次财务工作会议全面布置了 2003 年度财务决算编制工作，提出了 2004 年财务预算的编制要求，明确了清产核资的步骤和方法，解答了汇总纳税及清仓退税的有关问题，为下一步做好财务决算编制工作，提高财务预算的编制水平，加强国有资产的监控管理，合理筹划纳税工作，全面实施《企业会计制度》打下了基础，作好了准备。

简析

这是一则会议简报。全文概述了会议基本情况，对会议主要思想进行了提炼归纳，同时也对会议的意义作出了评价，符合会议简报格式。

例文三

××大学“三讲”教育简报

××大学“三讲”教育领导小组办公室编

1999年×月×日

目　录

编者按：在县级以上党政领导班子、领导干部中深入开展以“讲学习、讲政治、讲正气”为主要内容的党性党风教育，是中央和省委进一步落实党的十五大精神，准动深入学习邓小平理论，加强领导班子建设，提高领导干部素质的一项重要举措。我校被省委确定为全省“三讲”教育试点单位之一，承担了重要的责任。为了切实搞好我校的“三讲”教育，宣传“三讲”教育的重大意义、指导思想和具体做法，交流经验，我们特编辑了《××大学“三讲”教育简报》。《简报》将及时报道我校“三讲”教育的工作情况。欢迎各部门、各单位惠赐稿件，并对我们的工作提出宝贵的意见。

党委开展调研活动，征集对学校工作的意见和建议

1999年×月×日，学校党委召开由中层领导干部、专家学者、优秀中青年教师和离退休职工代表参加的调研会，全面征集对学校党政工作和班子成员的意见和建议。到会代表共77人，收回调研表74份。参加调研的同志以对学校工作高度负责的精神，结合学校的工作实际和个人的切身感受，对学校近年来取得的积极进展和党政班子的工作给予了充分肯定，同时也对学校工作中存在的问题提出了许多中肯的、建设性的意见和建议。这些意见和建议为学校领导班子查找自身存在的突出问题，并通过“三讲”教育切实予以解决，提供了重要的基础和依据。

查摆突出问题，研究“三讲”教育方案

1999年×月×日和×日，党委书记×××同志两次主持召开党政联席会议。会议认真听取了关于“三讲”教育调研情况的汇报。

班子成员结合学校的工作实际，根据省委关于开展“三讲”教育试点工作的要求，全面分析了广大群众对学校党政工作的意见和建议，实事求是地查摆了工作中存在的突出问题和不足。特别是针对伙食处存放私宰肉问题，班子成员进行了深刻的检查和反省。大家认为，这一事件暴露了我校管理工作中存在的突出问题，是不讲政治、不讲纪律的表现。这一事件给我们的教训是十分深刻的。班子成员一致表示，一定要从这一事件中汲取教训，举一反三，全面检查工作中的问题和不足。经过认真讨论，大家一致认为，在“三讲”教育中，校级领导班子要解决的突出问题是：理论学习不深入，深入改革的意识不强，坚持民主集中制不力，工作作风欠实，管理落后等。班子成员表示，一定要从自己做起，以办好××大学的

高度的政治责任心和解决突出问题的决心，把这次“三讲”教育搞好。

学校领导对“三讲”教育方案进行了认真的研究，就开展“三讲”教育的意义、指导思想、目标要求、基本原则、方法步骤和组织领导工作等内容进行了深入的探讨，对工作方案草案进行了许多补充和修改，为在全校开展“三讲”教育提出了重要的指导性意见。

化学化工学院加大改革力度，勇于开拓创新

化学化工学院党政领导班子利用“三讲”教育好时机，总结过去的经验，查找存在的问题，提出了推进学院改革发展的整改措施。尤其是在增强改革意识、加大改革力度方面，勇于开拓创新，着实下了一番工夫。

第一，在教学改革方面，该院准备通过对个别专业的有关课程和教学内容进行调整，使课程体系优化重组，力求务实创新，打破原有专业界限，在调研基础上，对毕业班学生在开设必修课之余开设选修课，加大素质教育的力度；同时，准备通过改革现有考试制度和补考制度，参照化学基地班试行动态学籍管理制度和不及格重修制度；对专职教师本着以自愿为原则，以发挥个人作用为目的，将进行教学、科研分流编制；对基础课实行课程组长负责制，课程负责制，质量承包，资金承包；对科研人员进行规范管理，放宽搞活，完善科研分配制度；准备成立工程研究生指导小组，由经验丰富的老师任组长，帮助工科教师指导研究生，提高科研能力；加强工科教学，采取请进来、送出去的办法培养中青年骨干教师，加强师资队伍建设的步伐；同时还对研究生的课程门类、课程体系、实验研究、论文答辩等工作作了有关规定。

第二，在科研改革方面，成立了学院科研工作领导小组，加强对科研工作的领导、协调和管理；集中力量开展大项目研究，力求在高新技术开发上有所突破，在应用项目上注重高科技、高含量、高效益，力争申报发明奖、科技进步奖；继续支持和鼓励重点学科的研究工作；继续出台鼓励改革，鼓励产学研一体化，使科研成果尽快转化为实际生产力，为经济建设服务；同时，强化项目立项登记制度，积极向社会介绍推广。

第三，在管理工作改革方面，他们结合实际，以建章立制、规范管理为着眼点，在深入调查研究的基础上，已先后出台并实施了多项管理制度，如《关于教室管理办法》、《实验室使用和仪器设备管理规定》、《大学生行为规范奖惩考评办法》、《学生宿舍测评规定》等，另外关于《加强学院教学管理意见》、《加强学院科研工作意见》和《关于后勤改革的过渡办法》即将出台。这些办法和措施的出台和实施将为学院的发展起到很好的促进作用。

计算机系抓突出问题，加紧制订青年教师培养计划

计算机系党政领导班子通过“三讲”教育，结合实际，查找不足，他们从班子自身建设入手，强化改革意识，明确改革思路，针对缺少拔尖学术带头人并在某种程度上已制约学科发展这一最为突出的问题，加紧制订青年教师培养计划。

他们着眼于计算机系的整体发展与21世纪对人才培养的需要，在政治思想、职业道德、教学科研水平诸方面，拟订了青年教师培养计划和要求。他们提出把正确处理好教师队伍整体素质提高与教师个性发展的关系，作为最大限度发挥教师队伍积极性的前提；把政治思想上的关心与创造有利于教学、科研发展的土壤和环境作为队伍建设与稳定的根本保障；把树立良好的领导班子集体形象作为保证教师队伍建设健康发展的重要因素；同时加大投资力度，关心教师生活等。在对青年教师的培养计划与要求中，他们还进行了一些量化的指标和考核，如政治理论学习的要求，教书育人、与学生交心谈心的具体要求，青年教师入党的有关要求，对青年教师有关开设基础课、专业课、选修课的门类及相应等级水平考试等方面也作了必要的要求。为保证该培养计划的实施与落实，计算机系将成立负责青年教师培养规划的检查和考核小组，建立青年教师政治、业务档案，培养情况与年终考核、晋级晋升挂钩，对认真完成培养计划的优秀教师，系里将有计划地选送到重点院校和科研单位访问、进修或出国学习，并择优列入学科带头人的后备力量。

他们从实际出发，重点加强青年教师“三支队伍”的培养：即在本世纪末，要选拔一批青年同志走向领导岗位挑起重任；要扶植一批青年同志站稳讲台，成为教学的中坚力量；要培养一批青年同志脱颖而出，成为在学术界具有一定影响的学术骨干。为此，他们积极进行鼓励和引导：一是加强基础研究，鼓励教师参加国际、国内学术交流，力争在国内外学术界占有一席之地；二是提高教师外语水平，适应高科技国际化的发展；三是加强道德修养，提高综合素质；四是要正确处理好红与专的关系、个人发展与整体发展的关系、教学与科研科技开发的关系。

报：中共河南省委“三讲”教育领导小组办公室

送：中共河南省委高校工作委员会、省直有关单位、校领导

发：各党总支、直属党支部、党委各部门

简析

这是一则综合性的动态简报，由四篇报道组成，每篇文章都围绕“三讲”教育展开，从不同角度反映学校开展“三讲”教育的成效。其中，最突出中心的文章排在前头。

[知识讲授]

一、简报的性质、特点和作用

（一）简报的性质

简报，是党政机关、人民团体、企事业单位内部用于汇报工作、反映问题、沟通情况、指导实践、交流经验、传递信息的一种简短文书。简报通常以内部刊物的形式出现，有“简讯”、“情况反映”、“××动态”、“××交流”、“××工作”、“内部参考”等不同的称谓。

（二）简报的特点

与其他应用文体相比，简报的特点体现在：

1. 新闻性

简报有些近似于新闻报道的特点，主要体现在真、新、快、简四个方面。“真”是内容真实，这是新闻的第一性征。简报所反映的内容、涉及的情况，必须严格遵循真实性原则。“新”指简报要反映新事物、新动向、新思想、新趋势。“快”是报道要迅速及时。简报写作要快，制作、发送也要简易迅速，尽量让读者在第一时间里了解到最新的现实情况。“简”是指内容集中、篇幅短小、提纲挈领、不枝不蔓。

2. 集中性

虽然一期简报中可以只有一篇报道，但更多情况下，一期简报要将若干篇报道集结在一起发表，形成集束式形态。这样做的好处是有点有面，相辅相成，加大信息量，避免单薄感。

3. 规范性

从形式上看，简报要求有规范的格式，由报头、目录、编者按、报道正文、报尾等部分组成。其中报头、报道正文、报尾是必不可少的，而且报头和报尾都有固定的格式。

4. 制发自由

党政机关、企事业单位、人民团体、公私营公司，不分级别、不论性质，都可在自己的职权范围内制作、发送简报。刊头上标明的制发者，一般是所在单位的办事机构，如“××局办公室”、“××厂党委办公室”等，由它对简报负政治和技术责任。简报不加印鉴，不算正式公文。

（三）简报的作用

编发简报的主要目的在于交流经验、反映问题、互通情况。具体讲，简报的作用反映在以下四个方面：是单位领导干部和上级主管部门了解下情的重要渠道；是单位领导指导工作的有效形式；是单位内部交流情况的重要途径；是单位之间交流情况的“媒介”。

二、简报的分类

简报的种类繁多，可以分为不同类型。按时间分，可分为定期简报和不定期简报；按发送范围分，有供领导阅读的内部简报，也有阅读范围较广的普发性简报；按性质分，可分为工作简报、生产简报、会议简报、信访简报、科技简报、教学简报等等。按内容主要分为四种类型，下面分别介绍。

（一）工作简报

这是为推动日常工作而编写的简报。它的任务是反映工作开展情况，介绍工作经验，报告工作中出现的问题等。工作简报又可分为综合性工作简报和专题性工作简报两种。综合性简报主要报道本部门、本系统工作中发生的重大问题、重要情况以及新生事物、新经验、新办法等。专题性简报是将某项专门工作的动态、进展、经验、问题等向上级部门汇报，或向有关部门通报情况，或下发所属基层单位借以推动工作。这种简报报道的事件集中，都是围绕某一项专门工作或中心工作来编写的。

（二）会议简报

这是会议期间为反映会议进展情况、会议发言中的意见和建议、会议议定事项等内容而编写的简报。一些规模较大的重要会议，如全国人民代表大会、全国政协会议、中央各种重要会议、地方上的“两代会”及其他重要的专门会议等，由于与会代表并不能了解会议的整体情况，需要依靠简报来了解会议的基本面貌。重要会议的简报往往具有连续性的特点，即通过多期简报将会议进程中的情况接连不断地反映出来。会议简报一般由会议秘书处或主持单位编写。

（三）科技简报

这是为反映最新科学技术研究成果，介绍推广新产品、新工艺、新技术、新理论、新动向而编写的简报。这类简报内容新、专业性强，有的属于经济情报或技术情报，有一定的机密性，必要时需加密级。

（四）动态简报

这是为反映本单位、本系统的思想、政治、经济、文化等方面的情况而编写的综合性简报。动态简报着重反映与本单位工作有关的正反两方面的新情况、新动向、新问题，为领导和有关部门研究工作提供鲜活的第一手资料，向群众报告工作、学习、生产、思想的最新动态。

三、简报的写法

（一）简报的内容与结构

简报的格式与正式公文有些不同，一般包括报头、报文（标题、按语、正文）、报尾三大部分。简报的样式见图3－1。

×××简报

（第×期）

编发单位　　　　年　月　日

标　题

编者按：××××××××××××××××××××××××××××××。

正文：××。

（××供稿）

报：××××
送：××××
发：××××

共印×××份

图3－1　简报样式

1. 报头

首页间隔横线以上称为报头，由简报名称、期数、编发机关、日期、保密提示等项目组成。

(1) 简报的报头除用“××简报”、“××动态”、“情况反映”等常用四字名称之外，还可加上单位名称、专项工作等内容，如《××大学“三讲”教育简报》。简报名称用大号字套红印刷。

(2) 期数位于简报名称下方正中，可加括号。如果是综合工作简报，一般以年度为单位，统编顺排；如果是专题简报，按本专题统编顺排；如果是增刊，就标明增刊字样。

(3) 编发机关一般是“××办公室”或“××秘书处”，位于期数下面、间隔横线上方左侧。

(4) 日期位于编发机关右侧。

(5) 如果需要保密，可在首页报头左上角标明密级或“内部刊物”字样。确有必要，还可在首页报头右上角印上份号。

(6) 间隔横线一般为红色。

2. 报文

报文包括标题、按语、正文。

(1) 标题。是人们通常说的题目，它位于报头之下，按语之上。它是全篇的主眼，应当用极为简明的一两句话揭示简报的主题思想，或反映简报所报道的对象和事件，概括简报最主要的内容，引起读者对简报的注意。简报的标题跟新闻的标题有些类似，可分为单标题和双标题两种基本类型。

一类是单标题，即将报道的核心事实或其主要意义概括为一句话作为标题，如《后勤工作今年重点抓好五件事》、《我校通过“211工程”专家审查验收》、《查摆突出问题 研究“三讲”教育方案》。标题中间一般不用标点符号，可用空格的方式表示间隔与停顿。

另一类是双标题，有两种情况：一是正题后面加副题，前一个标题是正题，概括事实的性质，后一个标题是副题，补充叙述基本事实，如《再展宏图创全国一流市场——××农贸市场荣获市信誉市场称号》；二是正题前面加引题，前一个标题是引题，指出作用和意义，后一个标题是正题，概括主要报道内容，如《尽责社会 完善自身——华东师大团委开展“把知识献给人民”的活动》。

(2) 按语。简报的编者对简报内容的提示、说明或评议。按语写在标题之下，正文之前。

(3) 正文。这是简报的中心，是简报的具体内容所在。它同其他公文的正文结构基本相似，由开头、主体、结尾组成。

①开头。开头要用简短的文字，概括全文的主旨或中心内容，说明报道的宗旨，引导读者阅读全文。可根据主题需要，分别采用叙述式、描写式、提问式、结论式等多种形式。

②主体。主体是简报的主要部分。主体的内容，或是反映具体的情况，或是介绍具体的做法，或是叙述取得的成绩和经验，或是指出存在的问题，或是几项兼而有之，要视具体情况而定，没有固定的框框。

主体部分安排材料的常见方法有时间顺序法和逻辑法。如果是若干篇报道集结在一起发表，遵循的原则是：各篇文章要围绕一个中心，从不同角度反映某一个问题；最突出中心的文章排在前头；每篇文章疏密间隔要恰当，标题字号大小要一致。

③结尾。正文的结尾一般是最后一段或最后一句话，它或对简报的内容作概括小结；或进一步指出事物发展的趋势；或对简报所反映的事实加以评述，激发读者的感触；或是发出号召；或给读者留下思考的余味。有些带有连续性的简报，为了引起人们注意事态的发展，可用一句交代性的话语作为结束，如“问题正在进一步调查中”，“对事情的发展我们将继续报告”，“处理结果我们将在下期报告”等。在正文的末尾处要标明材料来源：或“据××单位报告摘编”，或“××办公室”，或“××厂办公室供稿”等。

3. 报尾

在简报末页，用间隔横线与报核分开。只需写明报什么机关、送什么机关、发什么单位即可。报，指简报呈报的上级单位；送，指简报送往的同级单位或不相隶属单位；发，指简报发放的下级单位。报尾还应在最后一行注明本期简报的印刷份数，以便于管理、查对。

（二）简报的写作要求

1. 内容真实

简报作为加强领导和推动工作的重要工具，内容必须保证绝对真实、准确，要有一说一，有二说二，实事求是，恰如其分，留有余地，必须忠实于事实，保证符合事物本来面貌。

2. 选材要新

简报要求写新动态、新问题、新趋势、新经验，这样才具有启发和参考价值。

3. 写作要快

简报的功能，决定了简报的编者必须讲求时效。这就要求简报的作者思想敏锐、行动敏捷，对问题反映得快，对材料分析得快，写作构思快，动笔成稿快；同时，还要求简报的编辑、签发、打印、发稿速度快，共同把握发稿时机。

4. 文字要简

篇幅短小，内容简明，文字简练，叙事简要。

[思考与练习]

1. 阅读下文，为这份简报拟写标题和编者按。

连日来，来自山东等地客商收瓜的车络绎不绝地踏着新修建的水泥路来到阳高县鳌石乡设点收购西瓜。全乡170多公顷西瓜仅10天内就销售一空，农民因此增收200多万元。群众高兴地说：“新修的水泥路儿平展展，卡车拉走了瓜蛋蛋，腰包鼓起了钱串串。”这都是政府修建水泥路解决行路难为民办实事带来的喜人变化。

既要金杯银杯，更要群众口碑。在保持共产党员先进性教育活动中，阳高县注重从解决群众实际困难和突出问题入手，把落脚点放在为群众办实事上，让群众不断得到实惠，不断看到党员先进性教育的成效。县委把取得实效和致力于建设群众满意工程作为努力的方向。各乡镇、各部门、各单位按照县委的要求，把解决群众关注的热点难点问题作为出发点和落脚点，把促进各项工作、推动全县经济社会发展作为着力点，坚持边学习、边评议、边改进，深入基层，深入群众，组织开展了“党员示范岗”、“党员责任区”、“深入基层送服务”等多种形式的主题实践活动。广大党员把先进性教育的成果落实在行动中，体现在工作上，为广大群众办好事、实事。全县13个乡镇把完成300千米水泥路作为为民办实事、改善基础设施、力促经济发展、促进先进性教育的重要举措，自我加压奋力赶超，克服困难，多方筹集资金，目前已完成 230 千米，占全县 300 千米的 75%。

在先进性教育活动中，该县坚持把改变工作作风、为群众办实事作为重点，实行边议边改。县职业介绍服务中心把解决劳动力转移、实施劳务输出作为增加农民收入的一项重点工作，到目前，已同大同浩海集团、天津海湾食品有限公司、北京东刚物业管理公司等用工单位达成协议，共输出劳力 6802 人。阳高一中、四中在先进性教育活动中，把解决贫困学生上学难作为一项活动内容，共为贫困生减免学费 11 万元，免除特困生课本费 7 万元，受到了学生家长的欢迎。

2. 某局办公室拟编一份简报，题为《严格科学管理　提高经营水平》，编发时间为 2008 年 12 月 8 日，编号为 6 号，报送省某局、市经委，印发各县市某局、本局各科室、各直属单位，共印发 100 份。请根据上述内容和简报的格式画出报头、正文和结尾。

第七节　讲话稿

一、讲话稿的性质、特点和作用

（一）讲话稿的性质

讲话稿也称“发言稿”，是为某种特殊场合的讲话需要所拟定的书面文稿。讲话稿的使用范围很广，通常是为了满足各种会议、广播录音、电视讲话等口头表达的需要而拟定的讲话稿。讲话稿也可以登报印发成“书面发言”。

（二）讲话稿的特点

讲话稿的基本特点归纳起来主要有以下几个方面。

1. 说理性

讲话者为达到目的，解决问题，就必须宣传群众，教育群众，以理去说服群众，动员群众，这就要晓之以理，动之以情，通过说理去达到讲者与听者心灵上的共鸣。

2. 务实性

好的讲话稿应当目的明确，有针对性，内容具体，操作性强，要能把握群众的脉搏，了解他们的情绪与想法，在讲话中不失时机地提出和回答广大群众所关心的问题。

3. 有声性

讲话稿是面对面讲给与会者听的，这就要求它一定要适合口头表达，尽量口语化，应当是讲者易讲，听者易懂。句型宜短不宜长，读起来朗朗上口；用词要通俗易懂，力求生动、形象，切忌选用生僻艰涩的词语；还要注意把抽象的道理具体化，把概念的东西形象化，把深奥的东西浅显化。

（三）讲话稿的作用

高水平的讲话能起到宣传真理、解放思想、鼓舞士气、申明观点、提高认识的作用，也是领导干部褒扬正气、抨击歪风、部署工作、发出指示的重要手段。

二、讲话稿的分类

讲话稿依据不同的场合、对象和用途，可以分为三大类 22 种。

（一）会议类讲话稿

党代会、人代会等代表大会的报告，会议开幕词，闭幕词或会议总结讲话稿，工作会议讲话稿，动员会议讲话稿，庆功会、表彰会讲话稿，庆祝会、纪念会讲话稿，专题报告会的报告，碰头会、汇报会讲话稿，现场会、经验交流会讲话稿，研讨会、座谈会总结讲话稿，综合性会议上的专题发言稿，在新旧领导工作交接会议上的讲话稿，在各种邀请会、协作会、联席会上的讲话稿。

（二）宣传类讲话稿

广播讲话稿，电视讲话稿，现场散发的讲话稿，通过报纸发表的书面讲话稿。

（三）礼仪类讲话稿

签约仪式上的讲话稿，接见、会见讲话稿，文艺演出、文艺界联欢前的讲话稿，致辞。

三、讲话稿的写法

（一）讲话稿的内容与结构

讲话稿通常由标题、称谓、开头、主体、结尾等部分组成。

1. 标题

一般有两种形式，即单标题和双标题。单标题直接写明讲话者在什么场合上的讲话即可，一般由讲话者＋场合名称＋讲话内容构成；双标题由主标题＋副标题构成，主标题由一句简洁、醒目的话揭示讲话稿的主题，而副标题与单标题结构相同。

一般单标题应用范围比较广泛，无论是大、中、小型会议，无论是什么身份的领导人都可适用；而双标题的适用范围相对窄一些，通常适用于大型综合性会议上的主题报告，以达到突出会议主题，号召、鼓劲的效果。

2. 称谓

讲话都是有具体对象的，所以在标题和讲话日期下要有对参加会议或活动者的称谓。称呼及顺序排列根据参加会议或活动的对象而定。

3. 开头

开头的总体要求是：要能充分调动听众的注意力，并能引出主体内容。比较常用的主要有四种方式。

（1）平铺直叙式。如在会议开始时可以介绍会议的背景、议题和会议所要达到的目的。如果是会议结束时的讲话，就要简单总结会议的议程、完成情况和会议的效果。

（2）开宗明义式。就是在讲话的开头直截了当地提出问题，将讲话者的意图和盘托出，不绕任何圈子。

（3）总结提要式。就是在开头把要说的问题归纳几点，提纲挈领地说出来。

（4）表态式。就是表明讲话者对所谈问题的态度，然后顺势把下面要讲的主要内容点出来。如果是补充性讲话，则可对前面的领导讲话或工作安排表明自己的态度或观点。

4. 主体

讲话稿的主体是讲话稿的重点部分，是讲话成功与否的关键。这一部分要承接开头部分所提到的观点展开阐述，并且应做到中心突出，条理清晰。主体部分结构可分成条款式，也可不分。安排主体结构，通常有两种方式：一是递进式，以事物发展为序，层层递进；二是并列式，把总论点分成几个分论点，每一部分阐述一个分论点，分论点之间的关系是并列的。

5. 结尾

讲话稿的结尾要对讲话的主要内容加以概括，使整个讲话的主要精神在听众的印象中进一步加深。所以，讲话稿常常要求简明扼要，收笔自然，取得鼓舞人心或令人回味的效果。常见结尾方式主要有以下几种：一是希望式，对与会者提出要求和希望；二是展望式，在即将结束讲话时，对未来的前景作一番展望；三是总结式，对全文的主要内容加以总结概括。

（二）讲话稿的写作要求

1. 有针对性

讲话稿的内容是由活动主题和讲话者的身份来决定的。每写一份讲话稿，都要首先了解活动的性质和主题，讲话的对象、场合和背景。

2. 有限定性

讲话是有时间限制的，因此对讲话稿篇幅要有特定的要求。一般来讲，表彰大会、通报会、庆典会等讲话要求篇幅不能太长，避免喧宾夺主；会议的主题报告相对来讲篇幅要长一些，但也不宜过长。这就要求讲话稿中心突出，目的明确，观点鲜明，简明扼要；切忌夸夸其谈，拖沓冗长。

3. 有口语性

讲话稿的语言介于书面语和口头语之间，既要有书面语言的精练、准确、干净，又要有口头语的通俗、生动、易懂，讲起来朗朗上口，听起来流畅顺耳，以便于讲话者表达，易于听众理解和接受。要尽量少用或不用令人费解的生僻词语。专业术语要视听众的情况，斟酌使用。撰写讲话稿时，用语要得体，必须符合现场气氛和场合。

[思考与练习]

1. 简要说明讲话稿有哪些种类。
2. 写作讲话稿需要注意哪些问题？

第八节　开幕词与闭幕词

[例文简析]

例文一

投资贸易洽谈会开幕词

女士们、先生们、朋友们：

上午好！

在这春意融融的美好时节，第九届中国东西部合作与投资贸易洽谈会隆重开幕了。在此，我谨代表西洽会组委会和中共陕西省委、陕西省人民政府，向莅临大会的国内外嘉宾，国家有关部委、各省区市代表，向港澳台同胞及各界朋友，表示热烈的欢迎！

本届西洽会，以科学发展观为指导，紧密围绕“东中西部互动，促进协调发展”的主题，组织多种所有制企业以投资洽谈为重点，举办丰富多彩的投资促进活动。大会的核心是互动发展，以互动求互补，以互补求共赢，以共赢求合作，推动东中西部经济协调发展。

第九届西洽会的支持单位是商务部、信息产业部、国防科工委；主办单位共27家，包括中国贸促会、国家工商总局，24个省区市人民政府和新疆生产建设兵团；协办单位共9家。本届西洽会由陕西省人民政府和中国贸促会承办。由中国贸促会、中国外商投资企业协会、陕西省人民政府共同举办的第四届中国西部吸收外商投资洽谈会也同期举行。

实施西部大开发，振兴东北地区等老工业基地，促进中部地区崛起，鼓励东部地区加快发展，是党中央、国务院从全面建设小康社会和加快现代化建设全局出发，作出的重大战略部署。东中西部合作有着巨大的发展潜力和无限商机，有着广阔的发展前景。我衷心地希望与会的广大企业和客商加强交流，扩大合作，共创美好未来。

女士们、先生们、朋友们，让我们预祝第九届中国东西部合作与投资贸易洽谈会取得圆满成功！

谢谢大家！

2005年4月6日

——陈德铭．第九届东西部贸易洽谈会开幕式开幕词．http://www.snwh.gov.cn/sxwh/whcy/zxdt/200711/t20071119－35788.html,2008－01－28/2008－02－20

简析

本篇开幕词称呼具有针对性。正文首先宣布大会开幕，然后简述大会展开背景及相关与会单位，指出大会的意义并对大会圆满成功寄予期待，最后运用祝颂语结束开幕词。全文语言热情，具有感染力。

例文二

春季田径运动会开幕词

各位领导、老师、裁判员、运动员、同学们：

今天，迎着拂面的春风，带着我校运动健儿的喜悦，伴着充满青春活力的军号鼓乐，和着刚刚接受完检阅的650名运动员、裁判员坚实的脚步，我们迎来了实验中学春季田径运动会的隆重召开。

首先，我代表大会组委会对在运动会筹备过程中付出辛勤劳动的全体工作人员表示衷心的感谢！

我校春季田径运动会的举办，是我校落实素质教育的具体行动，给同学们自我管理、自主发展展示个性特长提供了舞台。这次运动会是对同学们心理素质、身体素质、体育运动水平的一次验收，也是对全体实中人组织纪律性和精神风貌的大检阅。我们深知运动场上每一项奖励，都是运动员身体素质和顽强毅力的结晶，但我们更懂得它是团队精神、协作精神、奉献精神的具体体现。为使这次春季运动会达到预期的目的，我代表大会组委会对全体与会人员提出以下要求：

希望每位运动员精神饱满，斗志昂扬，拼出成绩，赛出风格，让青春的活力迸发在赛场上的每个角落。发扬更高、更快、更强的奥运精神，安全参赛，文明参赛，规范参赛。赛前做好准备活动，赛中遵守各项规则，服从裁判。参与就是成功，坚持就是胜利。好的名次值得骄傲，而顽强的毅力更是每个运动员优良品格的展示，不论比赛成绩如何，我们将为每一位在赛场上拼搏的运动员加油助威。

要求全体裁判员、工作人员忠于职守，树立安全第一意识、热情服务意识、严守规则意识，做到公正裁判、热情服务，为各项竞赛创造良好的工作氛围，保证竞赛的顺利进行。

没有比赛项目的同学，要服从大会管理，文明参观，主动服务，为运动员摇旗呐喊，加油助威，为争创精神文明代表队、争创优秀文明班级作出应有的贡献。

我相信，有学校各部门的支持，有全体裁判员、班主任的辛勤工作，有全体同学“团结、友谊、拼搏、创新”的精神，我们一定能弘扬体育道德，夺取体育比赛和精神文明的双丰收。

最后，预祝这次运动会圆满成功！

谢谢大家！

简析

本篇开幕词结合运动会的特点，在内容上对运动会召开的意义进行了阐述，并对运动员、裁判员提出希望和要求。

例文三

实验中学春季田径运动会闭幕词

全体运动员、裁判员、老师们、同学们：

首先，我代表大会组委会，对实验中学春季田径运动会即将顺利闭幕，对在本次大会中取得优异成绩的各个班级和运动员们，表示热烈的祝贺！

在历时一天半的比赛中，全体运动员发扬“更高、更快、更强”的体育精神，积极参赛，顽强拼搏。在所有竞赛项目中，有18个班级比赛成绩突出，获得团体总分优胜奖，有432名同学获得个人比赛优奖。全体师生团结友爱，精诚协作，赛场上奋力拼搏，赛场下加油鼓劲。在比赛过程中，许多同学主动搀扶跌倒同学，热心帮助受伤运动员，充分体现了“友谊第一，比赛第二”的运动精神。

本次运动会是我校最隆重、最圆满和最成功的大会。全校30个班级积极筹备，刻苦训练，认真参赛。在体育老师和班主任老师的精心组织下，各个班级气氛热烈、纪律严明、卫生干净、积极投稿，为运动员摇旗呐喊、加油助威、热情服务。有的班级秩序井然，表现突出，获得本次大会的“体育道德风尚奖”，充分展示了我校师生的精神面貌。

在大会进行过程中，全体裁判员兢兢业业，秉公执法，公正裁判。全体大会工作人员认真负责，忘我工作，确保了大会的良好秩序和顺利进行。让我们对他们的努力和付出，再次表示衷心的感谢！

希望全校师生以本次运动会为契机，发扬成绩，克服不足，为新学年开始奠定良好的开端，在今后的各项工作和活动中，为实验中学更加美好的明天而努力拼搏，再创佳绩！

谢谢大家！

××××年××月××日

简析

正文部分首先简述会议的进程，高度评价会议的收获、作用和意义，然后对全校师生提出希望，发出号召。这是闭幕词的基本内容。

例文四

教代会闭幕词

各位代表、同志们：

我校第一届教职工代表大会第一次会议在主席团的领导下，经过全体与会代表的共同努力，现已顺利地完成了各项预定的任务，即将闭幕了。

这次教代会是在全校师生深入学习贯彻江泽民同志“五三一讲话”精神，深化教育教学改革和加快实施学校发展规划的关键时刻召开的一次重要会议。尽管会期只有一天半，但会议内容比较丰富，安排紧凑，效率较高。代表们以高度负责的态度和精益求精的精神，全面审议了学校工作报告，认真听取了校领导的述职，讨论通过了《××十五中管理制度》、《××十五中发展总体规划》和《××十五中校训、校风、学风、教风》以及《××十五中培养青年教师一三五工程计划》，提出了许多有利于深化学校改革和加快学校发展的建议和提案。这次会议既是一个民主团结、集思广益的群英会，也是一个振奋精神、创造十五中辉煌的誓师会。它必将在我校的发展史上产生重大的影响。

教职工代表大会是学校教职工行使民主权利，参与学校民主管理和监督的基本组织形式。我们一定要自觉地按照刚刚通过的《××十五中管理制度》的有关规定，着眼于学校改革、发展、稳定的大局，从具体实际出发，不断探索和逐步完善教职工代表大会制度，正确地处理好学校和个人的利益关系，自觉地维护教职工代表大会的权威和教代会代表的权利，支持和监督学校的行政工作，推动依法治校；团结和动员广大教职工发扬主人翁精神，保证学校教育和教学任务的顺利完成，努力培养和造就具有创新能力和创新精神的社会主义建设者和接班人，争取在三年期间把我校真正办成具有十五中特色的省二级重点中学。

各位代表，这次会议所审议和通过的学校今后三年发展规划的决议，对今后学校改革和发展提出了更艰巨的任务，我们全体代表一定要树立高度的事业心和责任感，以自己的模范行动团结带领全校教职工为实现教代会提出的奋斗目标而努力！

希望全体教代会代表坚定地继续贯彻执行改革、发展、稳定的方针；继续保持和发扬艰苦奋斗、勇于进取、热爱学校、顾全大局的奉献精神；继续认真贯彻《师德规范》和严谨、求实、开拓、创新的校风；继续严格执行从严治校所必需的规章制度，为振兴学校各项事业的不断发展，为共创××教育更辉煌的明天作出更大的贡献！

最后祝全体代表在新学年取得更大成绩！祝全体代表身体健康，生活愉快！

二〇〇四年十月

简析

这篇闭幕词结构完整，内容针对性强，既有对本次教代会的会议内容的回顾总结，又有对会议的评价和今后工作的希望与号召。语言简练，符合事务文书的语体特征。

[知识讲授]

一、开幕词的写法

（一）开幕词的概念与作用

开幕词是党政机关、人民团体、企事业单位中大型会议开幕时对与会代表的致辞，由大会主持人或有关领导向大会做的带有提示性、方向性、指导性的讲话。

（二）开幕词的写法

1. 标题

标题的写法有三种：一是用会议名称做标题；二是会议名称前边再加上领导人姓名；三是用揭示内容中心或主旨的标题，在后面通常加上副标题。

2. 称谓

称谓一般写在标题下行顶格，称呼常用“同志们”、“朋友们”、“各位代表”等。

3. 正文

宣布大会开幕，或向代表表示欢迎、祝贺；说明本次大会的议程和任务；介绍出席人员情况；回顾过去的工作；阐明会议的意义、作用、影响；对会议提出希望和要求。

4. 结语

结语部分一般用“预祝大会圆满成功”收束。

（三）开幕词的写作要求

（1）按照会议的宗旨，针对性强。

（2）简洁明了，篇幅短小。

（3）语气庄重热情，富有号召力。

二、闭幕词的写法

（一）闭幕词的概念与作用

闭幕词是隆重会议结束时，由大会主持人或有关领导人所作的讲话。其主要内容为：概述会议的基本精神；评价大会内容，总结大会收获；对贯彻会议精神提出希望、号召和要求。

（二）闭幕词的写法

1. 标题

闭幕词的标题，跟开幕词的写法类似。

2. 称谓

与开幕词称谓相同。

3. 正文

闭幕词的开头一般要用简洁的语言，说明大会经过全体代表的努力，已经胜利完成使命，即将闭幕；然后对大会进行概括总结；最后提出贯彻大会精神的要求和希望。其中概括总结的部分，要列举会议完成的任务和取得的成果，不能过于空泛笼统；提出要求和希望的部分，也要突出会议精神，体现会议宗旨。

4. 结尾

郑重宣布大会胜利闭幕。最常见的说法是：“现在，我宣布，××××大会闭幕。”

（三）闭幕词的写作要求

写作闭幕词时，除与开幕词的四点要求相同外，还应注意闭幕词的内容必须与开幕词相对应。开幕词中提出大会的议程和任务，闭幕词要对每项议程的完成情况进行总结分析；开幕词中提出今后的基本方针，闭幕词中要对完成大会任务发出号召；开幕词庄严宣布大会开幕，对开好大会向代表提出希望，闭幕词要向为开好大会作出努力的人员表示感谢，最后宣布大会胜利闭幕。

[思考与练习]

1. 归纳开幕词与闭幕词的程式化习惯用语。

2. 假如在一个大学生实践活动汇报会上致开幕词，请写出其正文部分。

3. 请写一篇表彰自强不息、奋勇进取的优秀大学生的会议闭幕词，相关材料自拟。

4. 高二（1）班文学小组与班委会商定于 2008 年 12 月 16 日上午 8 时整举行第二届《读书·读人·读世界》读书会。请拟出会议主持人开幕词。

第四章　日常文书写作

日常文书在日常社会生活中帮助人们沟通情感、处理事务，起着重要的作用。日常文书在人们长期的社会实践中形成了约定俗成的格式。掌握相关日常文书的写作是学习实用写作的一个重要组成部分。

第一节　日常文书的概念、特点、种类及写作要求

一、日常文书的概念和特点

日常文书是人们在日常的工作、学习和生活中，办理公务、处理私事时使用的一种实用性文体。由于其通俗易懂，实用性强，也有人把它称为实用文。日常文书具有以下特点：

（1）有特定的对象和行文目的。

（2）有较为固定的格式。

（3）有较强的时效性。

（4）语言要朴实、简明、准确。

二、日常文书的种类

日常文书在人们生活工作中经常使用，主要有条据类、启事类、书信类等。

三、日常文书的写作要求

（一）语言的要求

日常文书的语言要求做到平实、准确、简洁、严谨。这是作为日常文书语言的基本特征。

应用文的文风要朴实自然，所讲事情要符合实际情况，数字要准确无误，办法要切实可行。实事求是是应用文的起码要求。要做到实事求是就必须深入生活，亲自调查，不闭门造车。

准确同平实是统一的，日常文书要做到内容准确，语句准确，所列数字、事例、话语准确。

日常文书的写作目的是以传递信息为主，因此行文务必简洁。文字要简练，篇幅要短小精悍，避免说套话、空话、废话。

（二）对观点和材料的要求

日常文书的观点指应用文所表达的主张、态度、看法，所表达的意愿等；材料也就是那些用以说明观点的事实根据。具体说，日常文书对观点和材料有以下要求。

1. 观点要集中明确，又要切合实际

日常文书一般一事一文，即一篇文章所说明或处理的问题一般只有一个，而且提倡什么、反对什么、支持什么、该怎样做、不该怎样做等均要旗帜鲜明，不可模棱两可。

日常文书所表达的意思还要符合生活实际情况，所提出的方法、要求也要切实可行，不可主观空谈。

2. 所引事实或材料要确凿，有说服力

观点要靠材料来表达，缺乏材料或材料失当，就不能很好地表明观点。因此日常文书对材料的选择要求是十分严格的。日常文书要求以精练、恰当的材料来说明问题。

（三）日常文书结构的要求

各类日常文书都有一定的结构格式，无论什么样的结构都要服从和服务于文章表达内容的需要，读者希望一看就懂。所以应用文的结构安排也要简洁明了，使读者可以顺着文章的说明了解它所要说明的问题。

行文时要注意前后连贯，达到完整统一。应用文大都由开头、主体、结尾三部分构成，一篇文章要使这几部分形成一种内在的联系，不可互相冲突。

为了使文章的结构有条不紊，最好在正式写作之前先拟定提纲。

[思考与练习]

1. 日常文书在实际生活中有什么用处？在写作时要注意什么？
2. 结合自己的切身经历，尽可能多地列举日常文书的种类。

第二节　启事

[例文简析]

例文一

××资产评估公司成立启事

××资产评估公司，经××省财政厅、××省国有资产管理局审查批准，××省工商行政管理局注册登记，是具有法人资格的专业机构。

××资产评估公司汇集资产评估，财务会计，审计，建筑安装工程，机械工程，计算机软、硬件，专业数学等方面的专家、学者以及工程技术人才，竭诚为省内外社会各界提供资产评估、验证资本、企业清算、财务公证、培训会计和经济管理人才等项服务。

本公司执行中华人民共和国各项法规，遵循国际会计惯例，独立公正，信守合同，实事求是，严格保密，为各单位提供优质快速服务。

公司总经理：王××　副总经理：李××

公司地址：××市××路×号

电 话：×××××××××

传 真：×××××××××

邮 编：××××××

1998年5月15日

简析

首先交代公司成立的批准单位、公司的性质，然后写公司的优势、业务范围、服务的承诺，最后写相关联系方式。

例文二

招领启事

本商场拾到手提包一个，内装人民币若干元，还有手机、信用卡等物，望失主前来认领。

地点：本市××商场三楼办公室

电话：×××××××××

××商场办公室

2001年12月25日

简析

招领启事写拾到物品的内容，不要精确，一般还应要求认领者携带证件，以防冒领。最后还要写明联系方式。

[知识讲授]

一、启事的概念与作用

启事是单位及个人公开向公众说明或希望公众协助办理某项事情时运用的一种文书。启事可公开张贴，也可以刊登在报纸杂志上，或由电台、电视台播出。常见的有寻人寻物启事、征婚启事、招领启事、开业启事、招生招聘启事、迁址启事、更名启事等。

启事不具备法令性、政策性，因而也没有强制性和约束性。启事的对象可以参与启事中所要求的事，也可以不参与。

二、启事的分类和特点

（一）启事的种类

启事的种类很多，也很繁杂。启事根据不同作用和目的，可分为以下四种。

1. 寻领类启事

如寻人启事、寻物启事、招领启事。

2. 征招类启事

如征文启事、征婚启事、招聘启事。

3. 告知类启事

如更名启事、迁移启事、开业启事。

4. 声明类启事

如声明作废启事、声明无效启事、声明无关启事。

（二）启事的特点

启事具有篇幅短小、条目清楚、通俗简明的特点。

三、启事的结构与写作要求

（一）启事的基本格式

启事的基本格式一般包括标题、正文、署名和日期三部分。

1. 标题

写在首行正中，一般字体要大。有的只标明“启事”二字；有的要写清启事的事项，如“寻人启事”、“更名启事”等；有的省去“启事”二字，只写事项，如“寻人”、“招生”等；还有的写上机关名称，以示郑重，如“××××中学招聘优秀教师启事”、“××××干洗店迁址启事”等。

2. 正文

主要写明启事的事项，其篇幅与具体结构视启事的内容确定，一般包括原因、目的、要求、条件、待遇、特征等。如寻物启事，就要写明所遗失物品的名称、数量、特征、遗失时间、遗失地点、联系人、联系电话、地址及答谢方法等。如征集商标启事，就要把征标的目的、征标的内容、注意事项、评选办法等逐条写清楚，说明白，以便人们参加应征。如房屋出租，就要写清楚招租房的面积、地理位置、室内设施及周围环境、交通状况、联系方式等。

3. 署名和日期

写在正文的右下方。以个人名义写的启事署个人姓名，以单位名义写的启事署单位名称。有时还要在署名之后写上联系方式。署名下一行注明年、月、日。

（二）启事的写作要求

1. 内容具体，层次清楚

围绕说明、告知内容，简明扼要地叙写具体的人、事、物，做到完整、周到、清楚，没有遗漏，不产生歧义和疑问。内容多的，还应分条列项。通常一个启事只能写一件事。

2. 表达准确恰当，用语中肯礼貌

启事以叙述和说明为主要表达方式，要求内容真实可信，符合实际。用语要符合表述的内容，如寻物、寻人启事，行文要诚恳、热情，并要表示感激之意；声明类启事用语则要态度明确，不容置疑。

[思考与练习]

1. 阅读下列材料，说明这则启事的内容包含哪些方面。

寻车启事

2001年4月1日上午7时许，兰天出租汽车公司京B·E2885号红色夏利出租车，由司机王××（男，45 岁）驾驶外出营运，至今未归。该车发动机号为：9750147，车架号为：970896，车门上印有“兰天出租汽车公司 11015”字样，如有线索，请速与兰天出租汽车公司联系，联系电话：(010) 6254××××，联系人：王××，有重谢！

兰天出租汽车公司

2001 年 4 月 5 日

2. 某人因开展复印机、打字机修理业务，需在××区租赁 40 平方米左右铺面房。请代其写出启事的正文部分。

3. 指出下面一段文字的错误。

拾物招领启示

今天中午，本人在操场东边的双杠上拾到天蓝色运动衣一件，衣袋里有红色塑料钱包一个，钥匙一串，手帕一条。钱包内有人民币 15 元，内部饭票 8 元 5 角。钥匙共五枚，两枚是铜制的，三枚是铝制的。手帕上印有十二生肖图案。有丢失者请速来认领。

拾　者

5 月 9 日

4. 征集启事是企事业单位、机关、团体等就某一重大活动、会议、项目、公开向社会征集资料或征选图案、商标、广告、会标、会歌、会徽设计时所使用的启事。你校拟面向社会征集校徽，请写一篇征集启事。

5. 更名启事，是指经国务院批准更改地、市、县名，或经各级人民政府批准更改村镇、街道名，或企事业单位、学校、团体等需要更名，在履行更名手续后，由更名单位公开向社会声明时所使用的应用文。三洋公司因工作需要，经报上级某市经委同意，拟改名为三洋股份有限公司。请你写一篇公司的更名启事。

第三节　条据

[例文简析]

例文一

留　言　条

刘磊同学：

原定星期日的春游改在星期六了。原因是气象台预报星期日有中雨。上午八时在校门口集合，请你准时参加。

同学：王明

1995 年 3 月 31 日

简析

语言简洁，交代清楚事情即可，不需涉及具体细节。

例文二

请　假　条

××培训中心：

因我公司于 10 月 20 日晚举行员工大会，任何人不得缺席，所以本人 10 月 20 日晚不能回校参加培训。特此请假，恳望批准！

此致

敬礼

××公司：×××

2007年1月8日

简析

主要说明请假的原因和时间，简明扼要。注意用语的礼貌。应用“请”，而忌用“望”。

例文三

代　收　到

李云同学还给苏丁老师的乒乓球拍一副，完好无损。

代收人：向玲

××××年××月××日

简析

应具体写明所收物品的名称及数量，并写明“完好无损”，以明责任。

[知识讲授]

一、条据的概念与作用

条据是“便条”和“单据”的合称，是人们处理日常临时性事务时或起说明作用、或起凭据作用的一种简单的应用文书。条据以较少的文字在人们之间互通信息、处理事务，具有很大的实用价值。

二、条据的分类和特点

按照性质的不同，条据可分为说明性条据（简称条子）和凭证性条据（又称单据）两大类。

（一）说明性条据

人们在日常生活和工作中，临时遇到某种事情需要告诉别人，但又不能面谈，就需要用到说明性的条据。由于它具有行文简洁、使用方便的特点，因此又称之为便条。常用的有托事条、留言条、请假条、约见条等。

1. 托事条

委托他人办理某件事项的便条。一般要写清所办理事项的内容、方法、要求等。

2. 留言条

因被访者外出，又有事相商或代人转告某事，而留下的便条。

3. 请假条

因事、因病不能学习、工作或参加会议，向有关方面和有关负责人讲明情况、要求请假的便条。

4. 约见条

因种种原因无法面约或电约而书写托人转交的便条。

（二）凭证性条据

是单位与个人之间或个人与个人之间，在收到物品或借用钱物、出售商品时，写给对方作为凭证的单据。常用的有收条、借条、欠条、领条、售条等。

1. 收条

收到个人或单位送来的钱款、财物时，写给对方的一种凭据。

2. 借条

借到个人或单位的现金、财物时，写给对方的一种文字凭据。钱物归还后，要把条子收回销毁。

3. 欠条

欠款、欠物的个人或单位写给被欠人的一种文字凭据。它通常是购买物品或归还钱物时，因有部分拖欠，写给对方的条据。

4. 领条

领取钱物的个人或单位在领到钱物时，写给发放人留存的一种书面凭据。

5. 售条

是某些个人或单位在出售产品、物品时，由于财务手续还不健全，而写给对方的一种文字凭据。它相当于一张发票的作用。

三、条据的结构与写作要求

（一）说明类条据

1. 标题

在条据正文上方，写明条据名称。如：留言条、请假条。

2. 称谓

另起一行，顶格书写，后加冒号。一般由姓名或姓名加上称呼组成。如“佟刚同志”、“张老师”；也可以在姓名或姓之后加上职务名称，如“潘伟经理”、“刘秘书”等。对年长者还可使用尊称，如“高老”、“梁老”。

3. 正文

另起一行，空两格，写明告知、说明的事项。正文结尾可以写上表示礼貌的敬语，如“谢谢”、“敬礼”、“拜托”，或表达期望的语言，如“望见字后准时赴约”等。

4. 署名和日期

在正文右下角处写上姓名和具体的年、月、日。

说明类条据的写作必须注意：要准确、明白地交代写给谁、什么事、谁写的、何时写的这四个要素，使对方一看便知。

（二）凭证类条据

1. 标题

写在正文上方中间，字体要大一点。具体写法有两种：一是只写“收条”、“借条”、“欠条”、“领条”、“售条”二字；二是写“今收到”、“今借到”、“今领到”、“今欠”、“今售给”等字样。

2. 正文

写法也有两种：一种是标题写成“收条”、“借条”等，正文要从标题下一行空两格写起；另一种是标题写成“今收到”、“今领到”等，正文则从标题下行顶格写起。

收条主要写明是谁送来的、送来什么、数量多少等内容。借条主要写明向谁借、借什么、借多少、何时归还等内容。欠条主要写明欠什么人（单位）、什么东西、数量多少、何日还清等内容。领条主要写明从什么单位、领到什么、领到多少等内容。售条主要写明出售给什么单位、什么物品、数量多少、什么价格、总计多少钱等内容。

3. 结语

在正文的下一行写明“此据”二字，亦可不写。

4. 署名

写在正文右下方。有时只写个人姓名，有时加写单位名称。在个人姓名前面，可以写上“借款人”、“经手人”、“领取人”等字样。必要时还得加盖印章，这都要根据具体情况灵活处置。

5. 日期

在署名下方，独占一行，写上年、月、日。

凭证类条据的写作必须注意：要认真清点钱物的数量、种类，做到准确无误；数字要用大写，钱款要写明币种，后面要加上“整”字，以防增添涂改。

[思考与练习]

1. 请写出1～10的数字的大写。

2. 王强到白云机场接人没接到，在机场的留言板上写了一留言条给对方。请指出错误并改正。

小杨：

请到花都饭店找我。

王强

3. 找出下列请假条中的两处毛病，将修改意见写在下面。

张老师：

您好！

今日我因贵体欠安，故请假一天，望老师批准。

请假人：李明

2003年5月20日

4. 张恒因家庭贫困欠学校学费2000元整，向同学王凯借了1000元交给学校，尚欠学校1000元。请代张恒写一张给王凯的借条和给学校的欠条，并代学校拟写一张收条。

第四节 介绍信 证明信

［例文简析］

例文一：书信式介绍信

××管理局：

兹介绍我校×××等贰位同志前来你处联系有关安排学生毕业实习等事宜，请接洽为盼！

此致

敬礼

××学校（公章）

××××年××月××日

简析

联系事宜具体清楚，语气谦和礼貌。运用了介绍信的习惯用语，如“兹”、“请接洽为盼”、“此致”、“敬礼”。

例文二：不带存根的印刷介绍信

××市××局介绍信

××：

兹介绍李××同志前往你处联系××事宜，请接洽并予协助。（有效期××天）

××市××局（公章）

××××年××月××日

简析

标题、称谓、正文、有效期限、时间及公章等要素齐全。开头和结尾使用了规范用语，如“兹”和“请接洽并予协助。”

例文三：带存根的印刷介绍信

介绍信（存根）

××字××号

××等×名，前往××联系×××。

××××年××月××日

介　绍　信

××字××号

兹介绍××等×名同志前往你处联系×××，敬请接洽并予协助。

此致

敬礼！

××（公章）

××××年××月××日

简析

此则介绍信由两部分构成，间缝（用虚线表示的中缝）以上部分是存根联，间缝以下部分是正式联，供外出人员携带，两部分的内容要完全一致，并且在中缝上还要加盖公章。

例文四：证明信

证　明　信

××中学党支部：

×年×月×日来信收到。根据信中要求，现将你校××同学的父亲××同志的情况介绍如下：

××同志，现年××岁，中共党员，是我厂高级工程师，其本人和家庭历史以及社会关系均清楚。该同志对工作认真负责，近年来多次被评为厂劳模。

特此证明。

××厂人事处（公章）

××××年××月××日

简析

只需写明对方所需要证明的问题。语言准确、简明、平实。单位出具的证明要加盖公章。

[知识讲授]

一、介绍信、证明信的概念与作用

（一）介绍信

介绍信是机关团体、企事业单位的人员与其他单位或个人联系工作、了解情况、洽谈业务、参加各种社会活动使用的一种专用书信，具有介绍和证明的双重作用。介绍信包括铅印成文不留存根的印刷介绍信、铅印成文带存根的印刷介绍信和用一般公文纸写的书信式介绍信。

（二）证明信

证明信是某机关、团体或个人，为证实某人或某事所出具的凭证性信件，多用于证明身份、职务、政治面貌、外出使命以及某些事件或问题的真实情况等。

二、介绍信、证明信的结构与写作要求

（一）介绍信

介绍信一般应包括标题、称谓、被介绍者简况、事由、署名日期和有效期等一些内容。具体到不同形式的介绍信的写法，其格式内容也略有差异。

1. 手写式介绍信的写法

一般由标题、称谓、正文、祝颂语、落款等部分组成。

（1）标题。首行正中写“介绍信”三个字，字体要大。

（2）称谓。另起一行，顶格写。

（3）正文。另起一行，空两格写介绍信的内容。

正文主要内容有三项，常用“兹”或“今”或“现”这三个字领起，成一个自然段。

① 写明持介绍信者的姓名、人数、身份（如有必要，还可注明年龄、政治面貌）。

② 要联系、接洽的事项。联系、接洽的事项既要写得简明扼要，又要写得清楚具体。

③ 向联系、接洽单位提出的希望、要求等。如“请接洽”、“请给予方便”、“请给予支持”、“希予接洽，并大力支持为盼”等。祈请语要注意用语礼貌得体，切记不能用命令式的语言，如“务必办妥”、“望协助解决”等。

（4）祝颂语。正文之后写上“此致”、“敬礼”等。

（5）落款。在右下方位置写上发出介绍信的单位名称以及发出介绍信的年月日，加盖单位公章。有的介绍信还要根据实际情况写上有效日期。

这种介绍信写好之后，一般装入公文信封内。信封的写法同普通信封的写法相同。

2. 印刷式介绍信的写法

不带存根的印刷式介绍信印刷的内容、格式同手写式介绍信大体一样，这里主要介绍带存根的介绍信。带存根的印刷式介绍信一般由存根联、正式联和间缝三部分组成。

（1）存根部分。

①第一行。正中写有“介绍信”三个字，字体要大；紧接“介绍信”的字后，用括号注明“存根”两个字。

②第二行。写有“××字××号”字样。如是市教委的介绍信就写“市教字××号”；如是县政府商业局的介绍信可写“县商字×号”。“××号”是介绍信的页码编号。

③正文。要另起一行写介绍信的内容，包含被介绍对象的姓名、人数及相关的身份内容介绍；还要写明前往何处何单位；具体说明办理什么事情，有什么要求等。

④结尾。注明成文时间即可，不必署名，因为存根仅供本单位在必要时查考而已。

（2）介绍信的间缝部分。

存根部分同正文部分之间有一条虚线，应在虚线正中加盖公章。

（3）正式联部分。

①第一行。正中写有“介绍信”字样，字体较大。

②第二行。写有“××字××号”字样，内容照存根联填写。

③称谓。要顶格写，写明接受介绍信单位的名称，后边加冒号。

④正文。应另起一行，空两格起再写介绍信的具体内容。内容同存根内容一样，主要写明持介绍信者的姓名、人数，要接洽的具体事项、要求等。

⑤结尾。写明祝愿或敬意的话，一般要写些诸如“请接洽”、“请指教”、“请协助”等类的话，后边还要写“此致”、“敬礼”。最后要注明该介绍信的有效期限。

⑥署名。在右下方要署上本单位的名称全名，并加盖公章，同时另起一行署成文时间。

这类介绍信写好后，也应装入公文信封内。信封的写法同普通信封相同。

（二）证明信

一般由标题、称谓、正文、结语、落款几部分组成。

1. 标题

第一行正中写“证明信”或“证明”。

2. 称谓

顶格书写索要证明单位的名称，加冒号。有两种处理办法，其一是指定称谓，即写明收信单位的名称，证明信一般不写个人称谓；其二是泛指称谓，即不写收信单位名称。如毕业证书遗失是不能补发的，只能由学校开具学历证明。这样的学历证明，就可不写称谓。持证明者可以根据需要出示证明，然后收回证明由个人保存。

3. 正文

另起一行空两格写起。其内容是写明被证明的事项，要针对对方所要求证明的事项写，不要求的、无关的不写。

4. 结语

另起一行空两格写“特此证明”四个字。

5. 落款

在右下方位置写上开出证明信的单位名称或个人姓名，以及开出证明信的年月日。如果是由个人（知情人）证明的，可先由个人写出证明材料，签名盖章，然后再由单位通过证明信的方式签署意见，加盖公章。

[思考与练习]

1. 列举介绍信中向联系、接洽单位提出的希望、要求时所使用的习惯用语。

2. 证明信的专用结语是什么？

你与同学出外游玩，目睹了一起交通事故，公安机关请你配合，要求你将所见交通事故的情况写出来，请你写一份证明材料。有关交通事故情况自拟。

第五节　推荐信

[例文简析]

例文一

推　荐　信

×××：

本人应×××同学请求，推荐该生参加贵校博士生入学考试。

本人曾于该生攻读硕士研究生时，担任其××科临床授课教师，对其印象极为深刻。

该生政治立场坚定，拥护中国共产党的领导，认真学习马列主义、毛泽东思想、邓小平理论，积极实践“三个代表”重要思想，注重提高理论素质和水平，思想品德良好，具有较高的道德修养境界。

该生个性内敛，做事沉稳，能针对事物重点，作深入的剖析。经过与他的一番交谈之后，可以发现，他在对事情的看法上，有较强的独立思考能力。另外，该生具备一定的临床和科研工作能力，能够针对现象分析事物的内在本质，有严密的逻辑推理能力，工作出色，组织能力强，能够解决科研工作中一般的常见问题。

经过硕士阶段的训练，该生已经具备扎实的专业基础，业务熟练，且英语基础较好，可以阅读和撰写专业文献。他目前已经出色地完成了硕士课题任务，比较熟练地掌握了××学方面的研究方法，并对××××等方面有较深入的思考。

该生对新事物具有很强的敏感性，具有良好的探索精神。其作风严谨、踏实，反应快，个性坚韧。他热爱××科专业，对科研工作有浓厚的兴趣。

该同学有较强的进取心，有强烈的进一步深造和提高的要求。本人相信若该生能进入贵校，其潜力必能得到相当程度的激发。在此，本人愿推荐××同学进入贵校攻读博士学位。

祝工作顺利！

签名：

××××年××月××日

简析

首先直接表明写信的缘由；然后介绍与被推荐者的关系，从思想品质、学业成绩、学术专长、能力、个性等方面陈述推荐理由；最后明确表示推荐人的意见态度；结尾表示祝愿。

例文二

××市军队转业干部服务中心致用人单位的信

尊敬的用人单位：

为了使您加深对自主择业军队转业干部这个新的人才群体的了解，增强聘用自主择业军队转业干部的信心，现将自主择业军队转业干部的情况和相关的安置政策向您作一介绍。

党中央、国务院、中央军委颁布了《军队转业干部安置暂行办法》（中发〔2001〕3号），标志着在我国延续了几十年的军转安置政策，实行了历史性的改革。新的办法规定，国家对军队转业干部实行计划分配和自主择业相结合的方式安置。凡在部队担任团级职务或者担任营级职务且军龄满18年的军队转业干部，可以选择自主择业、由财政部门按月发放退役金、安置地政府提供就业指导的方式安置。自主择业的军队转业干部，被党和国家机关、人民团体或者财政拨款的事业单位选用为正式工作人员的，停发退役金。在其他企事业单位就业的，退役金照发。自主择业的军队转业干部到地方后，除每月领取国家发给的退役金外，其医疗保险、住房补贴等社会保障，由地方政府参照国家公务员的有关待遇给予解决；档案材料由市军队转业干部服务中心统一集中管理，如用人单位需要，可以借用；组织关系由军队转业干部所在乡镇、街道负责，用人单位条件允许的，可以接收组织关系；为安置自主择业军队转业干部就业而新开办的企业，凡安置自主择业军队转业干部占企业总人数60%（含60%）以上的，经主管税务机关批准，自领取税务登记证之日起，3年内免征营业税和企业所得税。这些新政策，既为自主择业军队转业干部走向市场、参与竞争创造了条件，也为用人单位吸纳转业干部开辟了一条新路。

这些走上自主择业之路的军队转业干部，经过多年军旅生涯的培养锻炼，组织纪律观念强，综合素质较高。部队优良的传统教育，培养了他们崇高的思想境界和强烈的责任感；艰苦紧张的生活，养成了他们不畏艰难困苦的坚强意志和适应形势变化的能力；军事活动特有的职业要求，造就了他们干练果断、雷厉风行、讲究实效的工作作风；严格、缜密的工作性质，锻造了他们忠诚可靠的人格和较强的组织领导、办事能力；军营赐予他们的军事韬略，更是在激烈的市场竞争中制胜的法宝。他们都具有大专以上文化程度，有的在财务、法律、医务、通讯等方面具有一技之长；有的在公文写作、党务工作和行政管理方面堪称是经验丰富的行家里手。他们的年龄大都在40岁左右，年富力强，正值干事业的大好时光。

如果您单位需要从军营这个特殊环境中培养出来的各类人才，我们真诚地欢迎您从自主择业军队转业干部中选用，您可以到××市军队转业干部服务中心调阅军队转业干部档案，可以通过××市军队转业干部服务中心联系与军队转业干部本人见面洽谈。

祝您的事业兴旺发达！

谢谢您的合作与支持！

××市军队转业干部服务中心

××××年××月××日

××市军队转业干部服务中心地址：××市××路××号

邮编：×××××× 电话：×××××× 传真：××××××

简析

这是从转业军人整体人手写给用人单位的推荐信。文章突出了军队转业干部的过人之处，从整体上强调了他们的组织纪律观念强，思想境界高，有强烈的责任感，忠诚可靠，综合素质较高，从而突出了这个群体的优势。

例文三

海闻院长致用人单位的一封毕业生推荐信

金秋十月，是收获的季节。北京大学深圳商学院也即将迎来我们的第一个丰收年！经过近三年的努力，我们第一批53名由北京大学和香港大学联合培养的“经济学—金融学双硕士”研究生已经基本完成学业，准备走向社会，奔赴工作岗位。作为院长，也作为倾注了心血培育他们成长的园丁，我满怀激情地向你们推荐我们的这一批优秀学生。

我们的学生优秀在哪里？首先，我们的学生拥有适应未来发展和面对全球化挑战的知识和能力。由北大和港大这两所中国著名高校共同打造的这个双硕士项目，旨在培养金融界亟须的既有深厚经济学理论功底而又熟知金融实务的高级应用型人才。我们的训练是非常系统和严格的。所有的经济学课程，都是由北大的优秀教师教授的；所有金融学课程的教学，都是由香港大学经济及工商管理学院的教授承担的。北京大学严谨的学风和“宽口径厚基础”的教学理念为他们打下了扎实稳固的学术根基；香港大学国际化的视野让他们养成了开放式思考的习惯，提高了团队协作的素养。北大深圳研究生院安卧都市一隅，又给了他们远离浮躁、潜心修学的客观条件。全英文的教学方式不仅为他们将来的国际交流打下良好基础，更为他们今后不断接受最新的国际商业理念提供了便利条件。商学院课程中特有的互动式教学方式，使学生们积累了项目合作、演讲发言以及商务交流的丰富经验。参加工作后，我们的学生能在短时间内迅速熟悉业务，扎实的理论功底又使他们拥有长期不断向上发展的潜力。这样的训练，目前在中国是独一无二的。

同时，这批学生具有不畏艰辛、坚韧不拔和连续作业的工作精神。商学院“双硕士”项目课程繁重，作业很多且又富有挑战性。学生们常常看书做作业到凌晨一、两点钟；很多时候整个项目小组为了使作业更完美一点而集体通宵熬夜。更有一批自称为“九三学社”的拼命三郎，早上九点起，半夜三点睡。为了高质量地完成任务而熬夜已成为一种习惯；节假日在图书馆和学习室里看书、读论文、做作业、进行案例研究也成为一种常态。我们在一段时间里密集安排学习和工作任务，其目的就是要培养学生吃苦耐劳、承受压力的能力。在当今发展迅速竞争激烈的社会中，具有这种坚韧的拼命精神和非凡的耐压能力是很有必要的。

更重要的，我们的学生具备诚信可靠和勤奋踏实的做人态度。我们始终强调，做事先做人。人的能力和才智固然重要，但能否做出成绩更取决于一个人的敬业精神和工作态度。考进北大的学生，智商不是问题，关键是如何培养他们诚信做人、踏实做事的作风。对事业的热情忠诚，对工作的认真负责，是我们培养学生的另一个重要方面。在这一点上，我们也是做得成功的。今年暑期，学生们参加了各大金融机构和政府管理部门的实习。除了扎实深厚的专业知识外，他们谦虚诚信的为人态度和勤奋认真的做事风格，得到了普遍的好评，给这些单位的领导和同事留下了深刻印象。

北京大学深圳商学院虽然是一所新的学院，却秉承了北大悠久的历史传统。我们不仅培养学生远大的抱负，也提倡勤奋、严谨、求实、创新的精神。“海阔天空地想，脚踏实地地干”，这是我的座右铭，也越来越被北大深圳商学院学生引为人生信条。作为北大教授和商学院院长，我为这批学生感到自豪和骄傲。我也相信，这批学生会在工作岗位上表现出色。聘用他们，不会让你失望！

海　闻

二〇〇七年十月

——北京大学汇丰商学院 www. szqb. cn

简析

这封推荐信采用发表的方式，对北京大学深圳商学院的学生进行了高度评价。全文突出了其接受教育过程中的师资优势、地域优势以及由此带来的教学优势和条件优势，既有理论认识，又有实践的认识评价，语言富有书面语的特点，从而产生较强的感染力。

[知识讲授]

一、推荐信的概念与作用

推荐信是有关单位、部门或个人向用人单位推荐各类人才的专用书信。

二、推荐信的分类和特点

推荐信分为以组织名义推荐和个人名义推荐两种，有如下特点：

（一）目的性

作为佐证性的材料，推荐信通常都要充分表述被推荐者的能力、特长、优势以及人格魅力等亮点，以期给用人单位留下深刻的印象，提高被推荐者获得岗位的几率。

（二）真实性

推荐信表述的被推荐者的能力、特长、优势以及人格魅力等必须符合被推荐者的实际情况，不能夸大其词，无中生有。

（三）简明性

表述要简洁、明确、集中，特别要着力说明被推荐者具备的能力、工作业绩、特殊的经历以及突出的优势等实际情况，至于一般的情况往往不做具体表述。

三、推荐信的结构和写作要求

（一）推荐信结构

推荐信主要由标题、称谓、正文、结尾、署名和日期等几部分构成。

1. 标题、称谓

标题一般直书“推荐信”。称谓可书写具体单位的名称，也可以写给单位的负责人。

2. 正文

正文一般主要包括以下几项内容：

(1) 被推荐者的基本情况，如姓名、性别、年龄、学历、经历等。

(2) 被推荐者的思想品质、主要工作业绩、特长以及过人之处等。

(3) 被推荐者的愿望和要求。

(4) 推荐人的意见。如：“鉴于以上情况，我校特推荐该同学到贵公司任职。”

3. 结尾

最后要写上表示祝愿的话，如“此致”、“敬礼”、“祝工作顺利”等。

4. 署名和日期

在正文右下方写上推荐单位的名称、推荐人的姓名和写作日期。单位推荐需加盖公章，个人推荐要亲笔签名。

（二）推荐信写作要求

1. 内容要真实

推荐人应实事求是地对被推荐人的能力及成就作出推荐，不能言过其实，任意杜撰。

2. 用语要热情

用真诚、热情的语言赞扬被推荐者的优点，强调其具有胜任某项工作的能力。

3. 书写要简短

推荐信应言简意赅，集中概括地说明被推荐者的简历、能力、业绩的实际情况，使用人单位能迅速把握被推荐者的相关信息，以便作出判断。

[思考与练习]

1. 试总结一封推荐信应包含哪些基本内容。

2. 若为一名高等职业技术学校的学生写推荐信，相比本科毕业生而言，在内容上应侧重突出什么？

3. 学校学生会招聘宣传干事，请你以辅导员的身份为某学生写一封推荐信。

第六节 感谢信 表扬信

[例文简析]

例文一

电厂实习感谢信

尊敬的××电厂的领导、师傅们：

在这秋风送爽、硕果累累的金秋十月，我们的实习生活即将结束，在此，我们满怀不舍，谨向丹江电厂全体员工表示衷心的感谢和崇高的敬意！

80天的实习生活是短暂的，更是难忘的。领导的丝丝关怀、师傅的一言一行，甚至丹江的山山水水、八月桂花香已深深地刻在我们的脑海中，更重要的是贵厂完善的管理制度、认真踏实的工作态度、爱岗敬业的工作精神也必将永远激励着我们。

回想刚进入贵厂实习的时候，我们还是群刚出校门不久不谙世事的新员工，对工作还不甚了解，对学习还一片茫然，正是贵厂的领导和员工们给予我们父母般的关怀和谆谆教诲。忘不了炎炎夏日，师傅们不顾炎热，在热气袭人的厂房不厌其烦地为我们讲解；忘不了在实际操作时，师傅一遍遍演示，手把手地指导；更忘不了八月十五共度佳节的欢乐时光。是你们无微不至的照顾让我们有了家的温暖和快乐，能够全身心地投入到实习中去。

收获的季节，我们收获了知识，收获了技能，收获了经验，也收获了快乐。我们将秉承贵厂的优良作风和积极的工作态度，不辜负你们对我们的厚望，争取运用所学为公司贡献自己的光和热。

让我们再真诚地说一声谢谢，感谢你们给予的家的温暖，感谢你们严师般的培训，感谢你们的教导让我们真正地融入了工作中。我们以在丹江电厂实习为自豪，以所有的丹江电厂人为自豪。诚挚地祝福丹江电厂事业更旺，效益更好！祝福丹电人身体健康，万事如意！

此致

敬礼

××水电有限责任公司全体实习人员

2004年11月18日

简析

本文首先以简洁的语言交代感谢的缘由；然后回顾在电厂实习过程中得到的帮助和教诲，评价师傅们的精神，强调实习的收获和效果，表达学生们的感激之情；最后对实习单位致以诚挚的祝福。全文语言流畅，富有感情。

例文二

感 谢 信

××刑事警察学院：

从今年9月下旬至11月14日，我局侦破了我市建国以来最大一宗××籍人在我市种植收购、加工和贩卖毒品大麻的案件，抓获以×××（男，××岁，×族，无业，××市人）为核心人物的涉毒犯罪团伙成员20人，缴获精制毒品大麻粉80千克、粗制毒品大麻粉500余千克、大麻原植物5650千克、海洛因10克、管制刀具12把、手机8部，此外，还有加工大麻工具、吸食毒品工具等。

在这起案件的侦破过程中，由于涉毒犯罪团伙成员中××籍人居多，给我们的跟踪、监控和审讯工作带来了很大困难。为了保证案件顺利进行，我局禁毒支队商请贵院成教处和禁毒学专业教研室，为我局提供两名××籍在校学员，到我市帮助专案组做好监控翻译和审讯翻译工作。当我局禁毒支队向贵院成教处和禁毒学专业教研室说明情况请求支援时，两个单位毫无条件地当即选派贵院成人教育全国法医进修班学员×××、×××，于11月2日凌晨1时50分到哈报到，并立即投入工作。两位学员在参与该案的侦破工作中夜以继日地战斗在监控点，为我局破案指挥部及时提供监控信息，为我们摸清整个案情，区分每名××籍涉案人员，确定侦察方向，获取涉案证据，作出了巨大贡献，为全案的侦破起到了关键作用。两名学员在哈工作的半个多月中，始终勤勤恳恳，尽心尽力，克服寒冷的工作条件，积极主动工作，不分分内分外，既完成了监控的翻译工作，又在抓捕犯罪嫌疑人行动中冲锋在前，随后又帮助我侦察人员进行审讯工作，充分体现了当代人民警察热爱公安工作的风采；同时，这也是贵校培养教育的结果。在此，我们以哈尔滨市公安局的名义向贵学院表示衷心感谢，向×××、×××两位学员表示衷心感谢。希望今后我们继续通力合作，增进友谊，为我国禁毒事业共同作出更大的贡献。

×××市公安局

2005年11月18日

简析

这封感谢信先介绍事件背景，以突出两位学员的行为的重大意义；然后具体陈述了两位学员在这起案件侦破过程中的努力和贡献，对他们的行为予以高度的评价；最后表示了对两位学员所属的××刑事警察学院的感谢。全文事实清楚，行文流畅，语言平实。

例文三

中共××市委××市人民政府感谢信

2000年6月15日至17日，我市境内金溪流域和沙溪上游急降特大暴雨，造成山洪暴发、山体滑坡、路桥冲断、耕地被淹、房屋坍塌，人民群众生命财产遭受严重损失，全市12个县、区（136个乡镇）普遍受灾。直接经济损失达31.75亿元。

洪灾发生后，朱镕基总理、胡锦涛副主席、温家宝副总理、张万年副主席、王忠禹国务委员等党和国家领导人分别作出重要批示和指示，指导抗洪抢险工作。中共中央政治局委员、国务院副总理温家宝专程赶赴我市建宁视察灾情，转达江泽民总书记和党中央、国务院对灾区人民的亲切关怀。宋德福书记、习近平省长、梁绮萍副书记、刘德章副省长等省领导亲自坐镇指挥，并深入灾区看望、慰问受灾群众和检查指导抗洪救灾工作。党中央、国务院和省委、省政府的高度重视与亲切关怀，极大地鼓舞了全市广大干部群众的斗志，增强了战胜困难、夺取抗洪救灾全面胜利的信心和决心。

在人民群众生命财产受到洪灾威胁的关键时刻，驻闽人民解放军指战员、武警、消防和民兵预备役官兵迅速赶赴灾区，始终战斗在抗洪抢险第一线；灾区广大干部群众在各级党委、政府的坚强领导下，团结一心，奋起抗洪，涌现出许许多多可歌可泣、感人肺腑的英雄事迹；防汛、气象、水文等部门昼夜值班，密切关注雨情、水情、灾情的发展，为指导抗洪工作提供了宝贵的信息；民政、交通、农业、水利、电力、通信、教育、卫生、防疫、广电、城建等各个部门迅速行动起来，夜以继日抢修水毁基础设施，妥善安置受灾群众，开展救助伤员和防病防疫，为灾区恢复生产和生活作出了突出贡献。全市人民和人民子弟兵发扬伟大的抗洪精神，不畏艰险，众志成城，使十几万人民群众全部安全转移，把洪灾造成的损失减小到最低限度。

"一方有难，八方支援"。灾情发生后，国家，省有关部门，兄弟市和驻闽、驻明解放军，武警，消防部队以及中央、省、市属企事业单位纷纷伸出援助之手；捐资捐物，致电慰问；市直部门和轻灾县、区广泛发动干部职工和社会各界提供捐助，帮助灾区渡过难关；海外华侨华人、港澳台胞以及我市各社会团体、各界人士热情开展捐赠帮扶活动，有的老人拿出了仅有的积蓄，有的群众不留姓名给灾区寄去了钱物。他们无私支援，奉献爱心，为灾区恢复生产和重建家园作出了重要贡献。

目前，我市受灾群众已经得到了妥善安置，生产生活秩序逐步恢复正常，社会安定稳定。在此，中共××市委、××市人民政府谨向关心、支持、支援我市抗洪救灾的各级各部门各企业、人民解放军、武警、消防、民兵预备役官兵和社会各界人士表示衷心的感谢和崇高的敬意！

当前，我市各级各部门正进一步按照中央领导的指示精神和省委、省政府的部署要求，以江泽民总书记"三个代表"重要思想为指导，团结带领全市广大干部群众坚持自力更生、艰苦奋斗的精神，深入开展生产自救、重建家园，认真做好全年经济建设各项工作。我们坚信，在省委、省政府的正确领导下，在各级各部门和解放军、武警、消防部队以及社会各界的大力支持帮助下，全市人民万众一心，团结拼搏，一定能夺取抗洪救灾、重建家园的全面胜利，以实际的行动和优异的工作成绩，迎接党的十六大的召开！

2002 年 7 月 23 日

简析

这封感谢信在简单回顾灾情之后，叙述了国家各层领导及社会各界人士都伸出了援助之手，给予灾区人民无私的帮助，将感谢之情融入字里行间。最后表明抗洪救灾、重建家园的信心。

例文四

表扬信

××大学：

我们是中国人民解放军某部三连的全体官兵。2月4日我连干部陈某自杭州携三岁的女儿来部队探亲，不慎在某火车站失窃所有的现金和火车票。正当陈某母女俩万分焦急之时，你校的张某和施某同学向她们伸出援助之手，这两位同学不仅掏钱为她们买了到××的火车票，而且一路上为陈某母女俩买饭买菜，递茶递水，以后又为她们叫好出租车并预先付了车费，陈某母女俩这才平安到达部队驻地。

张某和施某同学这种助人为乐的"雷锋精神"，令我们全体指战员感动万分。我们十分感谢张某、施某同学助人为乐的优秀行为，我们号召全连干部战士向这两位同学学习，在建设四化、保卫祖国的工作中奉献我们的青春，同时也希望学校领导对张某、施某同学予以表扬。

此致

敬礼

某部三连全体官兵

2000 年 2 月 10 日

简析

这封表扬信首先具体写明了所表扬的人物、事件，有时间、地点、经过，真实具体；接着在叙事的基础上评价好人好事的意义和性质，表达赞颂学习之意，并希望有关部门予以表彰。

例文五

表 扬 信

××高级中学：

昨天我食品公司第二门市部从外地运回一批糕点、糖果等商品，因卡车有急事暂时先将货投卸在马路边。下午 3 点左右，我们正往门市部仓库里运货时，忽然雷声隆隆，豆大的雨点洒落下来。大家正急得不知所措时，放学回家的一群学生，立即投入了抢运货物的战斗。他们抬的抬，扛的扛，搬的搬，使我们几千元的商品免遭损坏。我们万分感激，拿出糖果表示谢意，可他们坚决不肯接受，并且连姓名也不愿留下。

直到今天早晨，我们才了解到他们是贵校高一（3）班的王宁、陈飞等 20 名同学。他们爱国家、爱集体、做好事不留名的优秀品质使我们深受感动，我们深为祖国有这样的接班人感到欣慰。

请贵校对他们的精神广为宣传，对他们的行为大力表扬！

××食品公司第二门市部

1999 年 3 月 12 日

简析

这则表扬信是××食品公司第二门市部发给学校的，语气热情恳切，文字朴素精练，篇幅短小精悍。其首先交代人物事件的发生、发展过程，叙述清晰自然，条理分明，用事实说话突出了事情最本质的一方面；其次进行评价，赞颂对方所作所为的道德意义。

[知识讲授]

一、表扬信、感谢信的概念与作用

（一）表扬信

表扬信是用来表彰某个（些）单位、集体、个人的先进思想、高尚风格、模范事迹的书信。表扬信可以径直寄给对方，也可以送相关部门在报纸杂志上刊登，在广播电视上播出或公开张贴。它通过表彰好人好事，宣传好思想、好品质、好行为来弘扬社会主义精神文明，构建和谐社会。

（二）感谢信

感谢信是为感谢对方的关心、支持、帮助所写的书信。感谢信可以径直寄给对方或对方所在单位，也可以送相关部门在报纸杂志上刊登，在广播电视上播出或公开张贴。

感谢的对象及表述的事迹，通常都与写感谢信的个人或单位有直接的关系。它通过表达感谢，可以加深了解，增进友谊，鼓舞士气，弘扬正气，促进精神文明建设，推动各项工作的开展。

表扬信、感谢信具有对象的确指性、事实的具体性和感情的鲜明性等特点。

二、表扬信、感谢信的结构与写作要求

（一）表扬信的结构与写作要求

1. 表扬信的结构

一般由标题、称谓、正文、祝颂语、署名和日期几部分组成。

（1）标题。第一行正中写“表扬信”三个字，字体要大。

（2）称谓。另起一行顶格写受表扬的单位、集体的名称或者个人的姓名。如果是写给个人的，有必要时可在姓名之后加上“同志”、“先生”等字样，后边加冒号。

（3）正文。另起一行，空两格写表扬的内容。

①交代表扬的缘由。重点叙述人物事迹的发生、发展、结果及其意义。

②赞扬可贵的精神。热情赞扬受表扬者的高贵品质、可贵精神，并表示要向被表扬者学习。

③提出建议。如果是写给被表扬者的所在单位、领导或上级机关，还可提出适当的建议：如“在×××中加以表扬”、“×××同志的优秀品德值得大家学习，建议予以表扬”等等。如果是直接写给本人的，则要适当谈些“深受感动”、“值得我学习”等方面的内容。

（4）祝颂语。最后要写上表示祝愿的话，如“此致”、“敬礼”、“祝好”、“谨表谢意”、“向你学习”等。

（5）署名和日期。在右下方写上写表扬信的单位名称或个人姓名，注明写作的年、月、日。

2. 表扬信的写作要求

（1）叙述一定要准确、清楚、简洁、明了，要让事实说话，通过事件反映人物的高尚品质，做到见人、见事、见精神。

（2）评价人或事件要恰如其分、实事求是，不人为拔高，不以偏赅全，不以点代面。

（3）语气要诚恳、热情。用语要自然贴切，切忌堆砌溢美之辞。

（二）感谢信的结构与写作要求

1. 感谢信的结构

一般由标题、称谓、正文、致谢语、署名和日期几部分组成。

（1）标题。第一行正中写“感谢信”三个字，字体要大。也可写成“致××的感谢信”或写“××致××的感谢信”，例如：《致卢燕同志的感谢信》、《中共中央致各民主党派中央、全国工商联的感谢信》。

（2）称谓。同表扬信。

（3）正文。另起一行，空两格写感谢的内容。

① 交代感谢的缘由。重点叙述对方的好思想、好品德、好风格及其应感谢的事迹。

② 评价事迹效果。重点说明在关键时刻对方的关心、支持、帮助所产生的客观效果。

③ 表明学习的态度。热情赞扬对方的可贵精神及其影响，并恳切地表示向对方学习的态度和决心。

（4）致谢语。写上表示敬意而又感激的话，如“此致”、“敬礼”、“致以诚挚的谢意”、“致以最诚挚的敬礼”、“特此鸣谢”等。

（5）署名和日期。同表扬信。

2. 感谢信的写作要求

（1）要简要、清楚、完整地叙述被感谢的人物、事件的具体情况。

（2）在叙述的过程中，要恰如其分地给予议论、评价，以便突出其意义。

（3）致谢语的表述要准确、恰当，尤其是要根据对方的具体情况表示谢意。立意和用语符合双方的身份，如年龄、性别、职业、文化状况、生活境况等等。

[思考与练习]

1. 中国科学院合肥研究院积极响应省委政府号召，多次派人深入庙岗集村指导扶贫工作，帮助特困户找路子，想办法，创条件，为扶贫工作立下大功。在庙岗集村今年七月遭遇洪魔时，他们顶烈日，冒高温，送来了救灾款物，积极开展救灾扶贫送温暖活动，对灾民进行慰问，并捐资建校，又给小学送来了电脑。请你代表庙岗集村村民委员会在大水退去之际，写一封表扬信。

2. 读下面的表扬信，找出格式及语言上的问题。

表 扬 信

光明中学校领导：

贵校初三（1）班高远同学助人为乐，非常值得表扬。

我的孩子方旭就读于贵校初三（1）班，一个月前因患急性肺炎住进了医院。这期间他耽误了不少功课，我们焦急万分。正在这时，高远同学主动来到我们家，热心为方旭补课。整整20天，每天晚上都是如此，直到帮助方旭补上落下的功课。在高远同学面临中考的关键时刻，牺牲自己的宝贵时间来帮助同学，这种助人为乐的精神让我们全家非常感动。我们除再次向他表示感谢之外，还要求你们当领导的在全校给予表扬！

此致

敬礼

方旭的家长

方×× 李×× 敬上

2003年4月29日

3. 方圆机械加工公司在公司设立登记报批审查过程中，得到了工商局窗口陈萍、卢聪、宋新民提供的优质服务。他们总是面带微笑，娓娓解答，客气回应。审批工作中查验材料快而细致，严而有据，热情有节；对材料中的不符合项目改正通知规范明确，让方圆机械加工公司的委托代表人一目了然。为此，请代表方圆机械加工公司法人代表写一封表扬信。

4. 根据以下材料，以张一杰家长张诚的名义给外国语学校写一封感谢信。

据4月28日《南京日报》报道：南京外国语学校学生张一杰不久前被确诊患了白血病，急需治疗费20多万元，张一杰的家长焦急万分。得知这一消息以后，外国语学校从领导到广大师生纷纷主动捐款，连一些外籍教师也慷慨解囊。近日，外国语学校的领导将全校捐助的3万元现金交给了张一杰的家长张诚。张诚万分感激。

第七节 慰问信 祝贺信

[例文简析]

例文一

慰 问 信

尊敬的干警家属们：

中华民族的传统佳节“春节”即将来到，在这辞旧迎新的日子里，特向你们致以节日的亲切问候。

2005年，我院努力实践“三个代表”重要思想，紧紧围绕“公正与效率”这一主题，以审判为中心，以改革为动力，加强队伍建设，求真务实，艰苦奋斗，开拓创新，与时俱进，为我区的社会稳定、经济发展作出了应有的贡献。法院各项工作均取得了可喜的成绩。而这些成绩的取得，离不开你们的理解和支持。正是由于你们的默默奉献，干警们才能全身心地投入，紧张而有序地工作；正是由于你们舍小家为大家，才换来了法院的勃勃生机。在此，谨向你们表示衷心的感谢，向你们道一声——辛苦了！

2006年，我们的任务更加艰巨。我们坚信，在你们的支持、理解和配合下，一定能够战胜各种困难。让我们携手团结，再创辉煌。

祝你们春节愉快！合家欢乐！万事胜意！

××公安局

2006年1月3日

简析

称呼语使对象明确，首先写明慰问的背景，是传统佳节“春节”之时，表示慰问；然后展开事实，说明慰问的理由；最后劝勉和祝福。全文语言亲切自然。

例文二

学生会致全校老师的一封慰问信

尊敬的各位老师：

你们好！

岁月如歌，师恩难忘。秋风宜人、丹桂飘香的金秋，硕果累累、桃李芬芳的季节，教师节伴随着江海的涛声款款走来。在这样一个特别的日子里，南通大学学生会谨代表全校同学，将积聚在我们心头许久的感激与崇敬，化作一首首世间最美丽的歌谣，献给我们心中最爱的人——辛勤耕耘在南通大学沃土上的最亲爱的老师，向你们致以最诚挚的谢意：老师，你们辛苦了！

从顽皮稚童到青涩少年，再到风华青年的生命历程中，您，是我们最值得尊重和感恩的人。多少次季节轮回，您以兢兢业业、执著从教的敬业精神，以两袖清风、甘为人梯的奉献精神，始终不渝地献身于三尺讲台；多少次通宵伏案，一盏青灯伴您漫漫长夜，青丝之间早已添了华发。“天地间人为本，乾坤里师最尊，三尺讲台迎日月，一支粉笔写春秋。”面对大千世界，你们心怀淡泊，像春蚕，像蜡烛，在平凡的岗位上用青春和生命谱写着无怨无悔的人生。

哲人说：“活着是幸福的，工作着是美丽的。”这美丽的背后，记载的是你们斑白的两鬓、不懈的追求、诲人不倦的执著、甘作春泥更护花的奉献。几年、十几年、几十年如一日，你们把重复枯燥的知识化作潺潺的清泉，流入学生饥渴的心田；把严厉的教导化作和煦的春风，吹入学生懵懂的头脑中；把无私的爱化作温柔的细雨，悄悄渗入学生虚掩的心扉。这美丽的背后，您传承着文化，播种着希望，播撒着幸福。您推崇真诚与廉洁，因而您的心灵永远那么坦荡与年轻；您信奉付出与汗水，因而您的收获永远那么的殷实而厚重；您播种希望与快乐，因而您的笑容永远那么灿烂而迷人；您打造现在与未来，因而您的名字永远那么响亮而多情。老师，您永远是我们最敬爱的人！

“饮其流者怀其源，学其成时念吾师。”有人说，师恩如山，因为高山巍巍，使人崇敬。我还要说，师恩似海，因为大海浩瀚。您用心中全部的爱，染成了我青春的色彩；您用执著的信念，铸成了我不屈的性格。您谆谆的教诲，化作我脑中的智慧、胸中的热血、行为的规范……忘不了您和风细雨般的话语，荡涤了我心灵上的尘泥；忘不了您浩荡东风般的叮咛，鼓起我前进的勇气。如果没有您思想的滋润，怎么会绽开那么多美好的灵魂之花？加减乘除，算不尽您做出的奉献！诗词歌赋，颂不完对您的崇敬！

“仰之弥高，钻之弥坚。”面对我们，您带着一颗真心，无怨无悔，那满头的银发记载了一生的辛苦，同样也记载了无法估量的功德。“不计辛勤一砚寒，桃熟流丹，李熟枝残，种花容易树人难。幽谷飞香不一般，诗满人间，画满人间，英才济济笑开颜。”世界上最动听的语言，难以抒发我们对老师的崇敬；人世间最美丽的花朵，无法表达我们对老师的谢意。

“新竹高于旧竹枝，全凭老干为扶持。明年再有新生者，十万龙孙绕凤池。”亲爱的老师们，请允许我们以最真挚的情感道上一句：

“老师，你们辛苦了！教师节快乐！我们永远爱你们！”

此致

敬礼

××大学学生会

2006 年 9 月 10 日

简析

本文结合教师职业特点，重点赞扬了教师无私奉献、诲人不倦的精神，充满热情地表达了对老师的感谢和崇敬。语言抒情，富有文采。

例文三

单位贺信

《读者》杂志社：

我们怀着十分欣喜与钦佩的心情通知您，贵刊在刚刚结束的“中国期刊奖”暨“第二届全国百种重点社科期刊”评选中荣获“中国期刊奖”暨“第二届全国百种重点社科期刊”称号。在此，向贵刊表示衷心的祝贺与诚挚的敬意。

处于世纪之交的“中国期刊奖”与“第二届全国百种重点社科期刊”的评选，是本世纪最后一次对全国期刊界的检阅，承先启后，继往开来，预示着新世纪中国期刊业进一步繁荣、腾飞的灿烂前景。贵刊吮吸着悠久历史的芬芳，化育着时代奋进的精神，祝愿贵刊早日成长为中国期刊之林的一棵参天大树。

中国出版杂志社敬贺

1999 年 11 月 29 日

——华中综合教育 www. 999edu. cn

简析

这篇贺信语言精练、简洁明快，言简意赅，但又不乏祝贺的诚真意切，内容表达恰如其分，感情饱满充沛，充分表达出中国出版杂志社对《读者》杂志社所获荣誉的肯定与热情祝贺，由衷地表达了其真诚的慰问与祝福。

[知识讲授]

一、贺信（电）、慰问信的概念与作用

（一）贺信（电）

贺信（电）一般是指在召开某一重要会议、在某方面取得重大成就及突出贡献、或某人正逢喜庆之事时，其他单位或个人表示祝贺时运用的书信。贺信（电）可直接寄给对方，也可在新闻媒体上发表。

贺信（电）使用的范围相当广泛，大到国家庆典，小到个人婚娶，大凡工作生活中的重要喜庆之事，都可以通过贺信（电）表示祝贺。它是礼仪活动中重要的应用文书，是联络感情、增进友谊必不可少的重要手段。

（二）慰问信

慰问信是组织或个人在重大节日或特殊时日（如遇到自然灾害、突发疾病、取得巨大成绩等）向有关单位、组织或个人表示安慰、鼓励、问候的专用书信。

慰问信的使用范围很广泛。它的主要作用在于能充分体现组织的关怀和温暖，体现人们相互之间的爱心和同情。情深意切的慰问信能让收信者获得光明与欢乐，减少悲伤和痛苦，激励其鼓起勇气，增强信心，战胜困难，继续前进。

二、贺信（电）、慰问信的分类和特点

（一）贺信（电）的分类

按照内容，贺信（电）一般可分为礼仪、业务、生活三类。

1. 礼仪类

贺信（电）供国家、组织、集体、个人之间，在重要纪念日（国庆、建军等）、重大事件（重要会议召开、战胜灾害等）、任职等情况下使用。

2. 业务类

一般用于工作上取得成就时，如取得重大科研成果、某项重大工程竣工、获得某种重要奖项、取得重要比赛胜利等。

3. 生活类

一般用于个人生活中的喜庆之事，如结婚、寿辰、生子、升职、迁居等。

（二）慰问信的分类

根据慰问信所要表达的不同内容和感情，可分成三类：

1. 鼓励式慰问信

内容侧重于对受信者某方面的成绩加以肯定，并鼓励受信者进一步努力，再创佳绩。

2. 安慰式慰问信

内容侧重于对受信者在工作或生活中遇到的不幸、遭受的重大损失或碰到的巨大困难表示同情和安慰，并在此基础上鼓励对方树立信心、战胜困难、渡过难关。

3. 节日慰问信

是在重大或特殊的节日、纪念日（如元旦、春节、“五一”劳动节）来临之际，上级机关、团体或个人写给曾经努力工作的离退休人员和此时此刻正在第一线战斗人员的慰问信。其内容侧重于对在工作中取得的成绩作概括性的总结介绍，对受信者表示节日的慰问，并表明共同携手取得更大成绩的愿望和决心，对下一阶段工作的大致部署及对今后的期望等等。

三、贺信（电）、慰问信的结构与写作要求

（一）贺信（电）的结构与写作要求

1. 贺信（电）的结构

贺信（电）一般由标题、称谓、正文、结语、署名和日期组成。

（1）标题。第一行正中写“贺信”或“贺电”二字，也可以在前面加上祝贺者的称谓，如“中共中央贺信”；还可以说明致贺的事由，如“中共中央祝徐特立七十寿辰的信”。

（2）称谓。顶格写被祝贺人或单位的称呼，称呼后加冒号，如“×××高等级公路建设指挥部”、“×××科研项目的全体成员”等。

（3）正文。另起一行，空两格开始写贺信的内容。

首先，简述致贺的事由，比如对方取得成就的社会背景、会议召开的历史条件等，然后用“向你们表示热烈的祝贺”过渡。

其次，概括说明对方所取得的成绩及其重要意义，如是给重要会议写贺信，要说明会议的主题及重要意义。

再次，如果是上级对下级的贺信，要在上述内容之后提出鼓励和希望；如果是下级单位职工给领导的贺信，除了表示祝贺之外，还要表示该下级在今后工作中的决心、行动。

（4）结语。另起一行，空两格，写上再次祝贺的话语，如“此致”、“敬礼”、“祝大会圆满成功”、“祝《中国青年报》越办越好”等。

（5）署名和日期。另起一行，在右下方写明祝贺者的名称，发信（电）的年、月、日。

2. 贺信写作的基本要求

（1）表示祝贺的感情要真挚、充沛，给人以鼓舞和温暖，富有感染力。

（2）内容要实事求是，不言过其实；评价要妥当，有新意，不空喊口号。

（3）语言要简洁、明快，不堆砌华丽的词藻，忌长篇大论。

（二）慰问信的结构与写作要求

1. 慰问信的结构

慰问信一般由标题、称谓、正文、结语、署名和日期五部分组成。

（1）标题。第一行正中写“慰问信”三个字，也可以点明慰问者和受文者，如“致××的慰问信”、“×××致×××的慰问信”，还可以表述简单的事由，如《中共中央、国务院给邢台地区遭受地震灾害军民的慰问信》。

（2）称谓。顶格书写被慰问的单位名称或个人姓名，后边加上冒号。个人姓名之后还应加上“先生”、“同志”等必要的称呼，如“全国护理战线的同志们：”等。

（3）正文。另起一行，空两格写慰问的具体内容，一般包含以下几层意思：

首先，说明写慰问信的原因和背景，或节日来临，或对方取得巨大成绩，或对方突遇挫折、不幸，或遭受严重灾害等。然后写表示深切慰问的话，如：“正当全党开展以实践‘三个代表’重要思想为核心的保持共产党员先进性教育活动之际，你们在×××方面取得了可喜的成绩。在此，我代表×××向你们致以亲切的慰问，并致以崇高的敬意。”又如：“正当你们和全国人民一道在十六大精神鼓舞下，加快发展的时候，突然由于×××，致使你们遭受了巨大的损失。在此，我代表×××，向你们致以深切的慰问。”等等。这一层意思可写得简略些。

其次，概述和赞扬对方的先进思想、感人事迹，对对方克服困难、敢于斗争、不怕牺牲的勇气和行为表示钦佩。

再次，对对方提出希望，鼓励他们战胜困难，加倍努力，继续前进。

最后，还可以表示共同的愿望和决心。如：“让我们携起手来，为社会主义建设事业共同奋斗！”又如：“我们坚信，在自治区党委、政府的坚强有力的领导下，在全国各族人民的大力支持下，在全区广大干部群众的共同努力下，我们一定能夺取抗击非典战役的全面胜利，夺取改革开放和经济建设的新的更大胜利！”

（4）结语。主要写表达良好祝愿的话，如：“此致”、“敬礼”、“祝节日愉快”、“祝取得抗灾斗争的胜利”、“早日恢复生产，重建家园”等。

（5）署名和日期。另起一行，在右下方写明慰问者的名称和年、月、日。

2. 慰问信写作的基本要求

（1）内容要根据不同的对象有所侧重，要根据不同的对象、不同的慰问内容而使用不同的语气和措辞，以恰切、充分地表达慰问之情。

（2）应力求在字里行间表现出组织的关心和同志间的温暖，使受信者感受到精神上的安慰和鼓励，增强战胜困难、继续前进的勇气与决心。

（3）语言要通俗易懂、准确、简洁。篇幅尽量不要太长。

[思考与练习]

1. 下面的贺信有些不当之处，请在原文上改正（不要改变原意）。

贺　信

亲爱的国家乒乓球队运动员们：

值此四十三届世界乒乓球锦标赛闭幕之际，获悉你们夺得了七个项目全部的冠军，非常荣幸。你们为国争了光，特向你们致以热烈的祝贺。希望你们再接再厉，取得更大成就。

谨致

敬礼

××省××校××级××班学生　×××

2. 根据以下材料，请你给羊盛老师的父母写一封慰问信。

1994年4月22日，海南省儋州市那大第七小学代课教师羊盛老师为抢救不慎落水的学生，不顾自己不识水性，毅然跳入水中，奋力救起落水学生，壮烈地献出了年仅26岁的年轻生命。羊盛从小就立志当一名人民教师。他因病而高考落榜后，不久便来到父亲任校长的那大第七小学，先任校警，后任代课教师。他一边工作，一边刻苦自学，终于考入海南教育学院函授班。取得大专文凭后，他仍然在那大第七小学任代课教师。在全校教师中，他的工作负担是最重的。但他从不叫苦叫累，从不多要报酬。他几次谢绝了朋友介绍的月薪1000～1500元的高薪聘请，却留在了月薪只有150元的小学代课教师的岗位上。他不仅经常牺牲休息时间给学生补课，不索取分文回报，反而还多次用自己微薄的收入资助学生。由于羊盛老师热爱教育事业，热爱学生，他担任班主任的四（1）班由昔日的落后班一跃成为全校班风最好的班，各方面都在全校或全年级名列前茅。

为了表彰羊盛老师舍己救人的英雄壮举，中共海南省委决定追认他为中国共产党党员，省人民政府决定追认他为革命烈士，共青团海南省委决定追认他为“优秀共青团员”。一个“学英雄羊盛，树文明新风”的热潮正在琼州大地掀起。

第八节　欢迎词

[例文简析]

例文一

欢迎董事长亲临指导

尊敬的×××董事长先生，尊敬的贵宾们：

×××董事长先生与我们合资建厂已经两年，今天亲临我厂对生产技术、经营管理进行指导，我们表示热烈的欢迎。

两年来我们感到高兴的是，我们双方合资建厂、生产、经营管理中的友好关系一直稳步向前发展。

我应当满意地指出，我们友好关系能顺利发展，是与我们双方严格遵守合同和协议、相互尊重和平等协商分不开的，是我们双方共同努力的结果。

我相信，这次×××董事长亲临我厂进行指导，能进一步加深我们双方相互了解和信任，更能进一步增进我们双方友好合作关系的发展，使我厂更加兴旺发达。

最后，让我们以热烈的掌声，向董事长表示欢迎！

简析

这篇欢迎词首先说明为何事对谁表示欢迎，接着阐述和回顾双方良好的合作关系，同时指出×××董事长本次到访的现实意义，结尾再次向来宾表示欢迎，并表达自己对今后合作的良好祝愿。全文语言朴实、热情、简洁、平易。

例文二

欢迎词

女士们、先生们：

值此×××厂30周年厂庆之际，请允许我代表×××厂，并以我个人的名义，向远道而来的贵宾们表示热烈的欢迎。

朋友们不顾路途遥远专程前来贺喜并洽谈贸易合作事宜，为我厂30周年厂庆更添了一份热烈和祥和，我由衷地感到高兴，并对朋友们为增进双方友好关系作出努力的行动，表示诚挚的谢意！

今天在座的各位来宾中，有许多是我们的老朋友，我们之间有着良好的合作关系。我厂建厂30年能取得今天的成绩，离不开老朋友们的真诚合作和大力支持。对此，我们表示由衷的钦佩和感谢。同时，我们也为能有幸结识来自全国各地的新朋友感到十分高兴。在此，我谨再次向新朋友们表示热烈欢迎，并希望能与新朋友们密切协作，发展相互间的友好合作关系。

“有朋自远方来，不亦乐乎?”在此新朋老友相会之际，我提议：

为今后我们之间的进一步合作，

为我们之间日益增进的友谊，

为朋友们的健康幸福，

干杯！

简析

内容完备，格式准确，语言友好热情，篇幅短小，言简意赅。

例文三

2001（第六届）四川电视节开幕式上组委会名誉主席张中伟所致的欢迎词

各位嘉宾、各位朋友、女士们、先生们：

金秋十月，硕果满枝。在这喜庆丰收的季节里，2001（第六届）四川电视节隆重开幕了。在此，我代表四川省人民政府和8600万四川人民，向前来参加电视节的海内外嘉宾、各位朋友表示热烈的欢迎！向长期以来给予四川大力支持的国家广播电影电视总局表示衷心的感谢！

本届电视节是在新世纪之初，由国家广播电影电视总局与四川省人民政府首次共同主办的一次国际性电视盛会，是展示四川形象和风采的极好机会。电视节的举办，不仅可以促进全国电视业的有序发展和繁荣，而且能够进一步提高四川的知名度，让世界了解四川，让四川走向世界。

四川地处中国西部内陆腹地，是西部的一个人口大省和经济大省，自然资源丰富，科技优势突出，市场潜力巨大，具有十分重要的战略地位。21世纪前10年，四川加快发展的总体目标是：建成西部经济强省和长江上游生态屏障，经济社会协调发展，努力实现新的跨越。目前，全川人民正在认真实施西部大开发战略，抓住机遇，乘势而上，为实现追赶型、跨越式发展目标而不懈奋斗。这里，我真诚地希望前来参加电视节盛会的海内外朋友，更多地关注四川，宣传四川，支持四川。开放的四川欢迎你们来观光旅游，投资创业，发展贸易。我相信，只要我们真诚合作、互惠互利，就一定能够实现双赢，就一定能够共创美好的未来！祝2001（第六届）四川电视节圆满成功！

谢谢大家！

——四川电视节《快讯》第6期

简析

这篇欢迎词篇幅简短，但是内容完整，结构明晰，代表了节庆活动欢迎词正文写作的惯用章法。例文采用了逻辑严谨的“表示欢迎——阐释意义——展示形象——表达祝愿”这样一种基本的结构模式，文脉贯通，文字稳健，给人一气呵成之感，写出了个性，写出了情感。

例文四

中共温州市委副书记陈艾华

于1998年1月13日所作的《在全国普通高校招生改革研讨会上的致辞》

各位领导，同志们：

在牛年即将过去，虎年就要到来之际，全国普通高校招生改革研讨会在我市隆重举行。我谨代表中共温州市人民政府，向国家教委领导和与会代表表示热烈的欢迎！

借这次会议的机会，我简要地把温州的情况向大家介绍一下。温州地处浙江省东南沿海，是浙南地区的经济文化和交通中心，是全国首批14个沿海开放城市之一，全国改革试点城市之一，全市面积11783平方米，人口700万，管辖三区、两市、六县。党的十一届三中全会以来，我们把党的改革开放政策和温州的具体实际结合起来，发扬“自主改革、自担风险、自强不息、自求发展”的精神，走出了一条具有温州区域特色的社会主义市场经济发展路子，开创了温州发展史上的黄金时代。从1978年至1997年，全市国民生产总值由13.31亿元增加到600亿元，工业总产值由11.12亿元增加到1200亿元，财政收入由1.35亿元增加到38.7亿元，农民人均纯收入由113.5元增加到3700元，这几项主要经济指标均翻了五至六番。

改革开放以来，温州经济发展大体上经历了三个阶段。第一阶段是改革开放初期，从家庭工业起步，放手发展多种经济成分，解决经济总量问题，形成了“小商品、大市场”的格局；第二阶段是20世纪80年代中期以后，以资金、人才、技术为纽带，引导家庭工业走向股份合作，大力发展股份合作经济，发挥了“小资本、大辐射”的效应；第三阶段是1992年以后，开展了以全面提高经济质量为核心的第二次创业，营造了“小区域、大发展”的态势。

经过20年的发展，温州区域经济形成了四个鲜明特色。一是股份合作经济成为国民经济骨干。温州在全国最先建立股份合作企业，目前全市股份合作企业已达3.6万家，年产值占全市工业总产值的70%左右，成为我市国民经济的骨干。二是市场机制成为发展的内动力。温州较早地运用市场经济的运作方式发展经济，促进了千家万户商品生产的发展，促进了一批全国性专业市场的形成，使温州“小商品、大市场”闻名全国。三是社会投入成为城市建设资金筹措的主渠道。我们坚持“人民城市人民建”的方针，以改革的思路和办法搞城市建设，走出一条资金筹措多元化、设施享受商品化、建设主体企业化、政府行为规范化的新路子。四是小城镇的崛起成为经济增长的主要支撑。改革开放以来，农村小城镇从原来的18个增加到现在的144个，涌现了像“全国农民第一城”龙港镇、“东方第一纽扣市场”桥头镇、“全国最大低压电器城”柳市镇、“全国第一座商标城”金乡镇、“国家级星火技术密集区”鳌江镇、“全国汽车配件主要生产基地”塘下镇等一批经济总量大、发展速度快、开放程度高、发展后劲强的经济强镇。现在建制镇的人口占全市的60%以上，工业产值占全市的80%以上，社会消费品零售总额占全市的70%以上；近几年崛起的30个经济强镇，以占全市26%的人口，实现了占全市农村67%的经济总量。

各位领导、各位同志，这次全国普通高校招生改革研讨会在我们温州召开，这是对我市教育改革和发展工作的一个很大的鞭策。我们要借这次会议的东风，认真学习兄弟地区的先进经验。我们也热忱地希望各位领导和同志们，对我市教育工作多加指导和帮助。

最后，预祝会议圆满成功。

——华中教育信息网 www. 999edu. cn

简析

本篇欢迎词以温州市委副书记身份对参加全国普通高校招生改革研讨会的各位领导、各位同志表示欢迎。全文结合地域特点，以东道主的身份介绍了温州的基本情况及改革发展以来的经济形势和成绩，突出了对温州的宣传，并祝愿大会圆满召开，符合人物身份，体现了针对性。

[知识讲授]

一、欢迎词的概念和作用

欢迎词是机关或单位在举行隆重庆典、大型集会、欢迎仪式或洗尘宴会上，主人对宾客的来临表示热烈欢迎而使用的讲话稿。

欢迎词是社交礼仪演讲词的一种，旨在对来宾表示欢迎和尊重，表达友好交往、增强交流与合作的心愿，营造和强化友好和谐的社交气氛。

欢迎词具有应对性，一般来说，主人致欢迎词后，宾客即致答词。

欢迎词和祝酒词有时可以互用，在欢迎宴会上发表的欢迎词往往叫祝酒词。但欢迎词和祝酒词也有所不同：祝酒词只用于宴会上，祝酒词可表示欢迎，也可表示欢送；祝酒词的结尾句，一般为“为××××干杯!”的祝酒语句，而欢迎词的结尾句多为表示祝愿成功、愉快的语句。

二、欢迎词的特点

（一）欢愉性

中国有句古话是“有朋自远方来，不亦乐乎”，所以致欢迎词当有一种愉快的心情，言词用语务必富有激情并表现出致词人的真诚。只有这样才可给客人一种“宾至如归”的感觉，才能为下一步各种活动的完满举行打下好的基础。如遇来宾的意见、观点与主人不一致时，写作欢迎词当坚持求同存异的原则，多谈一致性，不谈或少谈分歧，可恰当采用委婉语、模糊语句，尽力营造友好和谐的气氛。

（二）口语性

欢迎词本意是现场当面向宾客口头表达的，所以口语化是欢迎词文字上的必然要求。欢迎词在遣词用语上要运用生活化的语言，既简洁又富有生活的情趣。口语化会拉近主人同来宾的亲切关系。

三、欢迎词的格式和写法

（一）欢迎词的结构和写法

欢迎词一般由标题、称谓和正文三部分组成。

1. 标题

标题写法一般有两种。一种是单独以文种命名，如《欢迎词》；另一种是由活动内容和文种名共同构成，如《在××学术讨论会上的欢迎词》。

2. 称谓

称谓要求写在开头顶格处。要写明来宾的姓名称呼，如“尊敬的各位先生们女士们”、“亲爱的××大学各位同仁”。

3. 正文

正文一般可有开头、中段和结尾三部分构成。

（1）开头。通常应说明现场举行的是何种仪式，发言者代表什么人向哪些来宾（出席者）表示欢迎、感谢和问候。

（2）中段。欢迎词在这一部分一般要阐述和回顾宾主双方在共同的领域所持的共同的立场、观点、目标、原则等内容，较具体地介绍来宾在各方面的成就及在某些方面作出的突出贡献；同时要指出来宾本次到访或光临对增加宾主友谊及合作交流所具有的现实意义和历史意义。

（3）结尾。再次向来宾表示欢迎，并表达自己对今后合作的良好祝愿。

欢迎词语言要朴实、热情、简洁、平易，语气要亲切、诚恳，感情要真挚，宜多用短句，言辞应力求格调高雅。回顾以往的叙述要简洁，议论不要过多，力求精当；对主宾的赞颂和评价要热情而中肯，不要过分。可以有适当的联想与发挥。整个篇幅不宜过长。

（二）欢迎词写作的注意事项

欢迎词是出于礼仪的需要而使用的，因此要十分注意礼貌。具体而言，要注意以下几点。

（1）称呼要用尊称，感情要真挚，要能较得体地表达自己的原则立场。

（2）措辞要慎重，勿信口开河，同时要注意尊重对方的风俗习惯，应避开对方的忌讳，以免发生误会。

（3）语言要精确、热情、友好、温和、礼貌。

（4）篇幅短小，言简意赅。一般的欢迎词都是一种礼节性的外交或公关辞令，宜短小精悍，不必长篇大论。

[思考与练习]

1. 你所在的大学欢迎世界知名的市场营销专家理查德先生来学校讲学。请你为学校领导人拟写欢迎词的开头部分。

2. 湖北宜昌于端午节举办国际龙舟比赛，请你用抒情性的笔法拟写欢迎词的结尾。

3. 2007 年 9 月学校召开新生开学典礼，你作为老生代表向全体新生致欢迎词，请拟写欢迎词全文。

第九节　欢送词

[例文简析]

例文一

致 2004 届毕业生的欢送词

亲爱的 2004 届毕业同学：

伴随着切切同学情、拳拳朋友情、融融师生情，你们就要满怀累累硕果，告别朝夕相处的大学同学，告别勤奋耕耘的大学老师，告别丰富多彩的大学生活，告别共同建设与发展的母校，踏上新的人生征程，创造新的人生辉煌。

值此依依惜别之际，计算机系全体师生热烈祝贺你们圆满完成学业，再创骄人业绩，为国家的繁荣富强和民族的伟大复兴作出更大的贡献。

2004 届毕业同学入校时，适逢学校各项事业蓬勃发展，同学们刻苦学习，全面发展，专业水平和综合素质明显提高，有的同学在某些方面还取得了突出的成绩，为走向社会、谋求更好的发展奠定了良好的基础。为此，我们为你们所取得的成绩而感到骄傲，为你们的成人成材和成熟而感到欣慰。同时，广大同学在校期间通过不同的渠道参与系的建设，为系的发展作出了积极的贡献。为此，我们为你们的良好表现感到自豪，为你们的贡献表示衷心感谢！

2004 届毕业同学，你们就要告别母校，去开辟新的天地，计算机系将时刻牵挂着你们，关注着你们。系领导、老师将时刻等待着你们成功的喜讯、胜利的捷报，也完全相信广大毕业生一定会在今后的日子里满怀豪情，谱就更加优美动听的乐章，抒写更加光辉壮丽的诗篇，共同走向更加光辉灿烂的明天，共同拥抱更加充满希望的未来！

计算机系

2006 年 11 月 30 日

简析

本篇欢送词开头满怀激情地向毕业生表达祝贺，回顾他们学习期间取得的成绩与成长的历程，最后表达对毕业生们的殷切期望与祝愿。语言饱满，充满热情。

[知识讲授]

一、欢送词的概念

欢送词是在欢送宾客仪式上或会议结束时，主人对宾客的离去热烈欢送的致辞。它的应用范围除了时间场合的差异外，与欢迎词相似。

二、欢送词的特点

（一）惜别性

有句古诗说的好“相见时难别亦难”，中国人重情谊这一千古不变的民族传统精神在今天更显得珍贵。欢送词要表达亲朋远行时的感受，所以依依惜别之情要溢于言表。当然格调也不可过于低沉。尤其是公共事务的交往更应把握好分别时所用言辞的分寸。

（二）口语性

同欢迎词一样，口语性也是欢送词的一个显著特点之一。遣词造句也应注意使用生活化的语言，使送别既富有情趣又自然得体。

三、欢送词的格式和写法

（一）欢送词的结构和写法

同欢迎词一样，欢送词也由标题、称谓、正文组成。

1. 标题

标题的写法一般有两种。一种是单独以文种命名，如《欢送词》；另一种由活动内容和文种名共同构成，如《在××研讨会结束典礼上的讲话》。

2. 称谓

称谓要求写在开头顶格处。要写出宾客的姓名称呼。如“尊敬的各位先生们、女士们”、“亲爱的×××大学各位同仁”。

3. 正文

正文一般由开头、中段和结尾三部分构成。

（1）开头。通常应说明此时在举行何种欢送仪式，发言人是以什么身份代表哪些人向宾客表示欢送的。

（2）中段。要回顾和阐述双方在合作或来访期间取得了哪些成绩，并对此予以充分肯定和适当评价，有的还要指出其重要意义和深远影响。对于私人欢送词还应注意表达双方在共事合作期间彼此友谊的加深增进以及分别之后的想念之情。若为朋友送行，还要加上一些勉励的话。

（3）结尾。再次向来宾表示真挚的欢送之情，并表达期待再次合作的心愿。亲朋远行尤其要表达希望早日团聚的惜别之情。

四、欢送词的注意事项

（1）称呼用尊称，注意宾客身份，致辞要恰到好处，感情要真挚、诚恳而且要健康。

（2）措辞要慎重，勿信口开河，要尊重对方风俗习惯，以免发生不该发生的误会。

（3）语言要精确、热情、友好、温和、礼貌。要言简意赅，篇幅不宜过长。欢送词也是一种礼节性的社交公关辞令，要短小精悍，这样更宜于表达主人的尊重和礼貌。

[思考与练习]

1. 在解放军外国语学院毕业典礼上的欢送词中使用的标题是“让我们扬眉出剑”，请问你对这个题目有何看法？若采用这个标题，要与之呼应，结尾该如何写？写出结尾部分。

2. 你校 2005 级文秘系学生毕业，在毕业欢送词中，请你用排比句式写出文秘系学生在校期间的收获和成绩。

3. 某职业院校机械专业学生在你们公司进行了为期一个月的实习，参与公司革新技术改造，取得了良好的成绩，明天就要结束实习，公司举行欢送会，请你代表公司致欢送词，写出欢送词全文。

第十节　讣告　悼词

[例文简析]

例文一

讣　告

×××厂老工人××同志，因长期患肝硬化，经多方医治无效，于一九××年××月××日上午××时××分逝世，终年××岁。

××同志自参加工作以来，工作一贯负责，积极肯干，多次被评选为先进生产者，深受全厂职工的尊敬和好评。他的病逝，使我们失去了一个好同志。为了寄托我们的哀思，兹定于××月××日上午××时在本厂礼堂开追悼会，希××同志生前好友届时参加。

××同志治丧委员会

一九××年××月××日

简析

这是一则一般性讣告，文中介绍了某同志去世的原因、时间和生存年寿，对其进行了简单的评价。讣告的主要目的是告知追悼仪式举行的时间、地点。

注意第一段中使用的格式化语段。

例文二

在追悼陈毅同志大会上的悼词

我们怀着十分悲痛的心情，悼念陈毅同志！

陈毅同志是中国共产党第九届中央委员会委员、中央军委副主席、中华人民共和国国务院副总理兼外交部长、中国人民政治协商会议全国委员会副主席、国防委员会副主席。陈毅同志在病假期中，因患肠癌，治疗无效，于 1972 年 1 月 6 日 23 时 55 分不幸逝世，终年 71 岁。

陈毅同志 1922 年加入中国共产主义青年团，1923 年加入中国共产党，1927 参加中国工农红军。红军时期，历任师长、军长、江西军区司令员兼政治委员；抗日战争时期，历任新四军一支队司令员、新四军代理军长；解放战争时期，历任华中野战军司令员、华东野战军司令员、华东军区兼第三野战军司令员。全国解放后，曾任上海市市长。

陈毅同志是中国共产党的优秀党员，是中国人民的忠诚战士。几十年来，陈毅同志在毛主席、党中央的领导下，在长期革命战争中，在社会主义革命和社会主义建设中，坚持斗争，坚持工作，努力为人民服务。

陈毅同志的逝世，使我们失去了一位老战友、老同志，是我党我军的一大损失。我们沉痛地悼念陈毅同志，要学习陈毅同志的革命精神，化悲痛为力量，在以毛主席为首的党中央领导下，在毛主席无产阶级革命路线指引下，谦虚谨慎，戒骄戒躁，为完成国际国内新的战斗任务，争取新的更大的胜利而奋斗。

陈毅同志安息吧！

——《人民日报》1972 年 1 月 10 日

简析

悼词首先表达对逝者的沉痛悼念，介绍陈毅同志逝世的时间、原因；接着叙述其革命经历和主要贡献；然后通过议论对陈毅同志给予高度评价，指出他的辞世带来的损失，号召大家学习他的高尚品德、精神，激励大家化悲痛为力量，奋发向上。全文一气呵成，紧凑流畅。

例文三

在周恩来同志追悼大会上邓小平副主席致悼词（1976 年）

今天，我们怀着极其沉痛的心情，悼念中国共产党的优秀党员、伟大的无产阶级革命家、杰出的共产主义战士、中国人民久经考验的卓越的党和国家领导人周恩来同志。

周恩来同志自 1972 年患癌症以后，在伟大领袖毛主席、党中央经常的亲切关怀下，医护人员进行了对他多方面的精心治疗。他一直坚持工作，同疾病作了顽强的斗争。由于病情恶化，医治无效，1976 年 1 月 8 日 9 时 57 分，周恩来同志的心脏停止了跳动。全党全军全国人民都为失掉了我们的总理而感到深切的悲痛。

周恩来同志的逝世，对于我党我军和我国人民，对于我国的社会主义革命和建设事业，对于国际反帝、反殖、反霸的事业和国际共产主义运动的事业，都是巨大的损失。

周恩来同志从青年时代起就献身于中国人民的解放事业。1919 年，他积极参加五四运动，从事反对帝国主义、封建主义的革命活动。1920 年～1924 年，他先后到法国和德国勤工俭学，在旅欧的中国学生和工人群众中宣传马克思主义。1922 年，他加入中国共产党，担任中国共产主义青年团旅欧总支部书记，并在中国共产党旅欧总支部工作。在第一次国内革命战争时期，他参加了北伐战争，对推翻北洋军阀的反动统治作出了重要贡献。从 1924 年～1926 年，他先后担任中共两广区委员会委员长、黄埔军校政治部主任、国民革命军第一军政治部主任、中共两广区委员会常委兼军事部长。1926 年冬，他到上海党中央工作，接着，担任中共江浙区军事委员会书记、中共中央军事委员会书记。他是 1927 年上海工人武装起义的主要领导人。蒋介石、汪精卫相继叛变革命以后，为了挽救革命，周恩来同志和其他同志一起，领导了“八一”南昌起义，在起义中他担任中共前敌委员会书记。在第二次国内革命战争时期，他还在上海坚持党的地下革命工作，担任过中共中央组织部部长、中央军事委员会书记等职务。1931 年 12 月他进入江西中央革命根据地后，担任中央苏区中央局书记、中国工农红军第一方面军政治委员、中央革命军事委员会副主席等职务。遵义会议以后，在毛主席的领导下，他继续担任中央革命军事委员会副主席，参与中国工农红军胜利完成二万五千里长征的组织领导工作。1936 年 12 月西安事变发生，周恩来同志作为我党的全权代表，同被逮捕的蒋介石进行了谈判。在谈判中，他坚决执行毛主席的方针，迫使蒋介石停止内战，实现了西安事变的和平解决，促成了抗日民族统一战线的形成和发展。在抗日战争时期，他任党中央的代表和南方局书记，在国民党统治区进行统一战线工作，并领导国民党统治区我党组织的工作。他长期驻在国民党政府所在地重庆，临危不惧，坚定地执行了毛主席的方针，对国民党消极抗战、积极反共的反革命政策，进行了英勇的斗争。在第三次国内革命战争初期，1945 年 8 月，他跟随毛主席在重庆同国民党谈判。《双十协定》签订以后，他继续率领中国共产党代表团在重庆和南京同美蒋反动派进行针锋相对的斗争。1946 年 11 月，周恩来同志从南京回到延安。在 1947 年 3 月蒋介石军队大举进攻陕甘宁边区时，周恩来同志跟随毛主席留在陕北，参与人民解放战争的领导工作。在我国社会主义革命和无产阶级专政的新的历史阶段，周恩来同志从建国以来一直担任中华人民共和国政府的总理，兼任过外交部长，担任过中共中央军委副主席、中国人民政治协商会议第一届全国委员会副主席、政协第二届和第三届全国委员会主席。他还被选为历届全国人民代表大会的代表。

周恩来同志从党的五大以后，被选为历届中央委员会委员，在 1927 年"八七"中央会议上被选为政治局候补委员。从党的六大以后，被选为历届中央政治局委员。党的六届五中全会、七届一中全会被选为中央书记处书记。党的八届、九届和十届一中全会，被选为中央政治局常务委员会委员。党的八届、十届一中全会被选为中央委员会副主席。

周恩来同志忠于党，忠于人民，为贯彻执行毛主席的无产阶级革命路线，争取中国人民解放事业和共产主义事业的胜利，英勇斗争，鞠躬尽瘁，无私地贡献了自己毕生的精力。在毛主席的领导下，周恩来同志对建设和发展马克思主义的中国共产党；对建设和发展战无不胜的人民军队；对夺取新民主主义革命的胜利，创建社会主义的新中国；对巩固工人阶级领导的以工农联盟为基础的各族人民的大团结，发展革命统一战线；对争取社会主义革命和建设事业的胜利，争取无产阶级文化大革命和批林批孔运动的胜利，巩固我国的无产阶级专政，都作出了不可磨灭的贡献，建立了不朽的功绩。全党全军全国人民衷心地爱戴他，尊敬他。

周恩来同志在国际事务中，坚决贯彻执行毛主席的革命外交路线，坚持无产阶级国际主义。他对加强我党同各国马列主义政党和组织的团结，反对现代修正主义的斗争，促进国际共产主义运动的发展；对加强我国人民同各国人民特别是第三世界各国人民的团结，在和平共处五项原则的基础上争取同一切国家建立和发展关系，联合国际上一切可以联合的力量，进行反对帝国主义、社会帝国主义的斗争，同样作出了不可磨灭的卓越的贡献，赢得了世界人民的尊敬。

周恩来同志的一生，是为共产主义事业光辉战斗的一生，是坚持继续革命的一生。他是我们全党全军全国人民学习的榜样。

在悼念周恩来同志的时候，我们要学习他对马克思主义、列宁主义、毛泽东思想的无限忠诚。他衷心爱戴和崇敬伟大领袖毛主席，坚决捍卫毛主席的无产阶级革命路线，坚持在无产阶级专政下继续革命，反修防修，终生为实现共产主义的伟大理想而奋斗。我们要学习他全心全意为人民服务的高尚品质。在毛主席、党中央的领导下，周恩来同志担负着处理党和国家日常事务的繁重任务。他总是勤勤恳恳，任劳任怨，忘我地、不知疲倦地为中国人民和世界人民谋利益。我们要学习他对敌斗争的坚定性。不论白色恐怖多么残酷，武装斗争多么激烈，同敌人面对面的谈判多么尖锐，他总是奋不顾身，机智勇敢，坚定沉着，充满着必胜的信心。

我们要学习他坚强的无产阶级党性。他光明磊落，顾全大局，遵守党的纪律，严于解剖自己，善于团结广大干部，维护党的团结和统一。他广泛地密切联系群众，对同志对人民极端热忱。他坚决贯彻执行老、中、青三结合的原则，满腔热情地支持在无产阶级"文化大革命"中涌现出来的新生力量和新生事物。

我们要学习他谦虚谨慎、平易近人、以身作则、艰苦朴素的优良作风；学习他坚持无产阶级的生活作风，反对资产阶级的生活作风。

我们要学习他同疾病作斗争的革命毅力。他在病中不断地研究和贯彻执行毛主席的方针政策，继续坚持学习马列著作和毛主席著作，就是在病情十分严重的时候，他还一再聆听今年元旦发表的毛主席的两首光辉诗篇。这充分表现了他坚韧不拔的革命精神。

中国人民伟大的革命战士周恩来同志和我们永别了。我们要化悲痛为力量，在毛主席为首的党中央领导下，团结一致，以阶级斗争为纲，认真学习无产阶级专政的理论，坚持党的基本路线，坚持无产阶级专政下的继续革命，坚持毛主席的革命外交路线和政策，巩固和发展无产阶级文化大革命的胜利成果，为巩固无产阶级专政，反修防修，为把我国建设成为社会主义的现代化强国，为共产主义事业的胜利而奋斗。

团结起来，争取更大的胜利！

——新华社《人民日报》1976 年 1 月 16 日第 2 版

简析

本悼词结合周恩来同志的光辉一生，追述周恩来的生平，介绍他一生的主要贡献、功绩、荣誉，称颂逝者的高贵品格，对他给予高度评价；最后号召大家学习他的高尚品德、精神，激励大家奋发向上，化悲痛为力量。全文重点突出，语言严肃深沉。

[知识讲授]

一、讣告与悼词的概念和作用

（一）讣告

讣告又称做“讣文”、“讣闻”。“讣”原指报丧的意思，就是将人去世的消息报告给大家。“讣告”是一种报丧的文书，一般由死者的亲属或治丧委员会发出。讣告应该在向遗体告别仪式之前尽早发出，以便亲朋好友有时间准备祭品、花圈、挽联等。

（二）悼词

悼词是缅怀、悼念逝者，对逝者表示哀悼、敬意的专用文体，也叫诔辞、哀辞、吊文、祭文。悼词有广义、狭义之分。广义的悼词指一切缅怀、悼念逝者，对逝者表示敬意的文章。狭义的悼词是专指用来在追悼会上进行宣读的文字。

二、讣告与悼词的分类和特点

（一）讣告

讣告主要有三种形式，即一般性讣告、新闻报道式讣告、公告式讣告。

1. 一般性讣告

死者生前是一名普通的人，平平常常，即使有些不平凡之处，也不是声名显著。

2. 新闻报道式讣告

常作为消息在报纸或广播、电视中报道，以引起全社会的知晓。通常，死者生前是有相当地位和贡献的知名人士。

3. 公告式讣告

往往由公告本身及其他文件共同构成一个完整的讣告。公告式讣告由党和国家或一定级别的机关、团体发出。死者常常是地位很高的领导者，或在国际、国内享有崇高威望的名人。

（二）悼词

1. 悼词的特点

（1）总结死者生平业绩，肯定其一生的贡献。现代性悼词是一种具有高度思想性和现实性的文体，人们以此既寄托哀思又通过死者的业绩激励后来者。

（2）表现形式和表现手法的多样性。悼词既可以写成记叙文或议论文，又可以写成优秀的散文作品；既能以叙事为主，也能以议论为主，还可以抒情为主。

2. 悼词的分类

悼词按照用途，一般可分为宣读体悼词和书面体悼词两大类。

（1）宣读体悼词。它专门用于追悼大会，由一定身份的人进行宣读。它是对在场的参加追悼的同志讲话，而不是对死者讲话，应表达全体在场群众对死者的敬意与哀思，并勉励大家学习死者的优点，化悲痛为力量。

（2）书面体悼词。凡是对死者表示哀悼、缅怀的文章都可以算是悼词，或者叫它哀悼性的文章，比如毛泽东的《为人民服务》、《纪念白求恩》，鲁迅的《纪念刘和珍君》等。这类悼词内容广泛，形式多变，灵活自由，不拘一格。

三、讣告与悼词的结构与写作要求

（一）讣告

1. 讣告的结构

讣告一般由标题、正文、署名和日期三部分组成。

（1）标题。一般只用“讣告”二字就可以了。比较重要的讣告，可以写上发布组织的名称，如《中华人民共和国全国人民代表大会常务委员会讣告》。

（2）正文。主体部分一般可根据需要选写以下几方面的内容。

① 写明死者的姓名、性别、出生年月、职务、身份、逝世原因、时间、地点、死者的生存年寿。生存年寿一般用“享年××岁”、“终年××岁”等。

② 写明死者主要经历、贡献等（如果追悼会上另有悼词，这一部分也可以省略）。

③ 痛悼语，一般用“×××的逝世，是××××的重大损失”、“×××的逝世，使我们失去了一个好同志”等。

④ 写明丧葬仪式（追悼会、与遗体告别仪式、火化）等的时间、地点。后面是“谨此讣闻”、“特此讣告”等。

（3）署名和日期。另起一行右下方署名，或署死者家属姓名（并在姓名后加“哀告”“泣告”字样，以示哀悼）；或署治丧委员会名称（有时附署治丧委员会成员名单）。在署名的下方写明发出讣告的具体时间。

2. 讣告的写作要求

（1）语言要严肃、庄重。讣告是一种严肃的文体，用语讲究庄严性，要充分表达出对死者的沉痛哀思和深切怀念，其语气和基调是低沉的。

（2）评语要恰如其分。讣告应本着实事求是的原则，不能对死者过分地拔高，但是应以肯定其成绩为主，一般不言及缺点和失误。

（3）根据中国传统习惯，讣告不用红色纸张，一般用白纸，上书黑字。

（二）悼词

1. 悼词的结构

悼词一般由标题、称谓、正文、结尾四部分组成。

（1）标题 。悼词是在追悼会上宣读的文字，所以，可以不用标题。如果需要公开发表，也可以加上标题。标题一般写作《在×××同志追悼会上的悼词》。

（2）称谓。指对参加追悼会人员的称呼。一般只用泛称，如“同志们”就可以了。

（3）正文。可以分五层意思来写。

①首先写大家怀着悲痛的心情悼念什么人。

②介绍逝者的身份、职务，逝世的详细时间、原因，享年多少岁等内容。

③介绍逝者的籍贯、出身。然后依时间顺序追述逝者的生平简历。

④介绍逝者一生的主要贡献、功绩、荣誉，称颂逝者的高贵品格，还可以举一两个具体事例，增加文章的深度和感染力量。然后给以恰当评价。

⑤指出逝者的辞世带来的损失、影响。表达对逝者的沉痛悼念，号召大家学习他的高尚品德、精神，激励大家奋发向上，化悲痛为力量。

（4）结尾。最后用“×××同志安息吧!”、“×××同志精神永存!”、“×××同志永垂不朽!”等语句结束全文。

2. 悼词的写作要求

（1）充分肯定死者的功劳、成绩、德行，充分肯定他对社会的贡献，一般不提及死者的过失。

（2）对死者的评价要实事求是，客观公正。

（3）悼词的语言一定要严肃、沉稳，切不可有半点浮华和轻率。

[思考与练习]

1. 列出讣告和悼词中表示哀悼的习惯语。

2. 请搜集五份不同性别、身份、年龄的人物悼词，了解悼词的写作方法。

第五章　新闻宣传类文书

在信息时代，新闻宣传类文书的使用非常广泛，不仅是报刊、广播、电视常用的文体，而且也是社会单位和个人在向外发布消息、传递信息、说明情况、宣传报道时经常使用的文体。信息传播媒介的多样发展决定了新闻宣传类文书的纷繁多样。不同种类的新闻宣传文书在长期的实践中已经逐步形成了自己固有的文章结构、语言风格和写作特点。

第一节　新闻宣传类文书的概念、特点和写作要求

一、新闻的概念

新闻是对新近发生或正在发生，或者早已发生却是最近发现其事实价值的、有一定社会意义的事实所进行的报道。它有广义和狭义之分，广义的新闻包括消息、通讯、特写、深度报道等；狭义的新闻一般指消息。

二、新闻的特点

（一）新鲜性

新鲜是新闻的价值所在，它要求及时地反映社会生活，反映事件的发展和变化。有些事件虽早已发生，但由于历史的原因，人们新近才发现其事实的价值，事虽是旧事，但对公众来说却是新知，因此，它也构成新闻的内容。

（二）真实性

真实是新闻的基础，也是新闻的生命。新闻报道强调的是“事实”，所报道的内容必须是真实可靠、准确无误的，要保证确有其人，确有其事，并且作者对事实的分析与评价要客观公正，不能带主观色彩。

（三）时效性

新闻贵在新，它是对稍纵即逝的客观事物的及时记录，如果迟写慢发，新闻就会贬值或失去意义。同时，随着社会发展的日新月异，人们生活节奏的日渐加快，新闻报道需要在第一时间向公众传播，否则就难以发挥其应有的价值。

（四）导向性

新闻强调报道“有价值的事实”，它的内容必须是大众关心的、有意义的、重要的或者典型的事实，它必须具有某种思想价值或实用价值，对改善和改变现状起着积极的引导作用。无论是对正义的歌颂，还是对错误的批判，新闻都应当引导公众正确地认识社会问题。新闻应当成为引导社会健康和进步的舆论先驱。

三、新闻的写作要求

（一）要具备新闻要素

新闻要把报道的事情交代清楚，让读者一看就知道在什么时间、什么地方、发生了什么事情，也就是要交代清楚六个要素，即时间、地点、当事人、事件、原因、结果。在英语中，这六要素分别用 when、where、who、what、why、how 来表示，所以称之为五个“W”和一个“H”。当然，一篇新闻是否都要具备六个要素，要根据叙述对象和表述主题的需要而定，有时，并非每个要素都必须是完整的。

（二）要用事实说话

新闻是通过事实来说明问题、论述主张、影响读者的，即使是述评新闻，也要在客观地叙述新闻事实的基础上进行评述，或者是将作者的观点隐藏在对事实的叙述之中，因此，新闻要用事实说话，不能让作者的观点、态度掩盖客观事实，更不能以作者的主张来代替事实的叙述。

（三）要有鲜明集中的主题、精当准确的材料和准确生动的语言

新闻是一事一报道，主旨必须鲜明集中，使人一目了然，不能隐晦含蓄。新闻要围绕主旨选材，要选择最能体现事物的本质特征和最有新闻价值的材料。新闻报道的事实要求真实，因此，语言要求准确，用词如有不当，就可能导致失真。语言通俗易懂，形象生动，是为了便于大众接受。

[思考与练习]

1. 什么是新闻？新闻文体具有什么特点？

2. 试说明下面的消息是否符合新闻写作要求，为什么？

据传，华太纸业规模生产能力、技术能力在同行业中均属于领先水平。华太纸业是国家大型企业，连续 4 年利润总额居中国造纸行业第二位，并在造纸环保方面有一定优势。与同行业其他公司相比，其规模、生产能力、技术能力均属于领先水平。公司所用原材料主要是自制草浆，因此并未受到国家封山育林政策的影响，经营业绩相当稳定。

第二节　消息

[例文简析]

例文一

昆山 31 万农民刷卡看病

每人每年缴纳 50 元最高可得到 1100 倍补偿

高　坡

本报讯　从昨天起，昆山 31 万多农民也可以和城里人一样“刷卡”看病了！

昨天，该市 7 个行政村发放点的上千名老百姓都领到了一本墨绿色的《昆山市农村居

民基本医疗保险证》和一张IC卡。此举标志着昆山农村基本医疗保险工作开始进入全面运作阶段。凭着这张IC卡，昆山的农村居民在该市的任何一个医保定点医疗单位都可以自由“刷卡”就医。根据该市的具体实施办法，农村居民每人每年只要缴纳50元，如果不幸遭遇大病，最高可以得到近1100倍的补偿，也就是说，最高可以报销到接近55000元！

昨天下午，在该市周市镇市北村的社区卫生服务站，村民张燕君拿着刚刚领到的医保IC卡开始了自己70岁生涯中的第一次“刷卡”看病经历。经过一番“望闻问切”，社区医生给她开具处方，一盒是感冒清胶囊，一盒是珍菊降压片。收银处是一套崭新的电脑设备，输入处方，卡一刷，随即打出一张清单，显示划卡消费9.5元，卡上余额140.5元。老太太开心得合不拢嘴：“没想到政府为我们老百姓考虑得这么周到，送钱给我们看毛病!”

根据昆山的农村医保施行办法，筹资标准为每人每年200元，这个标准目前是全国最高的，其中市镇两级财政各补贴65元，村集体补贴20元，农民自己支付50元，今年该市财政将拿出6000万元用于医保补贴。

据悉，昆山农村医保覆盖包括居住在农村的小城镇户口，其中16岁以下的儿童4.3万多人，17岁到60岁的18.9万多人，60岁以上老人7.7万多人。另外，还有6000多名人均年收入在2000元以下的农村低保人口，均采取倾斜政策，不用缴纳一分钱，无门槛进入这个保障体系。此外，还为60岁以上的老人建立个人账户，由保险基金每年自动注入150元。

昆山医保中心工作人员介绍说，昆山的农村医保，除了由于筹资标准低于城镇职工，因而报销补偿的具体数额不一样外，在运作管理模式上已经与城镇职工的医保没什么两样，就连报销的医药范围和5000元报销起付线都是一样的。

——《苏州日报》2004年3月4日

简析

用身边的新闻事实来反映重大主题。昆山市将城镇居民和农民基本医保全面并轨，让农民刷卡就医，这在全省乃至全国都是一大新的尝试。站在“三农”问题、构建和谐社会高度上，可见消息分量的厚重。此外，言简意赅，巧用数字，善于选择典型事实，从受众切身利益出发，以平民视角，用事实说话，也是这则消息的闪光之处。

例文二

欢迎“孕妇”来，不舞彩旗

喜送“母子”去，不敲锣鼓

请过路吧，亲爱的藏羚羊

朱海燕

本报格尔木讯　昨晚，约有500只藏羚羊带着刚满月的儿女们，通过可可西里青藏铁路建设工地，向黄河源头的扎陵湖、鄂陵湖迁徙。

为不惊扰这些可爱的精灵，可可西里至五道梁一线，铁路夜间停止施工，拔走彩旗，灯光休眠，机器熄火；作为高原生命线的青藏公路，过往车辆在夜间停驶3个小时，这里又呈现一种远古洪荒的宁静，只有高原的夜风为这群母子结成的队伍送行。

潜伏下来的观察哨称：跨越铁路线，母藏羚羊若无其事，像跨过自己家的门槛一样；小羊羔紧依着母羊，流露出一种莫名其妙的惊喜。

每年6至8月，藏羚羊集结成群，长途跋涉，前往可可西里腹地的卓乃湖、太阳湖一带产崽，去完成一年一度的延续种群的历史使命。小羔羊满月后，再由母羊呵护着返回原栖息地。

今年6月20日前后，两万多只雌性藏羚羊北上产崽，铁路夜间停止施工10天，为它们开辟通道。一个多月里，两万只小羔羊诞生在那块神秘的“天然产床”上。估计，从8月4日到8月15日，将有4万只大小藏羚羊跨过铁路安然回迁。

藏羚羊是国家一级保护动物，有“羊绒之王”之称，因此，也带来杀身之祸。近10多年，偷猎者大量涌入，每年有上万只藏羚羊遭到捕杀。1994年，保护区工委书记索南达杰，为保护藏羚羊，在太阳湖与18位偷猎者搏斗以致壮烈牺牲。

青藏铁路开工后，环保理念渗透到建设者的血脉之中，青藏高原成为他们心目中环保的圣地。他们精心爱护每寸绿草，善待每一种动物。一年来，他们将5只失去母爱的小藏羚羊送到自然保护区机关，可爱的小宝贝得到妥善的保护。在他们的精神昭示下，没有一只藏羚羊在捕杀的枪声里倒下。

这片拥有野生动物230多种，国家重点保护的一、二级动物有20多种的土地，正在恢复野生动物天堂的动人景象。

可可西里自然保护区区委书记才嘎说，铁路建设的一年间，藏羚羊增添了两万多只，到铁路建成之日，将由现在的7万只增至15万只。

据悉，青藏铁路在设计中专门设立了动物通道。铁路建成后，不影响野生动物的正常生活和自由迁徙。

——《中国铁道建筑报》2002年8月17日

简析

引题“欢迎‘孕妇’来，不舞彩旗；喜送‘母子’去，不敲锣鼓”，排比对偶，形象生动；主标题“请过路吧，亲爱的藏羚羊”，显得亲切、感人。这样的标题富有感染力。拟人式导语，文字生动形象，能吸引住读者，还能制造一种气氛，给人一种异乎寻常的感觉，更能唤起人们的联想，使人捕捉新闻的意境，体味它的深刻含义。全文运用细描的手法，让受众看到画面，听到声音，嗅到气味，感受到气氛，从而达到最佳的传播效果。语言的运用新鲜活泼，生动形象。

[知识讲授]

一、消息的概念和作用

（一）消息的概念

消息即狭义的新闻，它是一种用概括叙述的方式，以简明扼要的文字，迅速、及时地报道最新事实的新闻体裁。消息是目前应用最广泛的一种报道形式，是传播媒体向社会输出新鲜信息的重要载体，也是公众获取新闻信息的主要来源。消息的特点是报道迅速及时、文字简明扼要、篇幅短小精练。

（二）消息的作用

消息能反映社会生活，宣传方针政策，推广成功经验，揭露丑恶现象，传播先进知识，引导社会舆论，树立良好风尚，引导生活消费等，在社会主义政治文明、物质文明和精神文明建设中起着重要的作用。

二、消息的种类

根据不同的标准，消息可分为不同的种类。如根据所报道的内容，可分为政治新闻、经济新闻、军事新闻、科技新闻、体育新闻等；根据新闻内容的价值取向，可分为重大新闻、重要新闻、一般新闻等；根据篇幅大小，可分为详细报道、简明新闻、要闻简讯、标题新闻等。

一般按照写作的内容、特点、意图、形式的不同，把消息分为六种。

（一）动态消息

这是消息中最常见的一种，它迅速而简要地报道国内外的重大事件和社会生活中出现的新事物、新动向、新成就、新问题等，以叙述事实为主，一事一报，有时采用连续报道的形式。

（二）综合消息

综合消息是对发生在不同地区、部门或不同战线、行业，但具有相同或类似性质而又各具特点的事实进行综合性报道的新闻形式。它从不同侧面反映了共同的主题，报道面宽，可给读者以全局性的认识。

（三）典型消息

这是对某些行业、单位、部门的典型经验、成功做法或失败教训进行报道的消息。这是一种导向性很强的新闻，它通过对一些地区、单位、人物、事件的采访、调查、剖析，找出同类事物中具有代表性和普遍意义的经验、教训，或指导工作，教育读者，或暴露落后，警示社会。

（四）述评消息

这是以夹叙夹议的方式，在叙述中融入作者的观点来反映国内外形势或重大事件的消息。它的特点是就事论理，有很强的倾向性。

（五）短讯

短讯也叫要闻、简讯，是最精练的新闻形式之一，其中最简短的被称为“一句话新闻”。它常常把若干条短讯集中分类编排，如“经济要闻”、“国际简讯”等。

（六）标题消息

这是一种只用标题来传递信息的新闻形式，它以标题的形式出现，没有正文，是最短的新闻。

三、消息的格式和写法

消息一般由标题、导语、主体、结尾构成，并由这些结构要素组成其习惯性格式，体现消息的文体特征。

（一）标题

1. 标题的类别

标题是消息的重要组成部分，它的作用不亚于消息的正文，对消息起着“画龙点睛”

的作用。它要求写得精练、生动、新颖，既能概括主要内容，又能吸引读者。标题有引题、正题、副题之分。

(1) 引题。也叫眉题、肩题，其位置在正题之上，用来交代形势，介绍背景，烘托气氛，提示意义，提引正题。

(2) 正题。也叫主题、母题，是标题的主干和核心，字号最大，最醒目，用来概括主要内容，提示主题。一条消息可以没有引题和副题，但一定要有正题。

(3) 副题。也叫子题、辅题，其位置在正题之下，用来补充交代事实，或说明事件的结果、意义，或说明正题的来由、依据。

例如以下标题：

人类铁路建设史上前所未有的伟大壮举（引题）

青藏铁路全线开工（正题）

朱镕基出席开工典礼并发表重要讲话（副题）

这个标题的引题揭示了青藏铁路开工的意义；正题概括了消息的主要内容；副题补充交代了新闻事实。

2. 标题的形式

标题有单行式和多行式，引题、正题、副题三种标题可根据需要灵活运用。

(1) 单行式（只有正题）。如：团中央、全国青联授予邓中翰等十五人“中国青年五四奖章”。

(2) 多行式。

①引题＋正题。如：

六十年来两党主要领导人首次握手（引题）

胡锦涛和连战举行会谈（正题）

②正题＋副题。如：

第二届中国——东盟博览会高官会召开（正题）

十一国代表在桂林共商博览会有关筹备事宜并达成广泛共识（副题）

③引题＋正题＋副题。如：

四十四年前赴后继冲击终结硕果（引题）

中国足球梦圆世界杯（正题）

中国队击败阿曼队提前两轮出线（副题）

3. 标题的写作要求

标题必须准确精练，生动贴切，新鲜醒目，要吸引读者的注意，具有感染力。制作多行标题，要使其互相配合，互相补充，做到各行标题之间虚实搭配，相得益彰。一般来说，概括事实、揭示主要内容、说明结果的标题称为实题；交代背景、说明形势、烘托气氛、表明作者倾向的标题称为虚题。

（二）导语

导语是消息的开头，是消息中最重要的部分，它要用最精粹的文字，简明扼要、引人入胜地把消息中最主要、最新鲜、最吸引人的事实表达出来，鲜明地揭示消息的主题思想。导语是消息与其他文体区别的显著特征。常见的导语写法有叙述式、描写式、提问式、结论式、引语式、评论式等。

1. 叙述式

用简明扼要的语言直接叙述新闻的主要事实。如："今天，中国国民党主席连战率中国国民党大陆访问团结束了为期 8 天 7 夜的大陆访问，于 13 时离开上海浦东国际机场，经香港返回台湾。"

2. 描写式

对消息的主要事实、人物或特定环境作简洁生动、形象传神的描写，以渲染气氛，突出现场感，引出主体。如："五月的燕园，湖光潋滟，槐花飘香。5 月 4 日上午 10 时许，两辆面包车驶进北京大学校园。中共中央政治局常委、国务院总理温家宝和陪同的国务委员陈至立，轻车简从来到这里，看望青年学生，与大家共度'五四'青年节。"

3. 提问式

根据消息的主要内容，归纳出一个或若干个问题，以提问的方式引起读者的关注和思考，然后在主体中加以解释、解答、解说。提问式导语要求作者能准确地把握新闻事实的实质，有针对性地提出问题。如："洗涤企业洗衣店过万家，'黑店'遍地开花，洗涤卫生无法保障，环境污染严重……如何规范洗衣洗涤业？广东昨天公布该省首个洗衣洗涤标准。"

4. 结论式

先把消息的结论告诉读者，然后在主体部分交代消息的主要事实。如："第十四届中国新闻奖评选结果 9 月 28 日揭晓。本届中国新闻奖新闻论文评选分基础理论类、新闻业务类、经营管理类和其他类别四项，共有 20 篇论文获奖，其中一等奖 4 篇，二等奖 6 篇，三等奖 10 篇。"

5. 引语式

引用诗词、民谣、谚语、警句、格言或人物的话语等来开头。如："'我立志成为有理想、有道德、有文化、有纪律的社会主义公民。完善人格，强健体魄，为中华民族的富强、民主和文明，艰苦创业，奋斗终生！'今天上午，在共青团北京市委书记关成华带领下，首都万余名中学生在天安门广场举行了隆重的 18 岁成人宣誓仪式。"

6. 评论式

对报道的消息加以简洁精辟的评论，表明作者的倾向，从而引起读者重视，以增强宣传效果。如："按照全国人大常委会出台的《完善人民陪审员制度的决定》，从今日起，2.7 万名人民陪审员将在全国各地的基层法院统一上岗。我国法治民主化进程又迈出了坚实的一步。"

（三）主体

主体是消息的核心部分，要承接导语，用确凿、典型、有说服力的材料，对新闻事实作具体、生动、全面的报道，以满足读者进一步了解事实的需要。

主体要与导语相辅相成，导语是主体的提要和归纳，主体是导语的展开和深化，二者不能脱节。主体要为导语中已经表达过的主干事实提供丰富的材料；导语中提出来的观点，在主体中要有充分的解释。

在材料顺序的安排上，多采用"倒金字塔"结构，也就是说把最重要的材料放在前面，次重要的随后，依此类推。这种结构形式方便读者阅读，可以让读者在任何地方停止阅读都能获得对新闻事实较完整的认识，哪怕只读了一段（导语）也可以知道消息的精华部分，只不过读完了知道得较详细，没读完知道得较粗略而已。主体要求中心突出，安排有序，详略得当。

（四）结尾

结尾是消息的最后一句话或最后一段文字，可对报道的内容作概括式小结，可补充前面没有交代的相关情况，也可指出事物发展的趋势。有些消息没有结尾，事实叙述完毕就结束全文。结尾要求简洁明了，不要拖泥带水，画蛇添足。

[思考与练习]

1. 分别用引题＋正题＋副题、引题＋正题、正题＋副题三种方式为下面这则消息加上合适的标题。

日前，在福建省内享有“茶王”美誉的何锦能，在平和县电信局申请了一个163上网账号和一个E-mail地址，成为该县第一位拥有Internet账户的私营企业主，也成为该省首位上网卖茶叶的“茶老大”。

何锦能是乌龙茶佳茗——白芽奇兰茶的发现者和“白芽奇兰”商标的注册人。多年来，他重视产品质量、市场营销、品牌创建。他对记者自信地称：“不久后我将在网上卖乌龙佳茗——白芽奇兰茶，让全世界的茶友都分享到闽茶之王的珍贵。”

（《中国商报》，2000年03月27日）

2. 将这条消息的导语分别改写为叙述型、描写型和议论型导语。

虽然已经过了海鸥北飞的正常时间，前往青岛观光的游人却惊喜地发现，仍有成群结队的海鸥翱翔在青岛湾，恋恋不舍。是什么原因使得海鸥“乐不思蜀”？答案是六年前青岛市林业局与青岛晚报社联合发起的“挽留海鸥”行动。

（《人民日报》，2000年04月11日）

3. 以近期校内发生的事件为内容，写一则“倒金字塔”式结构的消息。

4. 组织小组，模仿报纸，做一份校园小报。

第三节 通讯

[例文简析]

例文一

目击杨利伟飞天归来

本报记者范炬炜　今天清晨6时23分，中国“首飞”航天员杨利伟乘坐“神舟”五号载人飞船从太空归来，平稳着陆于内蒙古中部草原。

此刻，五星红旗正从北京天安门广场徐徐升起。身着乳白色航天服的杨利伟向在场的人们挥动手臂，轻快地跨出外表被大气层摩擦烧灼成古铜色的返回舱。

记者喊道：“杨利伟，我们接你来啦，对全国人民说几句话吧！”

杨利伟笑了，笑容在朝阳映照下无比灿烂。他说：“飞船运行正常，我自我感觉良好，我为祖国感到骄傲。”

42年前，前苏联航天员加加林乘坐“东方号”飞船升空，人类第一次亲眼看到地球表面的形态——淡蓝色的晕圈环抱着地球，与黑色的天空交融在一起；今天，第一个中国航天员乘坐我国自行研制的“神舟”五号飞船，亲眼目睹了地球在星空中的奇观。中国由此成为世界第三个能够独立开展载人航天的国家。

着陆场系统总指挥夏长法是奔向返回舱的第一人。工作人员刚一打开横卧在地的返回舱舱门，他就急切地问：“杨利伟，你怎么样?”

仰坐在座椅上的杨利伟转过头来，平静地回答：“我很好。”

真是天公作美，昨天这里还刮着大风，而今夜却是明月星空，几乎感觉不到风吹，一望无垠的大草原敞开胸怀，与我们一起静静等待着从太空归来的中国首位航天员。

6时左右，有人喊起来：“看，天上有颗星在飞!”

搜救人员纷纷下车，在-4℃的旷野上抬头仰望。只见一颗明亮的“流星”正从月亮边划过。一位技术人员告诉记者：“这是与返回舱分离后的轨道舱在运行，减速制动后的返回舱马上就要进入大气层了!”

6时07分，一团火球在西南方的天空向我们飞近，那是进入稠密大气层的返回舱，正在与大气的摩擦燃烧中飞来。

6时12分，空中传来“嘭”的一声震响，表面面积达1200平方米的主降落伞已打开。人们更加急切地向空中眺望。

“来了，来了！在那儿!”6时17分，一个黑点在已泛出曙光的东方天空出现，并且越来越大。

“杨利伟回来啦!”大家旋即跳上车，向返回舱飘落的方向追去。

降落伞悬挂着返回舱，在我们的车头前缓缓飘落。记者抬腕看表，正是6时23分。

我们脚下的这片土地，当地牧民称之为“阿木古朗”草原，在蒙古语中是“平安”的意思。这真是个好地方！

8时15分，杨利伟乘坐的直升机从沸腾的内蒙古大草原起飞，向附近的机场飞去。他将在那里换乘专机飞回北京。

内蒙古草原，这片在历史上曾孕育了一代天骄成吉思汗的神奇土地，今天又因天之骄子杨利伟的完美着陆而续写出中华民族新的传奇。

——《解放军报》内蒙古中部飞船着陆场2003年10月16日电

简析

本篇通讯细节描写，形象生动，真实记录了我国首次载人航天飞船成功着陆的历史瞬间，读来让人“如临其境，如见其人，如闻其声，如感其情”。此外，这篇通讯恰到好处地运用背景材料，烘托现场气氛，画龙点睛地凸现出整个事件的重大意义的写作技法，也是值得称道和学习的。

例文二

“太旧精神”耀三晋

杜五安

山西，曾被唐代文学家柳宗元称做“表里山河”，它内凹外凸，四周被群山环抱，自古多以栈隘与域外相通。

"八五"期间，国家重点建设项目、全封闭、全立交的太旧高速公路的兴建，不但揭开了山西公路建设乃至山西经济建设史上的崭新一页，同时，工程建设者们在实践中，也为世人创造了一笔宝贵的精神财富"太旧精神"。

新春佳节前夕，中共山西省委、山西省人民政府作出决定，在全省干部、群众当中，开展学习"太旧精神"活动。"自力更生，艰苦奋斗，不屈不挠，无私奉献"。中共山西省委总结的"太旧精神"，体现出改革开放的20世纪90年代山西人民开拓进取的精神风貌，反映了物质文明和精神文明建设的辉煌业绩。

知难而上的太旧高速公路西起太原，东止晋冀交界处的旧关，全程144千米。路虽不算长，但沿线地貌变化大，地质情况复杂，80%的路段都蜿蜒在太行山的崇山峻岭之中，为施工增加了极大的难度。太旧高速公路工期短，要求高，投资少，速度快，质量上必须创全国一流水平。

面对这样的条件，这样的要求，络绎不绝的外国投资者们虽屡经辗转、考察、概算，但最终都一个个地退缩了。他们啃不下这硬骨头，也不敢冒这天大的风险！怎么办？靠我们自己干！

山西省委、省政府下了这决心，全省人民下了这决心！省委、省政府明确提出"修建太旧高速公路，不仅是一项重要的经济任务，更是一项重大的政治任务！"

工程1993年5月动工。高速公路建设初期，遇到建设资金严重短缺的困难。面对这种情况，是坚定信心、迎难而上，还是优柔寡断、知难而退？在这重大抉择关头，胡富国同志带领省"五大班子"的领导赴太旧路现场办公，调查研究，统一了思想，坚定了自力更生、咬紧牙关、勒紧裤带、知难而进的决心。全省人民心系"太旧"，以不同的方式大力支持太旧路的建设，踊跃捐资捐物，在很短的时间里捐资达2.3亿元，缓解了资金困难。公路沿线群众识大体，顾大局，像革命战争年代支前一样支援太旧高速公路建设，他们拆新房、迁祖坟、砍果园、献良田，作出了巨大的牺牲和贡献。

顾全大局征地拆迁，常常是施工前的一大难题。但太旧路工程却是一个例外。在不到3个月的时间里，隶属于3地（市）10个乡（镇）的18个村庄的成千上万个拆迁户，便拆迁完毕。他们就像战争年代支援前线那样全力以赴地支援太旧高速公路建设。只要筑路需要，他们拆新房不犹豫，迁祖坟不忌讳，献良田不心痛，砍果树不留恋。他们说："太旧高速公路是咱省的经济大命脉，小道理服从大道理，小复兴服从大复兴，舍小家为大家嘛！"太旧路工程共征地927.13公顷，拆迁房屋1058户，总面积10.8万平方米，砍掉果树12万株，迁坟4240座。拆迁户们谁也不现难色，谁也没有怨言，谁也不计得失，表现出了识大体、顾大局的崇高精神！

太旧路工地，就像一座大熔炉，任何人，只要一投入这太旧路工地，其灵魂就会得到陶冶，其精神就会得到升华，其世界观、人生观和价值观就会得到深刻而巨大的变化与飞跃。讲政治、讲志气、讲拼搏、讲奉献，已经成为太旧人民心中的火炬和追求的目标。工地上，时时都有捷报频传，时时都有动人的事迹出现。施工项目负责人庞成，为了抢时间浇筑桥桩，竟冒着大雪在工地上坚守了三天两夜。高级工程师高德生除完成监理任务外，还分外为一项设计修改图纸，节约工程费用100余万元。

为了给太旧高速公路作奉献，长期病体的司机开起了砼灌车；新婚燕尔的夫妇把家安在工地的窝棚里；患病的操作手一边输液一边坚持施工；已经退休的老工程师重新走上了施工第一线，即使在病榻上即将告别人世之际，他还要给工程指挥部写信表述自己的心迹：建设好太旧高速公路是我的最大心愿，但是不能自始至终地参加太旧高速公路建设又是我一生中最大的遗憾！

在太旧路建设中，副总指挥刘俊谦被省委树为全省领导干部的楷模，8位党员受到省委组织部的表彰，8支突击队被评为“三项建设”优秀青年突击队，100名优秀干部、工人被火速吸收加入中国共产党，许多奋战在第一线的干部被提拔。

“太旧精神”正在三晋大地发扬光大。

——华中综合教育 www.999edu.cn

简析

本篇通讯围绕太旧高速公路的建设，以典型的人物与事迹展现了山西人从省委领导到普通建设者再到平凡群众的精神和风貌，运用具体事例叙述和描写了三晋人思想境界的变化，展现了时代步伐。

[知识讲授]

一、通讯的概念

通讯是综合运用多种表达方式，详细、深入而又形象生动地报道新闻事件的新闻体裁。

一般来说，通讯比消息篇幅长，报道的内容更详尽，写法更加灵活多样，在结构上不拘于消息那样的习惯格式。

二、通讯的特点

（一）新闻性

通讯的新闻性特点，决定了它的内容必须真实，不得虚构。通讯报道的时间虽然可以比消息稍迟，但仍需讲究时效性，新闻的六要素也要贯穿其中。

（二）倾向性

通讯的作者可以通过夹叙夹议的手法，直接表明对新闻事实的看法和观点，流露倾向和情感，揭示事件的意义。

（三）形象性

通讯的写作较自由，可以运用多种表达方式和写作方法。既可展开情节，又可刻画人物，还可描写环境。

（四）完整性

相对于消息，通讯要较完整、具体地报道人物或事物的发展过程。

通讯与消息的区别在于消息侧重写事，叙述简明扼要，一般不展开情节。通讯可写人、写事，要求详尽、具体地报道事件的经过、演绎人物的命运，充分展开情节和场面，材料丰富、全面，容量厚实、充足。通讯除叙述外，还运用描写、议论、抒情手段，而消息多用叙述。

通讯和消息在格式要求上不一样，消息有固定的格式，通讯没有固定的格式，通讯结构与一般记叙文章相同，基本上按时间、逻辑二者结合的顺序安排结构。

三、通讯的类型和写作要求

（一）人物通讯

就是以人物为中心报道对象，通过人物的思想、言行、事迹和命运来反映时代特点和社会面貌的通讯形式。

撰写人物通讯的关键是选好报道的人物对象。作为人物通讯中的人物，应当具有新闻性和典型性，比如各行各业的英雄模范人物、人们普遍关心的社会名流、在平凡的生活和工作中体现了某种人生价值的普通人、对社会有警示作用的反面人物等。对这些人物的报道，有利于我们树立正面的榜样，鞭挞丑恶现象，以榜样的力量推动社会的健康发展。优秀的人物通讯如《县委书记的榜样——焦裕禄》、《领导干部的楷模——孔繁森》、《谁是最可爱的人》等都起到了很好的榜样作用。

除了选择好典型人物外，写人物通讯还应注意表现人物性格的特点，可采用在矛盾冲突中写人，运用典型事例写人，借景写人，借他人之口刻画人等多种方法去表现人物。

（二）事件通讯

就是以具有典型意义的事件为报道内容的通讯形式。它通过对新闻事件发生、发展、结果的报道，来反映社会现实，表现时代精神。

事件通讯所选的事件，应具有较强的新闻意义和情节，要善于挖掘其中蕴涵的社会意义和深刻的思想意义。在写作中，要准确写出某一事件发生的缘由、开端、发展、高潮和结果，让读者了解事件的来龙去脉；要处理好写人与叙事的关系，即以叙事为主，写人为辅，写人为叙事服务；结构形式、材料安排的顺序和表达方式可以根据实际需要灵活运用。优秀的事件通讯如《为了六十一个阶级兄弟》。

（三）工作通讯

就是报道工作中取得的成就、经验，揭示工作中存在的问题的通讯类型。通过对各行各业有代表性和典型意义的工作的报道，对工作起到启发、指导和推动作用。

写工作通讯，要注意选择那些在贯彻国家方针、政策中遇到的问题，人民群众普遍关心的问题来写，把着眼点放在推动工作的开展上。要选择典型事实，突出重点问题，用事实说话。要找出解决问题的方法。语言要生动活泼，可读性强。

（四）风貌通讯

风貌通讯又称概貌通讯。它是以反映社会生活、风土人情、自然风光和日新月异的建设成就为主的报道。尤其是改革、开放、搞活所带来的变化，又为这类通讯增加了新的内容。概貌通讯与事件通讯不同，它不是围绕一个人物或一个中心事件来写，也不要求写一件事发生、发展的完整过程，而是围绕主题集中各方面的风貌和特色。在表达方式上，往往运用具体事例来叙述和描写一个地区、一条战线、一个单位、一个点、一个方面的风貌变化，展现时代的步伐和人的思想境界的变化。一般采取“巡礼”、“纪行”、“散记”、“侧记”等形式，向读者介绍。相比其他通讯形式，风貌通讯要求知识性和文学性更强，多用描写、抒情的方法，语言要求形象生动。写作风貌通讯，要求着重反映风貌和变化。

除了以上通讯形式外，还有专访、特写等通讯类型。

[思考与练习]

1. 以《街头一瞥》为题，写一篇反映平凡生活情景和细节的短文。
2. 采访一位同学，重点了解其作为一名当代大学生的价值观，并写成一篇短文。
3. 观察你所生活的城市，写一篇风貌通讯反映这个城市的变化。

第四节 海报

[例文简析]

例文一

特邀新加坡著名歌星雷峰、关雪儿来我市演出

赤子心声演唱会

众多歌星伴演，现代舞蹈队伴舞

2001 年元月 20、21 日每晚 8：00 省体育馆公演

即日起在省体育馆东门售票，票价 40 元

团体优惠联系电话：4427513

主办单位：

中国华侨国际文化交流促进会

中国国际文化交流中心××分会

××省二轻工业供销公司

××大酒店、××商场

简析

标题醒目，直接点出演唱会的演员和阵容，抓住了观众的兴趣和注意力。正文以简明的格式交代时间、地点、售票方式和主办单位等要素，文字精练简洁。

例文二

球　讯

星期六（24 日）下午 4：30，我校足球队与××公司足球队在北操场举行市“春华杯”决赛权争夺赛，精彩鏖战，机会难得，欢迎广大球迷前往助威！

校学生会体育部

2000 年××月××日

简析

这则球讯写得简单明了。活动的时间、地点、比赛双方等内容一应俱全。标题和落款在格式上符合规范。

[知识讲授]

一、海报的概念及作用

（一）海报的概念

海报是公众报道或介绍有关电影、戏曲、杂技、体育、学术报告会等消息时所使用的

一种招贴性应用文。

(二) 海报的作用

海报是人们日常生活中最为常见的一种招贴形式，海报“窗口”虽小，但反映的信息丰富多彩。它主要用来向公众发布有关影视、戏剧、各种比赛、报告会、展览会等消息，具有广告宣传的性质。有的还配以绘画以增加吸引力。

海报用以通报消息，招揽观众、顾客。由于“海报”形式醒目引人，时间的机缘性强，能很好地起到宣传、招徕群众的作用，所以现在被广泛运用。

二、海报的特点及种类

(一) 海报的特点

1. 广告宣传性

2. 商业性

(二) 海报的种类

海报是主办单位向公众报道举行文化、娱乐、体育等活动的一种事务文书。从内容分，海报有演出海报、讲演海报、比赛海报、展览海报、学术报告海报等。从形式分，海报有文字海报和美术海报两种。

三、海报的结构内容及注意事项

(一) 海报的结构内容

海报一般由标题、正文和落款三部分组成。

1. 标题

海报的写法多种多样，标题的位置也可根据排版设计随意摆放。

海报的标题写法较多，大体可以有以下一些形式：

(1) 用文种做标题，单独由文种名构成，即在第一行中间写上“海报”字样。

(2) 用内容做标题，直接由活动的内容承担题目，如“舞讯”、“影讯”、“球讯”等。

(3) 可以是一些描述性的文字，如“×××再显风采”、“××寺旧事重提”。

2. 正文

海报的正文要求写清楚以下一些内容：

(1) 活动的目的和意义。

(2) 活动的主要项目、时间、地点等。

(3) 参加的具体方法及一些必要的注意事项等。

正文形式灵活，可采用一段式。内容简单的通常只用三言两语，一段成文。例如：“×月×日下午×时，我校和××学院足球队在本校大操场进行友谊比赛，欢迎踊跃观赛。”也可采用项目排列式。内容稍多的可分项排列成文。

3. 落款

落款要求署上主办单位名称及海报的发文日期。

以上的格式是就海报的整体而讲的，实际的使用中，有些内容可以少写或省略。

（二）海报的注意事项

1. 明确文体特点

文字要力求准确、简明，这样可以缩小篇幅，便于阅读。

2. 体现语言特色

为了增强宣传效果，激发公众兴趣，语言要生动，富于鼓动性。

3. 定好标题

标题一般写在海报上方正中，能反映海报的核心内容，如比赛讲座、影讯等。

4. 抓住写作要素

海报的正文一般用第三人称来写，正文部分要写明活动的时间、地点、参加者、内容、注意事项等要点。

5. 语言要简洁明了，条理清晰

一般情况下，海报的具体内容都是将要发生的事情，因而多用将来时，其中一些注意事项，一般用祈使句来强调。海报内容的表现形式比较自由，根据实际情况和表达效果的需要可按行排列，也可逐项说明。出海报的单位、团体名称一般写在右下角，日期写在署名下一行的右下方，也可以不写。

[思考与练习]

1. 某大学学生会准备周六（2007 年 9 月 16 日）在学校礼堂举办新老生联谊舞会，请为该晚会拟名并写文告示全校学生。

2. 假设你是学生会的一名负责人，请根据下列信息写一则海报。（出海报的日期为 2007 年 2 月 14 日）

（1）电影：一个都不能少（Not One Less）

（2）主演：魏敏芝　张慧科

（3）导演：张艺谋

（4）故事梗概：反映中国农村教育的现状

（5）放映地点：学校礼堂

（6）放映时间：下周一晚 7：00～8：30

第六章 经济活动类文书

随着我国市场经济逐步走向成熟，经贸活动也需要从市场规律出发，进行法制化、规范化的操作。经济活动类文书已经成为一种独立性、专业性的文书类别。从内容上看，经济活动类文书主要涉及经济业务活动以及组织之间的各种商贸事务的处理。在写作中，经济活动类文书有较强的格式的规范性、内容的专业性和写作的严谨性。

第一节 经济活动类文书的概念、特点和种类

一、经济活动类文书的概念、特点

（一）经济活动类文书的概念

经济活动类文书是为了适应人们在现代商务活动中及时记录、总结、交流、沟通商务信息和处理各种经济事务的需要而产生、发展的，为现实经济生活服务的，具有特定惯用格式的应用文书。它能记载和反映国家、企业、个人的商务信息，是商务活动中的重要凭证，是沟通商务信息、分析商务活动状况、促进经济效益提高的管理工具。

（二）经济活动类文书的特点

经济活动类文书除了具有一般应用文的特点之外，还具有以下几方面的特点。

1. 政策性

经济活动类文书主要围绕党和国家的经济政策，为做好经济工作而进行写作，因此具有较高的政策性。撰写经济活动类文书，必须以党和国家的有关经济政策和法规为依据，遵循客观经济规律，才能正确地处理经济事务，研究经济问题，反映经济活动。

2. 专业性

撰写经济活动类文书必须以国家经济政策、法律法规和经济科学理论为指导，在掌握客观实际情况的基础上，分析、总结现实的经济业务活动规律或发展趋势。从内容上看，经济活动类文书主要是为了反映、分析、解决经济活动中的问题，写作者必须具备一定的专业知识。从表达上看，经济活动类文书要恰当地运用管理学、经济学及其他经济领域的相关专业知识来准确表达，不能说外行话。

3. 时效性

为决策层提供商务信息和决策依据，也是撰写经济活动类文书的重要目的。市场经济瞬息万变，要求商务信息必须及时、有效地反馈给决策部门，以便决策层作出快速反映。过时的商务信息将失去其市场价值。

4. 真实性

经济活动类文书要为经济管理服务或为特定的经济关系服务，就必须真实地反映客观经济情况，所使用的材料不能主观臆测或夸张，更不能伪造。对经济调查、分析、预测报告来说，所使用的数据、资料不仅要真实可靠，而且要以科学的态度进行分析，尽可能地反映经济活动的本质规律。

5. 针对性

经济活动类文书涉及国家经济政策，企业的经营管理、生产计划，市场的调查、预测、分析报告等，因此撰写经济活动类文书，要讲求针对性，即针对经济活动或管理的特定对象而撰写。要明确撰写的目的，选择适应撰写内容的文种。

二、经济活动类文书的种类

经济活动类文书在经济领域中的应用非常广泛，常见的有以下几种。

（一）报告类

用于总结或分析经济工作的现状或发展趋势。包括市场调查报告、经济活动分析报告、财务预决算报告和审计报告等。

（二）方案类

用于为商务经济活动提供决策、行动依据。包括商务策划书、经济决策方案、商业计划等。

（三）契约类

用于确定经济活动当事人各方的关系、彼此的权利与义务。如经济合同、意向书和协议书等。

（四）函件类

用于经济单位之间相互交流、沟通商务信息，处理各种经济纠纷及其他经济事务。如订购函、索赔函等。

三、经济活动类文书写作的原则

现代经济管理活动的一系列本质特性要求商务文书写作时，除了要坚持真实性以外，还要遵循以下写作原则。

（一）目标性原则

所谓目标性原则，也就是说，任何经济活动类文书都不是一般的有感而发，而是为实现特定的经济目的而写作的。经济活动类文书是针对现代经济管理活动中的实际问题，所作出的分析、阐述和说明，以求解决实际问题，保证商务活动的正常进行，实现最大的经济效益。

（二）层次性原则

所谓层次性原则，是指经济活动类文书的写作者，必须明确本单位、本部门与行文对象在特定的商务系统中所处的位置和彼此之间的关系。这一点，直接关系到撰写者使用文种的正确与否，同时也规定了行文过程中的语气。

（三）系统性原则

所谓系统性原则，是指在同一个经济管理过程中的系列商务文书，存在着一定的内容上的关联性，或者说，有可参照性。今天的市场调查报告也许便是明天管理决策中可行性研究报告的依据，而后天，有关的内容也许又写进了某一产品的营销方案等等。

（四）灵活性原则

所谓灵活性原则，是指在具体撰写过程中，既要认真把握好经济活动类文书的写作规律，又要根据实际情况的需要，在写作时间、内容、表达方式方面作适当的变通。

四、商务文书的写作要求

这里所讲的经济活动类文书写作要求主要是对写作者的要求，写作者除了具备一定的写作能力，能让文书做到主旨突出、结构层次清晰、语言准确简洁之外，还要做到以下几方面。

（一）要具备较强的分析能力

为使经济活动类文书在现代经济管理活动中起到应有的作用，写作者要努力提高自己的思维品质与分析能力，要善于运用创新思维透过现象抓住本质，要能从惯性思维模式中突破出来，全面地认识与把握经济规律。而要提高自己的分析能力，写好商务文书，写作者必需具备多层次、专与博相结合的知识结构，还要注意平时多调研，多分析思考。

（二）要具备相关业务素养

经济活动类文书的撰写者，除了必须具备较强的政策观念和较高的思想理论素养外，还必须具备较高的商务知识素养。这是因为经济活动类文书是为了解决经济领域里的实际问题而写作的，它的专业性很强。所以，撰写商务文书，首先要根据所撰写的内容，熟悉相关的政策和法律；其次，要掌握业务工作知识，把握其发展的规律性，使所写的商务文书对经济工作产生较好的指导作用和实用价值。

（三）要掌握真实准确的材料

这是撰写经济活动类文书的关键。商务文书所使用的材料，是阐明观点、揭示经济规律的事实依据，如果材料不够真实、准确，所得出的观点、所提示的规律就缺少科学性，就不能很好地指导实践。因而我们要深入调查、搜集，反复核实材料，准确清楚地运用数据。

（四）要熟悉经济活动类文书的格式

由于经济活动类文书专业性强，各类文体都有惯用的格式，每一种文体根据写作目的的不同又有不同的变化，因此，要撰写出合格的经济活动类文书，就必须掌握各种经济活动类文书的基本格式，熟悉表述经济状况的各种说明方法。

（五）要学会得体地运用语言

经济活动类文书的主要内容都要关系到经济工作和经济效益，其一言一语都可能关系到单位和个人的经济利益，有时可以说是一字千金，因而用语表达一定要科学、准确。同时，也要注意经济活动是一种协作式的活动，如果某一文书涉及其他单位，用语要讲究谦和、亲切、礼貌而灵活，要有利于体现彼此平等协商、彼此合作、和谐互助的关系。

[思考与练习]

1. 举例说明经济活动类文书的特点。

2. 如果你想经营一家书店，试想你会运用哪些经济类文书。

第二节　广告

[例文简析]

例文一

伊利纯牛奶广告文案案例

（一）广告文案：无论怎么喝，总是不一般香浓！这种不一般，你一喝便明显感到。伊利纯牛奶全乳固体含量高达12.2%以上，这意味着伊利纯牛奶更香浓美味，营养成分更高！

广告口号：青青大草原　自然好牛奶

（二）广告文案：一天一包伊利纯牛奶，你的骨骼一辈子也不会发出这种声音。每1100毫升伊利纯牛奶中，含有高达130毫升的乳钙。别小看这个数字，从骨骼表现出来会大大不同！

广告口号：青青大草原　自然好牛奶

（三）广告文案：饮着清澈的溪水，听着悦耳的鸟鸣，吃着丰美的青草，呼吸新鲜的空气。如此自在舒适的环境，伊利乳牛产出的牛奶自然品质不凡，营养更好！

广告口号：青青大草原　自然好牛奶

简析

这三则系列广告，除角落里的品牌标识及产品包装外，没有任何图形。画面中心，巧妙地利用汉字字形的精心编排设计，通过一系列的象声词，分别表现人们迫不及待地喝牛奶的声音、因缺钙而导致的骨骼碎裂的声音以及乳牛在舒适的环境中惬意地吃草鸣叫的声音，调动受众的想象和联想，形成视觉冲击力。而广告文案又对画面主体文字作了形象的说明、注释和深化，道出了伊利纯牛奶诱人的浓香、纯真精美的品质和饮用后的效果及其根源，非常有说服力，很能打动消费者。这三则广告是以文案写作为主要表现形式的典型佳作。

例文二

易初莲花广播广告

音效：电话声

（电话效果音）男：喂？我老婆在你那儿吗？

女：不在，不在。我不和你多说了。我赶着去易初莲花买东西。“啪嗒”（挂电话声）

音效：手机声

（电话效果音）男：喂？我老婆和你在一起吗？

（超市背景中）女：没有，没有。我正在易初莲花抢购，下回再聊啊！“嘟”电话挂

断声

音效：手机声（于前次区别）

（电话效果音）男：喂？我老婆在你那儿吗？

超市背景衬底

女（笑声）：怎么，怕老婆跑啦？

（电话效果音）男：她一早出去，现在都快晚上了，还不见她。

女：别急，她和我在一块采购呢！

男：喂？喂？你们在哪里呢？

旁白：易初莲花超市让人流连忘返，如果你太太出去很久，也许你应该去易初莲花找找看。

音效：门铃声

女（兴奋）：老公，看看我买了什么！

简析

以声音媒介传播广告信息，采用情节剧方式突出了易初莲花广告的诉求，富有生活气息。

例文三

儿童百服宁系列（找人篇）

她在找一个人（上）

那天在火车上，我孩子发高烧，他爸爸又不在，我一个女人家，真急得不知怎么办才好。

多亏列车长帮我广播了一下，车上没找到医生，幸好有一位女同志，给了我一瓶儿童用的百服宁，及时帮孩子退了烧，我光看着孩子乐，就忘了问那位好心女同志的名字和地址，药也忘了还她。你瞧这药，中美合资的产品，没药味，跟水果似的，能退烧止痛，并且肠胃刺激又小，在我最需要的时候，百服宁保护了我的孩子。

人家帮了这么大的忙，我和孩子他爸都非常感谢她，真希望能再见到她，给她道个谢！

王霞

找到她了（下）

王霞，听说你在找我，其实给你一瓶药，帮你的孩子退烧，只是一件小事。

那天在火车上，我一听到广播里说你孩子发高烧又找不到医生，正好包里有一瓶医生给我孩子退烧的药——儿童用的百服宁，可以退烧止痛，肠胃刺激小，而且又有水果口味，孩子也乐意吃，所以就来给你救急了。那瓶药你就留着用吧，我家里还有，我孩子也常发高烧，家里总备几瓶，在最需要的时候，百服宁可以保护我的孩子，都是做妈妈的，你的心情我很理解。希望你以后带孩子出门，别忘了带施贵宝生产的儿童用百服宁！

张虹

简析

以讲故事的方式切入，用亲切家常的叙述口吻将儿童百服宁的性能、特点一一道出，有很强的感染力。故事分上、下两部分，创造了一定的悬念，产生吸引力。

[知识讲授]

一、广告概述

（一）广告的概念

广告是明确的特定行为主体（即广告主）为实现特定的推销目的而借助某种媒介面向公众所进行的信息传播活动。它有广义和狭义之分，广义的广告是一切广告形式的总称，包括盈利性广告和非盈利性广告。盈利性广告是一种纯粹的商业性广告，主要以开拓和发展市场、推进产品或服务外销为目的，如商品广告，这也是一般意义上的狭义广告；而非盈利性广告主要是推销观念和形象，陈述观点和意见，如公益广告、竞选广告等。

广告是社会需要与市场经济不断发展的产物，人们对广告概念的认识经历了一个由少到多、由浅入深、由简单到复杂、由模糊到清晰的过程。随着社会生产的不断发展和广告媒介的不断革新，广告的内涵和外延也发生了较大的变化。在内容上，广告不单纯是产品或服务的推介，还涉及观念与形象，触及政治、经济、教育、科技、文化、宗教等诸多方面；在媒体或形式的运用上，广告可资利用的媒介有数百种之多，含大众传媒和非大众传媒两大体系；在目的上，大多数广告是为了获取经济利益，也有些不以盈利为目的。总之，随着广告实践的不断深人，人们对广告认识的不断加深，广告逐渐成为一门系统的学科。

（二）广告的特点

1. 广告行为的目的性

在一般的商品广告中，广告主的功利目的很明显，就是为了树立企业形象，推销企业产品，从而达到赢利的目的，而公益广告的目的主要是利社会、利他人等。

2. 广告内容的公开性

广告的内容必须是可以公开的。一般来说，广告内容知道的人越多越好，广告传播必须研究如何使广告有效传递给目标受众并为他们所接受。

3. 广告传播对媒介的依赖性

无论是何种传播手段，都必须借助某种相应的媒介。媒介的选择，应确保广告的内容能够顺利地达到目标受众。广告所借助的媒介有电视、报刊、广播、网络等大众传媒，或路牌、灯箱、橱窗、交通工具、公共设施、展销会、人体等特殊媒介。

（三）广告的分类

广告分类是为了适应广告策划的需要而进行的。依照不同的标准，广告有不同的分类方法。

1. 从广告的目的来分

从广告的目的来分，广告有盈利性广告和非盈利性广告。盈利性广告，又称经济广告或商业广告，指商品经营者或服务提供者通过一定媒介和形式直接或间接地介绍产品或服务，其主要动机在于取得直接的经济利益。非盈利性广告旨在提供、传播和发布有关信息，重在社会效益，如文化广告、社会广告、政府通告。

2. 从广告的内容来分

从广告的内容来分，广告有产品广告、服务广告、形象广告、公益广告、观念广告等。产品广告以产品为诉求内容，涉及与产品有关的要素，如产品的类别、性能、规格等；服务广告指发布提供人力、物力、资金、公共服务等信息的广告；形象广告又称为公共关系广告，立足长远的目标，以塑造企业、单位或团体的形象为目的；公益广告以倡导和维护公共生活秩序和公共道德准则为内容，具有明显的公益性、服务性和社会性，体现出强烈的人文精神、社会关怀和社会责任心；观念广告不以盈利为目的，重在陈述意见，发表见解，表明信念。

3. 从诉求方式来分

从诉求方式（即广告的表现方法和信息的表达方式）来分，广告有理性诉求广告和情感诉求广告。理性诉求广告用叙述或说明的方法表现广告内容，借以分析、展现、陈述企业或产品形象，从而起到释疑、比较、劝导、提示的作用，它具有重事实、富理性、文辞朴实的特点，一般针对中老年消费群体或趋于严谨、重视理性消费的人。如果说理性诉求广告重在以理服人，那么情感诉求广告则重在以情动人，它针对公众的心理和情感需求，采用描写、抒情等方式，运用带有强烈感情色彩的文辞，或创造温馨的氛围，或送上真诚的祝福，或表达深切的关怀。

4. 从广告传播的媒体来分

从广告传播的媒体来分，广告通常分为大众性广告和辅助性广告。大众性广告即通过大众传播媒介或公共通讯工具所做的广告，具有单向性、广泛性、非面对面的特点，是现代广告最基础的形式，如报纸广告、杂志广告、电视广告、广播广告、网络广告等；辅助性广告指通过非大众传播媒介所做的广告，是对大众性广告的有益补充，如直邮广告、户外广告、售点广告、活动广告、实物广告、其他印刷或声像广告等。

5. 从广告的覆盖地区来分

从广告的覆盖地区来分，广告有跨国性广告、全国性广告、地方性广告、社区性广告等。此外，还可以从广告的文体、广告的对象（广告受众）、广告的心理效果等角度来分类。

（四）广告的功能和作用

广告已经无可辩驳地存在于我们的现实生活中，它不仅是一种经济现象，还是一种社会现象，当它具有相当的普遍性后，就会对社会政治、经济、文化等产生一系列的作用。广告具有信息功能、经济功能、宣传功能、心理功能、审美功能等。具体来说，广告具有以下几方面的作用。

1. 沟通产销，促进商品流通

广告以其所提供的信息，在产、供、销与消费者之间架起了桥梁，有利于扩大产品销路，可以避免盲目生产，或因信息不通而造成的商品流通不畅。

2. 普及商品知识，引导公众消费

广告的大量传播，使商品知识进入千家万户，人们在不知不觉中接受了广告宣传，了解了商品知识，增强了消费意识。

3. 传播各方面信息，服务大众

除了商品信息外，广告还可以给大众提供涉及方方面面的服务信息，如人才招聘、教育培训、法律援助等，给人们带来了极大的方便和好处。

4. 美化市容环境，营造良好氛围

广告宣传范围大、领域广，街头巷尾都随处可见设计新颖、装潢精美的广告，既有艺术品味，又有思想内涵，不但美化了市容环境，而且可以陶冶人们的身心，营造良好的社会氛围，倡导文明健康的社会时尚。

5. 传播优秀文化

广告本身就是一种文化产品，是传播优秀文化的载体。每一则广告，都不同程度地包含着文化的底蕴。好的广告，有着优秀文化的丰富内涵，这样的广告，不仅满足了人们对信息的需求，而且给人们带来了美的享受。

二、广告文案创作

简言之，广告文案是广告作品的文字部分，就是指以文学艺术手法为主要表现形式，包含欲达成广告目标要素的广告作品的语言文字（某些情况下广告文案本身就是广告作品）。它是制作广告的蓝本，是广告创意的表达。有了广告文案，就有了制作广告作品的明晰思路；找到了好的创意，也就在相当程度上完成了广告文案写作。因此，要重视广告文案的创作。

（一）广告文案创作的准备工作

1. 市场调研工作

这是广告活动的起点，也是广告文案创作的基础。通过市场调研，可以收集消费者基本状况、产品自身情况、市场需求情况、同类产品竞争情况等与广告活动有关的信息，从而为特定产品的广告定位，为广告策划活动提供必不可少的资料。

2. 目标受众分析工作

与广告所宣传的产品或服务存在着现实与潜在关系的受众就是特定广告的目标受众。要在市场调研的基础上，分析目标受众对广告所宣传的产品或服务有何期待心理，了解他们喜欢看什么样的广告，不喜欢看什么样的广告，要研究他们的消费行为和消费心理。

3. 广告策划定位工作

首先要做好产品定位，即科学地确定特定产品在市场上的位置。产品在市场上找不到自己的位置，它就无法有效地占领市场；产品定位不当，它就无法在市场上占有比较大的份额。在产品定位的基础上做好广告定位，就是要明确为什么做广告、做什么广告、广告做给谁看、通过什么渠道发布广告等。广告策划除了广告定位策划外，还包括公关活动策划、广告媒介策划、商品营销策划等。

（二）广告文案创作对撰稿人的要求

1. 对市场有精深的研究

市场是商品流通的场所，也是企业之间的角力场，因此，广告文案撰稿人必须要了解市场。一是要了解特定的产品和服务，尤其要注意发现其无可取代的特点，从而找到广告诉求的重点；二是要了解市场上特定产品的销售情况，努力发现特定产品的市场空间；三是要了解竞争对手的现状，以避免参与市场竞争的盲目性。

2. 对广告有独特的理解

广告文案撰稿人既要有经济头脑，懂得商品经济的规律，熟悉商战的规则，又要有深厚的文化底蕴和较高的审美品味，还要有充满智慧的奇思妙想。他们必须对广告有独特的理解，才能找到恰当的表现形式，出奇制胜，创作出令人叹服的广告作品。

3. 具备多学科的知识

广告是一门边缘学科，融合了多学科的知识，撰稿人要把广告文案写得实用、管用，就必须熟悉市场营销学、经济学、社会学、公共关系学、消费心理学等有关知识；把广告文案写得漂亮、优美，就必须熟悉美学、语言学、写作学和文学艺术创作的有关知识；把广告文案写得便于操作，就必须熟悉广告学、传播学等有关知识。此外，撰稿人还要熟悉有关的法律法规。

（三）一般广告文案的写作

广告文案的结构由标题、正文、标语和随文四部分组成。在实际运用中，要根据媒介的特点和广告制作的具体要求，确定运用哪几个结构要素。如选用纸质媒介可以运用四种结构要素；选用电波媒介运用标语较多；而户外广告一般文字较简练，大多只用标语和随文。

1. 广告标题

标题是表现广告主题的短语或短句，是广告文案中最重要的部分，它起着提示正文的重要内容、抓住受众的注意力、激发兴趣、促成购买的作用。标题给人以第一印象，好的标题应该让人“一目了然”、“一见钟情”、“一听难忘”，能高度概括主旨，突出诉求重点，创意新颖，文字简洁生动。常见的标题形式有：

（1）直陈式。直截了当地告诉读者有关的重要信息。如：“×××牌洗衣粉”、“××公司向您提供新型小家电”。

（2）新闻式。广告内容具有一定的新闻价值，其标题通常采用新闻文体。如：“新一代等离子超薄型彩电问世”、“×××商厦近日落成，正式营业”。

（3）提问式。就是用提问的方法引起人们的注意。如：“您知道这黑色盒子里的秘密吗?”（巧克力糖广告）

（4）祈使式。一般用劝勉、叮咛、告诫等语气来写标题，引人注意。如：“防人之心不可无”（保安、民用防身器材广告）。

（5）比拟式。就是用比喻、拟人的手法，通过打比方、将商品人格化等方法来写标题。如：“欢迎顾客踩在我身上”（瓷砖广告）、“春风轻轻吻上了你的脸”（化妆品广告）。

2. 广告正文

这是广告文案的核心，旨在对广告内容进行说明、陈述、解释。它要求简明扼要，中心突出，诉求重点明确，介绍说明浅显易懂。常见的正文体式有以下几种。

（1）对话式。采用二人或若干人对话的形式，创设一个生活小场景，编成情节较简单的小故事，来表现广告内容。

（2）描写式。用文学语言对商品或服务的特点和消费者可获得的利益进行绘声绘色的描写，给人们鲜明和深刻的印象。

（3）散文式。以散文的形式、诗的语言与节奏来表现广告内容，结构灵活，富有意境。

（4）故事式。将产品或企业的来历、特征、用途等通过人们喜闻乐见的讲故事的形式表现出来，从而达到广告宣传的目的。

（5）论证式。重在以理服人，即依据一定的论据，采用一定的论证方式，来告诉消费者为什么要使用某产品，说服消费者购买。

（6）说明式。用平实的语言，对产品或服务的特性等进行具体的解释说明。如药品广告，可以用说明式来介绍药品的配制材料、功效、适用病症、服用和保存方法、有效期限、禁忌等。

3. 广告标语

也叫广告口号，它是广告主从战略的角度出发，立足长远，在一定时期内反复使用的特定的宣传语。标语反复出现，可以使消费者对广告所宣传的企业及其产品或服务加深了解，进而在脑海里留下深刻的印象。它可以起到加深印象、长远促销、树立形象、倡导观念的作用。

（1）广告标语的特点。

①标志性。与其他标语具有明显的差别，起到识别和标志作用，以提高认知和记忆程度。

②简明性。以 10 个字以下为宜，要做到易读、易懂、易记，朗朗上口。

③艺术性。恰当运用各种艺术手法，形象生动，真切感人，给人以美的享受。

④稳定性。广告标语一旦确定，要使用较长时间，甚至长达数十年，以保持相对的稳定性，使之家喻户晓，深入人心。但这种稳定性并不意味着永恒不变，事实上，要根据形势的变化而进行修改。

（2）广告标语的主要形式。

①赞扬式。突出产品的优越性，使消费者对产品产生好感。如：雀巢咖啡，味道好极了！——雀巢咖啡广告

②情感式。用富有感情的语言进行渲染，使消费者在购买时产生美好的联想。如：孔府家酒，让人想家。——孔府家酒广告

③号召式。用鼓动性的语言激励消费者去购买某种产品或接受某种服务。如：棒不棒你尝尝，好不好你试试。——台湾古船系列奶粉广告

④幽默式。用风趣幽默的语言介绍产品或服务，让人在会心一笑的同时产生购买的欲望。如：实不相瞒，天仙的名气是吹出来的。——天仙牌电风扇

4. 广告随文

广告随文也叫附告，是在正文之后的必要说明，即附带告诉人们的一些内容，包括广告单位的名称、地址、联系方式、购买商品的方式等，对消费者起到指南的作用。

（四）软广告的写作

在广告学理论上，硬软广告没有明确的定义，也没有明确的范围划分，更确切点说，是广告界中所谓的行话。可以这样理解，直接、纯粹宣传产品或企业的广告就是硬广告，而软广告（也称软文广告、软文）是指通过特定的概念诉求，以摆事实、讲道理、诉感情等方式使消费者走进企业设定的“思维圈”，以强有力的针对性心理攻势迅速实现产品销售的文字（图片）模式。

广告，是消费者快速、准确认识产品的途径之一，是企业提升品牌知名度、抢占市场的有效手段。硬广告正是具有传播速度快、杀伤力大、涉及人群广的优点，所以一直以来成为大多数企业的首选。综观国内知名品牌，都很重视硬广告，而且很多企业都是首先通过硬广告来打响自己品牌的。但是硬广告也具有费用昂贵、“强制”消费者接触、令消费

者反感等弱点。

而软广告以其成本低、效果好的优势，现在深受广大企业的青睐。软广告没有硬广告的那种“杀伤力”，但它对目标公众的渗透力也是十分明显的。一方面软广告所具有的科普性、知识性、新闻性使读者愿意接受这些信息，并从中知晓一定的知识，让读者不知不觉地记住了该产品和品牌，读者就不会产生一种抵抗心理；另一方面软广告是渐进式、润物细无声的，也就更容易被消费者接受。事实也证明，好的软广告可以发挥事半功倍的作用，虽然如此，软广告也有传播面太窄、时效性太差、过分“溢美”、容易让消费者产生排斥心理等弱点。软硬广告各有优劣，可以互为补充。企业应该结合自身实际和硬软广告的各自特点，去探索适合本企业的广告方式。

（五）撰写广告文案的基本要求

一则优秀的广告文案，应该起到引起注意、刺激需求、产生信赖、维持印象和促成购买的作用。要达到这样的目的，就必须在广告文案的创作上下工夫。广告的类型不同，广告文案的写作要求也不同，但不论采用哪种广告形式，广告的内容必须真实、健康、清晰、明白，不得以何形式欺骗用户和消费者，这是撰写广告文案最基本的要求。此外，撰定广告文案还必须注意以下几点。

1. 要实事求是

制作广告虽然允许适度的艺术渲染和艺术夸张，但必须以事实为基础。只有忠实地、负责任地向消费者介绍商品或服务，才能建立起商品和企业的信誉。美国著名的《欧吉沛广告准则》第一条指出：“绝对不要制作不愿让自己的妻子、儿女看的广告”，因为“诸位大概不会有欺骗自己家人的念头，当然也不能欺骗别人的家人”。

2. 要有明确的诉求重点

由于受传播媒介等条件的限制，广告文案只能从众多的信息中选取最能体现商品、服务的功用，最能突出其特殊个性的“核心点”来作为诉求重点。在确定诉求重点时，如果是商品广告，还必须注意商品是处于市场的引入期、成长期，还是成熟期、饱和期或衰落期。在引入期和成长期，诉求重点是商品的名称和性能，以激发消费者的兴趣和关注；在成熟期和饱和期，诉求重点是商品性能的改良和商标的信誉；在衰落期，诉求重点是商品的新技术、新用途，以争取新用户，开辟新市场。

3. 要抓住受众的消费心理需求

所谓消费心理需求，就是消费者的兴趣、需要、动机、情感、态度等心理因素。要针对这些因素，要善于根据不同地区、不同消费对象的不同特点，做到有的放矢，才能事半功倍。

4. 语言文字要富有感染力

可以采用各种体裁、各种表达方式，运用准确、精练、鲜明、生动的语言，既通俗易懂，朗朗上口，又活泼生动，富有情趣。要摈弃庸俗低级和不健康的语言。

[思考与练习]

1. 分析以下广告标语的运用方法。

停电 24 小时，依旧冷若冰霜…… ——上海航天电冰箱广告

2. 阅读下面一则广告，回答问题。

搬家找利康

北京市利康公司面向首都全体市民及企事业单位、机关、部队、学校、饭店等公共团体，承揽各种形式的搬家业务，承做室内装饰、电器安装，并为用户代购新式家具，回收旧家具。

通讯地址：（略）

联系电话：（略）

（1）这是一则报道什么内容的商业广告？

（2）利康公司服务的内容和服务的范围是什么？

（3）广告标题概括了哪三部分内容？

3. 请写出几则商业广告的标语，并加以分析它的作用。

4. 请选择一种你喜欢的报纸或刊物，为它们创作一份广告文案。

5. 请围绕环境保护的主题写一则公益广告标语。

第三节 经济合同

[例文简析]

例文一

鲜蛋购销合同

供方：________________

地址：__________ 邮码：__________ 电话：__________

法定代表人：__________ 职务：__________

需方：__________

地址：__________ 邮码：__________ 电话：__________

法定代表人：__________ 职务：__________

根据《中华人民共和国合同法》等有关法律的规定，经双方协商，签订本合同，共同信守，严格履行。

第一条 品名、计量单位、数量

第二条 产品质量与标准：供方出售给需方的鲜蛋应新鲜完整，不破损、不变质，要保持鲜蛋表面清洁，不粘附泥污等物。

第三条 包装要求：由供方自备或向需方租用硬塑箱及木箱，由供方付给需方押金与使用费。

第四条 价格或作价办法：全年实行季节差价。收购旺季实行量低保护价，鸡蛋每市斤________元，补贴饲料________千克；鸭蛋每千克________元，补贴饲料________千克。

第五条 收购地点：________________________________。

第六条 交货方式及运费负担：供方鲜蛋送往需方仓库，必须自备车辆、船只或其他运输工具。需方收货后则应按实际数量，每50千克补贴运输费、损耗________元，交食品站不补贴运杂费及损耗。

第七条　验收方式与期限：供方将鲜蛋送到后，需方依次过磅照验，在24小时内验收完毕，逾期验收由需方补贴损耗________%。

第八条　货款结算方式：需方通过验收后，应向供方及时支付货款。

第九条　超欠幅度：交售数量分月在合同规定数量超欠5%以内不作违约论处。

第十条　违约责任：供方违约每欠500克鲜蛋，应补给需方损失________元。需方违约每拒收500克鲜蛋，则补给供方损失________元。

第十一条　其他约定：供方现存生产蛋鸡________只、蛋鸭________只，若需淘汰更新，须经双方协商同意，才能减少供货数量。

第十二条　本合同正本二份，购销双方各执一份，两份具有同等效力。

第十三条　本合同有效期自________年________月________日至________年________月________日止。

本合同一经签字，即具有法律约束力，双方必须全面履行合同规定的义务，不得单方任意变更或解除，若遇不可抗力，不能履行合同时，应及时通知对方，以书面形式变更或解除合同。

供方：________________________________（盖章）

代表人：________________________________

________年________月________日

需方：________________________________（盖章）

代表人：________________________________

________年________月________日

简析

此文提供了一种合同写作的模式。本合同采用条文式结构，合同内容齐全，格式规范。

例文二

五金、交电、家电、化工产品购销合同

供方：________________________________

地址：________________邮码：________________电话：________________

法定代表人：________________职务：________________

需方：________________________________

地址：________________邮码：________________电话：________________

法定代表人：________________职务：________________

为保护供需双方的合法权益，根据《中华人民共和国合同法》，经协商一致同意签订本合同。

一、品名、规格、产地、质量标准、包装要求、计量单位、数量、单价、金额、供货时间及数量

二、供方对质量负责的条件和期限：____________

三、交（提）货方式及地点：________________

四、运输方式到达站（港）及收货单位：__________

五、运输费用负担：__________

六、合理损耗计算及负担：__________

七、包装费用负担：__________

八、验收方法及提出异议的期限：__________

九、结算方式及期限：__________

十、违约责任：__________

十一、合同附件：__________

十二、其他约定事项

1. 合同正本一式两份，双方各执一份。

2. 本合同经双方签字盖章后生效。有效期限自______年______月______日至______年______月______日

供方（盖章）：__________

法定代表人：__________

委托代理人：__________

开户银行：__________

账号：__________

需方（盖章）：__________

法定代表人：__________

委托代理人：__________

开户银行：__________

账号：__________

简析

该合同以固定格式，按照《合同法》的规定，对买卖双方的权利义务作了详细的约定。

[知识讲授]

一、经济合同的概念和作用

（一）经济合同的概念

经济合同依据其经济性质，是指平等主体的法人、其他经济组织、个体工商户、农村承包经营户之间，为了实现一定的经济目的、明确相互权利义务关系而订立的协议。

（二）经济合同的作用

（1）经济合同是实现国家宏观经济规划的客观保证。国家宏观经济规划各项指标的实现和国民经济的有序发展有赖于各级各类经济组织之间的分工协作，而在社会化大生产的背景下，经济合同是经济组织之间实现纵向和横向联系的纽带。可以说，没有经济合同的联系和制约作用，就没有良好的分工协作，就没有良好的经济发展环境。

（2）经济合同是企业加强生产经营管理、提高经济效益的有效手段。经济合同签订

后，生产者就必须按合同规定的产品数量、质量和期限等要求，有效地组织人力、物力进行生产活动，力求提高履约率，实现企业的利润指标。

（3）通过经济合同把产、供、销紧密联系起来，有利于克服产销脱节、供需不协调的现象。在经济活动中，人们利用合同把生产所需设备、原料供应、生产过程、产品销售等环节结合起来，能有效地节约人力、财力和资源，提高经济效益。

二、经济合同的种类和特点

（一）经济合同的种类

经济合同的类型较多，从不同的角度，按不同的标准，可以分成若干类别。

（1）按形式可分为表格式合同、条款式合同和表格条款式相结合的合同。

（2）按期限可分为长期合同、中期合同、短期合同。

（3）按合同是否立即交付标的可分为诺成合同和实践合同。

（4）按合同的性质，可分为转移财产的合同、完成工作的合同、提供劳务的合同等。

（5）按合同的内容，可分为买卖合同、供用（水、电、气、热力）合同、赠予合同、借款合同、租赁合同、融资租赁合同、承揽合同、建设工程合同、运输合同、技术合同、保管合同、仓储合同、委托合同、行纪合同、居间合同等。

（二）经济合同的特点

（1）经济合同具有法律的效力。因此，合同签订后，各方当事人就必须严格履行合同的内容，否则就会受到经济制裁，甚至追究法律责任。

（2）经济合同的内容必须符合国家的有关法律、法规和宏观经济规划的要求。

（3）订立合同必须贯彻平等、公平、协商、等价有偿、诚实信用的原则。

（4）订立合同的当事人必须有履行合同的能力。

三、经济合同的结构和写作要求

合同格式分为表格式和条款式两大类。在实际使用的合同中，也有两种格式综合使用的。我国有关部门颁发了几十种常用合同示范文本。合同法规定："当事人可以参照各类合同的示范文本订立合同。"

（一）合同的基本结构

合同的基本结构是：标题＋当事人＋正文＋落款。

1. 标题

标题位置在首行居中，通常直接使用合同名称，以表明合同的性质，例如"购销合同"、"承揽合同"等；也有的在前面写明标的，例如"供用电合同"、"棉花购销合同"等；还有的再加上时间或者范围的限制，例如"××公司 2005 年技术服务合同"、"××综合商场租赁经营合同"等。

2. 当事人

在标题下空一行顶格书写。当事人（立合同者）要写明单位全称或个人真实姓名。通常各方当事人要以相同形式分行并列，并注明当事人在合同活动中的地位，例如"买方"

或“卖方”、“出租人”或“承租人”、“委托方”或“服务方”等。也可以用“甲方”和“乙方”分别代指双方，依照惯例，付款方称“甲方”，收款方称“乙方”。

3. 正文

正文的构成是：引言＋主体＋结尾。

（1）引言。引言要简明写出双方订立合同的依据和目的，例如“为扩建北京市××学校电子计算机房，甲、乙双方协商订立本合同，以资共同信守”。也可以不写引言，直接写下一部分。

（2）主体。主体一般用表格或者条款写明合同内容，包括标的、数量和质量、价款或酬金、履行的期限、履约的地点和方式、违约责任、解决争议的方法等，还包括经当事人商定的其他必要条款。每项都应尽可能写得具体、明确，将各方的责任和义务规定得一清二楚。

（3）结尾。结尾要写明合同的份数、效力。例如“本合同一式两份，具有同等效力，双方各执一份”。有的还需要注明合同的有效期限、附件的名目（例如“设计图纸”）等。结尾内容也有的写在合同的最后。

合同正文的每个部分和每项内容，在条款式合同中都要另起一段，在表格式合同中都要另占一格，复杂的合同（例如进出口合同书）还要划分章目，并在前面列出目录。

4. 落款

落款位置大多在合同书的最后，除了写明当事人单位全称及代表人（或代理人）姓名并加盖印章、注明签订日期外，通常还要注明地址、电话、电传、银行账号等。合同经过鉴证的，鉴证机关可以单独开具“合同鉴证书”，也可以在合同后签署鉴证意见并注明日期，经办人和鉴证机关要署名盖章。

（二）经济合同的写作要求

1. 合同内容必须符合国家方针政策、法律法规要求

签订经济合同是一种合法的法律行为，只有当其内容符合国家的法律和政策要求时，才能产生当事人双方预想的效果，受到法律的保护。否则，不但达不到双方当事人预想的目的，还可能部分或全部无效，甚至受到法律的制裁。所以，经济合同要在内容、签订的形式和程序方面都合乎法律和政策的规定。

2. 贯彻平等互利、协商一致、等价有偿原则

经济合同的当事人在签订经济合同时，具有平等的法律地位，任何一方都不能把自己的意志强加给对方。

3. 格式规范

凡国家法律、法规有规定的，要按法定的形式行文；公布了示范文本的可参照示范文本行文；没有相关规定的，可由当事人商定合同的内容与表现形式，但要对照《中华人民共和国合同法》的有关规定，防止出现无效合同或合同要素的缺失。

4. 内容具体、完备，语言精确、严谨

拟写合同要持认真的态度，书写时内容要具体，条款要完备，不得疏漏。语言表述要求精确、严谨，避免文字上的歧义和混乱。书写要求工整、清晰，正式的合同文书不能有任何涂改之处。

[思考与练习]

1. 请分条指明下面合同的不妥之处。

合　同

立合同人：××化肥厂

××汽车运输公司

一、乙方为甲方一次性运送1500吨化肥，甲方按吨千米支付运输费。

二、运输工作必须在××××年××月××日以前完成，否则拖延一天扣除全部运输费的1%。

三、运输工作如提前完成，每提前一天，甲方向乙方提供奖金1000元。

四、运输过程中化肥遗失，口袋破损，乙方照市价赔偿。

五、运输工作开始后甲方必须提供包装完好的化肥，如供货不及时影响了运输速度，由甲方赔偿。

××化肥厂（盖章）

经办人　王×（签名盖章）

2. 根据下面的文本，请填写相关内容，练习房屋租赁合同的写法。

房屋租赁合同

甲方（出租方）：______________________________

本人（法定代表人）姓名：________ 职务：________ 性别：________

地址：____________________ 邮码：____________

电话：____________

乙方（承租方）：______________________________

本人（法定代表人）姓名：________ 职务：________ 性别：________

地址：____________________ 邮码：____________

电话：____________

根据《中华人民共和国合同法》、《中华人民共和国城市房地产管理法》及其他有关法律、法规之规定，在平等、自愿、协商一致的基础上，甲乙双方就下列房屋的租赁达成如下协议：

第一条　房屋基本情况

甲方房屋（以下简称该房屋）坐落于________，位于第________层，共________（套/间），房屋结构为________，建筑面积________平方米（其中实际建筑面积________平方米，公共部位与公用房屋分摊建筑面积________平方米）；该房屋所占地土地使用权以（出让/划拨）方式取得；该房屋平面图见本合同附件一，该房屋附着设施见附件二；房屋所有权证号、土地使用权证号、房地产权证号分别为____________。

第二条　房屋用途

该房屋用途为____________，除双方另有约定外，乙方不得任意改变房屋用途。

第三条　租赁期限

租赁期限自________年________月________日至________年________月________日止。

第四条　租金

该房屋月租金为（人民币）________元整。租赁期间，如遇到国家有关政策调整，则按新政策规定调整租金标准；除此之外，出租方不得以任何理由任意调整租金。

第五条　付款方式

乙方应于本合同生效之日向甲方支付定金（人民币）________元整。租金按（月/季/年）结算，由乙方于每（月/季/年）的第________个月的________日交付给甲方。

第六条　交付房屋期限

甲方应于本合同生效之日起________日内，将该房屋交付给乙方。

第七条　甲方对房屋产权的承诺

甲方保证在交易时该房屋没有产权纠纷；除补充协议另有约定外，有关按揭、抵押债务、税项及租金等，甲方均在交付房前办妥。交易后如有上述未清事项，由甲方承担全部责任，由此给乙方造成经济损失的，由甲方负责赔偿。

第八条　维修养护责任

租赁期间，甲方对房屋及其附着设施每隔________年检查、修缮一次，乙方应予积极协助，不得阻挠施工。

正常的房屋大修修理费用由________方承担；日常的房屋维修费用由________方承担。

因乙方管理使用不善造成房屋及其相关设备的损失和维修费用，由乙方承担并负责赔偿损失。

租赁期间，防火安全，门前三包，综合治理及安全、保卫等工作，乙方应执行当地有关部门规定并承担全部责任和服从甲方监督检查。

第九条　关于装修和改变房屋结构的约定

乙方不得随意损坏房屋设施，如需改变房屋的内部结构和装修或设置对房屋结构有影响的设备，需经征得甲方书面同意，投资由乙方自理，退租时，除另有约定外，甲方有权要求乙方按原状恢复或向甲方交纳恢复工程所需费用。

第十条　关于房屋租赁期间的有关费用

在房屋租赁期间，以下费用由乙方支付，并由乙方承担延期付款的违约责任：

（1）水、电费。

（2）煤气费。

（3）供暖费。

（4）物业管理费。

在租赁期，如果发生政府有关部门征收本合同未列出项目但与使用该房屋有关的费用，均由乙方支付。

第十一条　租赁期满

租赁期满后，本合同即终止，届时乙方须将房屋退还甲方。如乙方要求继续租赁，则须提前________个月书面向甲方提出，甲方在合同期满前________个月内向乙方正式书面答复，如同意继续租赁，则续签租赁合同。

第十二条　因乙方责任终止合同的约定

乙方有下列情形之一的，甲方可终止合同并收回房屋，造成甲方的损失，由乙方负责赔偿：

（1）擅自将承租的房屋转让、转借他人或擅自调换使用。

（2）擅自拆改承租房屋结构或改变承租房屋用途。

（3）欠租金累计达________个月。

（4）无正当理由闲置达________个月。

（5）利用承租房屋进行违法活动。

（6）故意损坏承租房屋。

第十三条　提前终止合同

租赁期间，任何一方提出终止合同，需提前半年书面通知对方，经双方协商后签订终止合同书，在终止合同书生效前，本合同仍有效。

如因国家建设、不可抗力因素或出现本合同第十条规定的情形，甲方必须终止合同时，一般应提前三个月书面通知乙方。乙方的经济损失甲方不予补偿。

第十四条　登记备案的约定

自本合同生效之日起________日内，甲、乙双方持本合同及有关证明文件向________申请登记备案。

第十五条　违约责任

租赁期间双方必须信守合同，任何一方违反本合同的规定，须按年度向对方交纳年度租金的________%作为违约金。

第十六条　因不可抗力原因导致该房屋毁损和造成损失的，双方互不承担责任。

第十七条　本合同未尽事项，由甲、乙双方另行议定，并签订补充协议。补充协议与本合同不一致的，以补充协议为准。

第十八条　本合同之附件均为本合同不可分割之一部分。本合同及其附件内，空格部分填写的文字与印刷文字具有同等效力。

本合同及其附件和补充中未规定的事项，均遵照中华人民共和国有关法律、法规和政策执行。

第十九条　甲、乙一方或双方为境外组织或个人的，本合同应经该房屋所在地公证机关公证。

第二十条　本合同在履行中发生争议，由甲、乙双方协商解决。协商不成时，甲、乙双方同意按（　　）项解决。（1）由________仲裁委员会仲裁；（2）向________人民法院起诉。

第二十一条 本合同连同附表共________页，一式________份，甲、乙双方各执一份，均具有同等效力。

甲方：________________　　　　乙方：________________

甲方代理人：________________　　　　乙方代理人：________________

________年________月________日　　　　________年________月________日

3. 课下收集劳动聘用合同的相关资料，了解劳动聘用合同的写作内容和格式，写一份某公司的聘用合同。

第四节　市场调查报告

[例文简析]

例文一

榆次区农产品市场调查报告

根据省政府晋政办发电〔2004〕年114号《关于在全省开展农业产业化经营情况大调查的通知》，区政府专门成立了大调查领导组，副区长宁山岗任组长，安新宇副秘书长和赵玉良局长任副组长，抽调相关部门的骨干力量组成调查组，从7月11日至7月25日，对全区农产品批发市场、集贸市场、农产品超市、储藏营销单位等农产品流通组织及流通大户、重点乡镇、农村进行了全面调查摸底，并深入具有代表性的批发市场、超市等单位进行实地调查研究。现将我区农产品市场调查情况报告如下：

一、农产品市场现状

（一）畜产品市场

1. 营销单位

我区肉禽蛋营销单位共有两家，分别是外贸公司榆次肉联厂冷库、榆次区食品公司冷库。经营的品种主要有猪肉、禽肉、羊肉、兔肉和禽蛋等。外贸粮油食品公司肉联厂冷库始建于1972年，占地面积2000平方米，自建厂以来，畜产品全部出口外销，主要经营兔肉和羊肉，兔肉出口日本、美国和欧洲各国，羊肉主要出口中东国家，2003年销售额580万元，实现利润20万元，缴纳各种税费98万元。榆次区食品公司冷库始建于1963年，占地面积1500平方米，畜产品主要供应本地市场，2003年销售额320万元，实现利润10万元，缴纳各种税费40万元。

2. 产品批发市场

我区畜产品批发市场主要有两个：榆次区汇隆市场和商贸城市场，主要经营猪肉、禽肉、羊肉和水产，产品主要供应本地市场。汇隆市场始建于1993年，商贸城市场始建于2000年，经营方式都以个人租赁为主，年销售额分别为1150万元、2100万元，分别占榆次市场份额的10%、15%，两个市场的管理从业人员分别为2人和5人。

3. 产品集贸市场

我区以零售为主的集贸市场主要有金猫市场、菜园街市场、路西市场、校园路市场和经纬厂市场等，市场份额占全区市场的40%。

4. 畜产品超市

我区畜产品经营超市有田森超市一部、二部，华联超市，普家乐超市和铁华超市。其中田森超市和铁华超市采取租赁的经营方式；华联超市和普家乐超市采取连锁的经营方式，市场份额占全区市场的20%。

（二）果品市场

1. 果品批发市场

我区批发市场主要有北田镇豆腐庄批发市场，年交易总量500万千克，全部批发到省外，年交易总额350万元，市场辐射相邻35个村，该市场有管理人员1名，从业人员10名。榆次区北田镇北田村果蔬批发市场，正在建设之中，其占地面积8000平方米，现已投资50多万元，交易大棚5个共1440平方米，基础设施及围墙建设已基本完成，预计今年秋季投入使用。其他如榆次汇隆批发市场、晋中富通绿色农产品开发有限公司等，也兼营水果批发。

2. 果品集贸市场

城区果品集贸市场，年销售量在1000万千克，年交易额500万元，市场辐射到平遥等邻近县区。该市场属于自发的果品集贸市场，无专人组织，没有形成正常的管理体系。

3. 营销大户

我区销售大户有：北田镇豆腐庄村的陈二棉，异地批发红星和新红星，年销售量500万千克，年销售额300万元；庄子乡下黄彩赵石爱，异地批发红星和新红星，年销售量300万千克，年销售额600万元；庄子乡义井的王承林异地批发红星、红富士，年销售量60万千克，年销售额130万元；东赵乡训峪的阎贵虎异地批发梨、苹果，年销售量300万千克，年销售额500万元。我区红枣营销企业处于起步阶段，没有出现较大的营销企业，红枣销售以大户营销为主，红枣销售大户有10多户，较大的营销大户有王连贵、王大跃等，产品主要销往东北、北京、广东等地，销量约100万千克。

4. 营销企业

我区的富通绿色农产品开发有限公司、晋中纳特福果业有限公司、庄子乡榆城坪新顺果脯厂，都是正在兴起的果品种植、加工、销售的新型企业。新顺果脯厂占地1000平方米，年果品加工量10万千克，年销售产值52万元。晋中纳特福果业有限公司年消化果品5.4万千克，年产量3.6万千克，年产值64万元。

5. 营销协会

榆次枣业协会，主营枣类产品的储藏加工，有经营场地800平方米，2003年9月开业，年销售量125万千克，年销售额250万元，年利润额110万元。晋中市果业协会也吸纳了不少我区的果品销售经纪人，带动了全区果品销售。

6. 果品超市

榆次金虎便利超市，主营枣类品种，年销售量2吨，年销售额1.5万元，年利润额0.6万元。

全区果品年销售量6000万千克，年销售额7200万元，其中批发市场销售1500万千克，销售大户销售1170万千克，共占安排销售总量的45%，剩余55%的果品均是零散批发。

（三）粮食市场

1. 加工营销单位

（1）粮食加工营销企业。我区有生力面粉厂、东阳、魏岳、郭村、修文、源涡等20多家规模型股份或私营面粉加工企业，年加工能力达5000万千克，超过全区小麦总产量。

（2）油脂加工营销企业。晋北油脂厂、诚信油脂厂等，年加工销售油料15万吨。

（3）酿造营销企业。以怀仁四眼井酿造集团公司和南六堡曲醋厂为重点的酿造群体，食醋年产销量6万余吨，转化粮食1000万千克。

（4）饲料加工销售企业。鲲鹏饲料集团、亨通饲料公司和强大饲料公司，三大饲料企业年产销饲料达10万吨，转化粮食1亿多千克。

2. 粮食批发市场

什贴镇葵花子交易市场是发展我区支柱产业的一个重点工程，该市场占地8000平方米，总投资80万元，现已建成农副产品储存仓库2400平方米，交易货场2000平方米。此工程主要依托什贴、郭家堡、张庆等供销社，重点解决我区农民农副产品的卖难问题，建成山西最大、可辐射全国近20个省市的农副产品集散中心，预计全年可收购葵花子1500万千克，小杂粮、豆类、玉米等200万千克，可推销各种农副产品4000万元。

3. 粮食营销大户

雷贵友，1998年开始经营粮食业务，有场地300平方米，年粮食销售量1400万千克，年利润额10万元。

（四）蔬菜市场

1. 蔬菜批发市场

（1）东阳镇蔬菜批发市场，占地28014平方米，建筑面积6250平方米，其中交易大棚面积5250平方米，2001年6月开业，年交易量2.5万吨，年交易额4.5亿元。还建有无公害蔬菜质量安全监测站，开通了蔬菜国际互联网站，产品远销河北、河南、山东、北京、天津、武汉等大中城市。

（2）榆次汇隆批发市场，属综合性农产品批发市场，兼营蔬菜、水果、肉类等，年交易额1亿余元。蔬菜产品主要销往本区。

2. 蔬菜集贸市场

主要有金猫市场、路西市场、菜园街市场、校园路市场和经纬厂市场。这些都属于综合性农产品集贸市场，兼营蔬菜、水果、肉类等。蔬菜产品主要销往本区。

3. 蔬菜储藏营销企业

晋中富通绿色农产品开发公司的农产品批发市场，占地19万平方米，设有业务洽谈室、农产品检验室、产品包装室及产品装卸车间，交易品种以反季节蔬菜为主，产品销往武汉、上海等大城市，年交易量达1500吨，交易额达300万元。

4. 蔬菜营销协会

主要有蔬菜贮藏协会、蔬菜流通协会、蔬菜营销协会等。蔬菜贮藏协会，发展土窑洞、地下窖、机械恒温库，引进最新保鲜袋贮藏法、气调保鲜法、空气电离子保鲜法等对蔬菜进行贮藏，年贮量8000万千克，增值3200万元以上。蔬菜流通协会，有会员113人。蔬菜营销协会，有经营场地1667平方米，1998年开业，年销售量250万千克，年销售额200万元，年利润额4万元。东阳镇贮藏协会带头人、东阳镇支部书记杜玉富于1998年10月破土兴建大型恒温库，已投资200万元，建成了25座，一次性保鲜1000吨蔬菜，年纯利润20万元。

5. 蔬菜营销经纪人、大户

全区常年从事蔬菜营销的经纪人达到1000多人，其中销菜量100万千克以上的大户达34人，并涌现出了像王二只、孙校、郑贵、王四守、张新卫、赵四清、许月喜等一批年销菜量达千万千克以上的大户，年销菜总量5亿千克。

二、农产品市场存在的问题

（一）农产品市场建设滞后

我区紧邻省城太原，又地处晋中市区，各类农产品有较大的市场需求，80%的农产品需要外销和供应本地市场。我区目前农产品批发市场只有东阳蔬菜批发市场、什贴葵花批发市场、汇隆批发市场、榆次商贸城市场等，集贸市场主要有金猫市场、路西市场、菜园街市场、校园路市场、经纬厂市场等，设施简陋，多属于马路市场。这些市场除具备集中交易功能外，储藏保鲜、物流配送、农药残留检测和现代化市场信息等各项服务功能大多数市场不具备。

（二）农产品商品化程度底

我区龙头企业少，经营规模小，规模效益体现不出来，对我区农产品市场的推动作用不明显。如我区的红枣种植面积2.27亿平方米，其中挂果面积6667万平方米，年产量500万千克，产值2000万元。但全区红枣加工、营销企业刚刚处于起步阶段，数量少、档次低、加工能力小，现在加工企业只有5家，以初加工为主，销售企业没有出现．销售大户也只有10多户。

（三）品牌少，无特色

2001年以来，我区农业开始了新一轮的战略机构调整，以蔬菜、红枣、畜牧业为三大主导产业，以建设蔬菜、红枣、畜牧、加工四大基地为目标，坚定不移地走农业产业化道路。蔬菜、红枣、畜牧产业获得迅猛发展。2003年，全区蔬菜播种面积已达34万亩，蔬菜总产量11.63亿千克，全年蔬菜销售总收入5.47亿元；红枣种植面积从2001年前的4万亩猛增至2.27亿平方米，红枣产量500万千克，产值2000万元；畜牧业按照“稳猪鸡，上牛羊，突出发展奶牛业”的发展思路，肉蛋奶产量分别达到15343吨、9770吨、8117吨，奶牛存栏4288头，畜牧业总产值3.05亿元。可见，我区的农产品主导产业已初具规模，但品牌少、无特色的情况仍很严重。如我区红枣种植面积与太谷县不相上下，但中国红枣之乡的牌子却被太谷县拿走了。我区的蔬菜，2001年就申报注册了“魏榆”牌，但至今牌子叫不响，运作不起来。

三、建议与规划

（一）打造开拓国内外农产品市场的“联合舰队”

我区农户生产的农产品如何进入国内外大市场，是农产品市场建设面临的一个难点。而解决问题的出路在于完善农村市场机制，健全农村市场体系。实践证明，各种类型的专业合作社，既增强了统一服务的功能，又发挥了家庭经营的潜力，是一种更加适应市场经济体制的双层经营体制。我们应以市场需求为导向，把生产、加工、销售联为一体，使各具特色的优势产品形成区域性的主导产业。此举能够在农村与市场间架设桥梁，突破区域界限，扩大农业的产业带和产业群。我们要健全农产品市场体系，发展现代化流通方式，形成一批开拓国内外农产品市场的“联合舰队”；采用电子商务网络等现代交易手段和流通方式的农产品批发拍卖市场，形成全国统一、开放、竞争有序的农产品市场体系；在“农户——合作经济组织——生产基地——批发市场——配送中心——连锁超市”完整通畅链条的引导带动下，建立一批大型农产品加工企业和优势农产品生产基地，产销联合，打造开拓国内外农产品市场的“联合舰队”。

（二）多方筹措资金支持农产品市场建设

我区财政经费比较紧张，无能力为农产品市场建设投入大量的资金。在这种情况下，应积极争取国家资金支持农产品批发市场建设。与此同时，要重视带动、吸引社会资金和银行贷款参与到农产品市场建设中来，加快农产品市场建设步伐。如我区的山西普家乐商贸有限公司，围绕建设现代物流的中心目标，努力营造大流通、大商贸、大市场的格局，从2001年7月开始实施普家乐农村连锁经营服务项目，计划在农村发展和建设49个连锁超市，同时建设一个占地4万平方米的大型物流配送中心。2003年经发展与改革委员会批准立项，是我区“五大中心”建设重点工程，晋中市“双百”项目重点工程。目前，配送中心建设已完成工程量60%，我区农村连锁已建成东阳、张庆、永康三个连锁店。三店试营以来，深受农民欢迎，已有跨区3乡10村村民来超市购物，永康店甚至已有太原南郊村民光临，给农民带来极大的方便，从根本上解决了农民的买难卖难问题，在真正意义上实现了为三农服务。

（三）农产品市场建设要高标准、高起点

今年6月，商务部会同国家标准委组织有关单位起草了《农副产品批发市场开业技术条件》和《农副产品批发市场等级划分及评定》两个国家标准，目前正向社会公布并征求社会意见，在年内一旦修改完成后，将按场地环境条件、设施设备条件、综合管理能力和信用管理四个方面，把全国的农副产品批发市场按照四个等级划分，从高到低依次分为：四A级（AAAA）、三A级（AAA）、双A级（AA）、A级（A）。这两个标准主要对农副产品批发市场的经营环境、经营设施设备和经营管理提出了技术标准，比如要求市场“应设在交通方便之地，应考虑与周围商圈服务的协调性”；交易大厅“宜建单层结构”；市场“以生鲜肉类交易为主的应与国家认定的定点屠宰点、场、厂挂钩”等。我区建设农产品批发市场也应参照国家标准，高起点地建设农产品市场。

（四）新建一个综合农产品批发市场

目前，我区农产品供应，主要集中在汇隆市场和窑新街及大同街的马路市场。这些市场担负着我区85%以上的蔬菜、水果等农产品的供应。这些市场多为马路市场、露天市场，已不能适应我区农产品市场需求。有鉴于此，我区拟在榆次东南城市边缘兴建一农产品综合批发市场，该市场具有独特的区位优势和交通优势，北托消费市场，南依生产基地，辐射华北，通向全国的农产品中心市场。该市场为我区现有市场的升级版，除具备集中交易功能外，还具有储藏保鲜、加工、物流配送以及农药残留检测和现代化市场信息等各项服务功能。同时，要积极做好实施农产品准入制度的准备工作。在软件上，要建立完善的规章制度、先进的交易方式、规范的交易行为，不断提高组织管理水平。最终要实现“建一个市场，创一流品牌，带一片经济，富一方百姓”的局面。该市场建成后可容纳经营户300余户，面积为6万平方米。这项工程正在紧张筹备中。

榆次区农业局

二〇〇四年八月十三日

——范文网 www. fwqq. cn

简析

这篇调查报告针对性强，数据详尽，事实材料丰富，说服力强，内容安排富有逻辑性。全文不仅有充分的调查，更有建立在此基础上的对现实的清醒认识和对工作的指导意义。

[知识讲授]

一、市场调查报告的概念和作用

（一）市场调查报告的概念

市场调查报告是对市场进行深入调查研究后，对调查所获得的信息资料进行系统、科学和周密的整理，根据实际需要进行归纳、综合、分析后撰写的书面报告。市场调查是市场调查报告写作的前提与基础，要想写出好的市场调查报告，首先必须认真进行市场调查。

（二）市场调查报告的作用

市场调查报告有以下几方面的作用。

1. 为决策者提供依据

市场调查报告通过准确分析，揭示供应和需求两方面的情况，使企业决策者牢牢把握市场脉搏，正确预测市场供求变化态势，从而作出科学的决策。同时，市场调查报告所提供的资料和信息可为企业决策者纠正决策失误，为解决企业症结问题提供依据。

2. 指导企业生产

通过市场调查，企业可以了解消费者多种多样的需要，从而可以按市场需求信息组织生产适销对路的产品，提高产品在市场上的占有率，顺利实现商品从生产到消费的转移。

3. 提高企业竞争力

通过市场调查，企业可以充分了解同类产品、相同服务的市场价格，掌握同行业的经营情况，学习他人先进的管理经验，提高自身的经营水平，从而及时地制订合理的营销策略，改善经营管理，提高企业的竞争力。

二、市场调查报告的分类和特点

（一）市场调查报告的种类

市场调查报告依据不同标准，从不同角度，有不同的分法。

1. 按服务对象分

按服务对象可分为市场需求者调查报告（消费者调查报告）、市场供应者调查报告（生产者调查报告）。

2. 按调查范围分

按调查范围可分为区域性市场调查报告、全国性市场调查报告、国际性市场调查报告。

3. 按调查频率分

按调查频率可分为经常性市场调查报告、定期性市场调查报告、临时性市场调查报告。

4. 按调查对象分

按调查对象可分为商品市场调查报告、房地产市场调查报告、金融市场调查报告、投资市场调查报告等等。

（二）市场调查报告的特点

市场调查报告除了具有调查报告的一般特点之外，还具有以下特点。

1. 针对性

针对性是指市场调查报告的写作要有明确的目的。需要调查的问题很多，如产品质量、价格、市场占有率、营销状况、消费状况、消费心理、销售环节、竞争对手状况等等。我们要根据实际情况确立调查对象与范围。实践证明，调查报告的针对性越强，其指导意义、参考价值和社会作用也就越大；反之，则起不到应有的作用。

2. 真实性

材料的真实是保证市场调查报告真实性的基础。实事求是是市场调查报告的最基本原则。市场调查报告中涉及的一切材料，诸如历史资料、现实材料、典型事例、统计数据等都必须言之有据，准确无误。同时，科学方法的运用，也是保证市场调查报告真实性的可靠手段。

3. 时效性

随着我国社会主义市场经济日趋成熟，市场变化日益加快，新的情况和问题会不断出现，这就要求市场调查报告的撰写必须迅速、及时，否则就会落后于市场的变化，失去其参考和指导价值。

4. 科学性

市场调查报告在运用材料确凿无误的基础上，还要对材料进行科学的分析研究，从中找出规律，得出正确的结论以指导具体的工作。这就需要写作者掌握科学的分析方法，以得出科学的结论。

三、市场调查报告的结构与写作要求

（一）市场调查报告的结构

市场调查报告由标题、正文、落款三部分组成。

1. 标题

市场调查报告的标题一般由调查单位、内容范围和文种构成，也可由调查对象和事由构成，如《关于国产洗衣机在国外市场地位的调查报告》；有时直接指出或用提问的方式揭示调查对象的状况，如《国产名牌手机为何如此热销》；还可运用正副标题的形式，如《苦练内功——关于××企业扭亏问题的调查报告》。

2. 正文

市场调查报告的正文分为开头、主体和结尾三部分。

（1）开头。也称前言，其内容一般概括三个方面的问题：调查的缘由、目的；调查的对象、范围；调查的经过（时间、地点、过程等）和方法。同时，也可以简要概括全文的主要内容和观点。

（2）主体。这部分是市场调查报告的核心所在。从逻辑上讲，主体一般包括基本情况及分析、调查结论、决策建议三个方面的内容。其结构一般有纵横两种形式。写作时应根据基本主题表达的需要和材料性质，按照人们的认识规律合理布局。

（3）结尾。结尾部分或是对全文的概括归纳，或是重申观点，或是提出希望和建议，或是提出未能解决而又需引人注意的问题。如果主体部分观点清楚，内容完备，也可以不要结尾。

3. 落款

落款即署名和日期。

（二）市场调查报告的写作要求

市场调查报告，除了要符合一般应用文的写作要求之外，还应注意以下几点。

1. 调查和搜集材料，要真实、准确和典型

市场调查报告总需要用事实说话，要如实反映市场中所存在的问题。所引用的资料、信息要真实、准确、典型。材料可以点面结合，要突出重点情况来说明问题。

2. 要讲究时效，及时发挥作用

时效性是市场调查报告存在的前提。唯有迅速、及时地反映瞬息万变的市场，才能发挥其应有的作用，避免时过境迁而失去现实意义。

3. 选用恰当的表述方法

由于市场调查报告往往既要反映情况，又要揭示规律、表述观点、提出解决问题的方法，因此，它常常是综合使用叙述、说明和议论三种表述方法。叙述时，选用的事实要确凿，数据和图表要准确；说明时，文思脉络要清晰、完整；议论时，观点要鲜明，观点与材料要统一，符合事理的发展逻辑。

四、市场调查的方法

撰写市场调查报告，除了要明确调查目的和制订调查计划外，还要科学合理地运用调查方式、方法。这里介绍几种调查方法。

（一）询问法

可以根据调查的内容、目的，用口头或书面询问形式取得调查资料。口头的有个别访问、开座谈会等形式。书面的往往是通过各种方式发放调查问卷，用诚恳的语言、简单有效的问题，请被调查单位（个人）回答。必要时可用抽奖、预付邮资等方式提高问卷的回收率。

（二）观察法

调查人员可以到市场、街头、厂房进行实地考察。调查人员要这样做，企业领导也要这样做。企业还应培养职工做有心人，多听、多看、多和用户沟通，捕捉信息，然后分析，把表面的、零星的东西，整理出来，成为市场调查的第一手资料。

（三）实验法

企业单位可通过展销会、订货会以及设立专卖店作为企业信息的窗口来收集大量信息，了解市场和行业动态；可通过对某些商品的生产和销售作些小的实验性改变（如价格、包装、设计、品质）来收集相关信息。企业还可使用电脑对收集的信息作细化处理分析，以利于作出及时、科学的决策。

（四）资料收集法

可以采用多种方法，从报刊、杂志、会议文件及业务简报上采集市场信息，再对资料进行筛选分析，从而作出结论。

[思考与练习]

1. 随着现代化技术的不断更新与发展，市场价值的不断提高，人们对通讯工具的要求也随之提高。诺基亚公司销售部经理深入市场调查，了解到人们对通讯工具的要求。经过长时间的研制与开发，诺基亚 3120 脱颖而出。其手机款式设计精巧，镀铬面板与金属光泽相映生辉。其适用于 GSM900/1800/1900 三种网络频段，可用内置 HTML 浏览器查看电子邮件，可以轻松收发短信和彩信，此外还有众多专为配合的 Smileyworid 壁纸和铃声以及动画屏保图案可供选择。请根据以上信息，为诺基亚 3120 写一份市场调查报告提纲，要求格式正确，内容完整。

2. 从下面两个内容任选一个分小组进行调查，调查完毕之后写一篇市场调查报告。

（1）学校周边饮食市场情况。

（2）学校周边网吧开设情况。

第五节　商务策划书

[例文简析]

例文一

南京化学厂丝素牙膏宣传、直销活动策划书

一、活动主题：万名大学生为“丝素”和您服务。

二、活动目标：通过大学生宣传及上门为消费者服务，在全国主要省会以上城市普及、提高丝素牙膏的知名度，增进消费者对丝素牙膏的品牌、特性、功能以及价格的理解；并通过后继的公共关系活动，树立南京化学厂尊重科学、关心青年学生身体健康、积极服务于社会的企业形象，提高南京化学厂的美誉度。

三、综合分析

1. 企业概况（略）

2. 产品简况

丝素牙膏系全天然生物型牙膏，内含丰富的天然生物活性物质丝肽及表皮生长因子（该项发现获 1986 年诺贝尔生理学医学奖），可直接为口腔黏膜吸收，能促进细胞新陈代谢，集洁齿、治疗、营养三种功能为一体，有药物牙膏之功效，无药物牙膏之副作用。

经南京口腔医院临床使用 253 例表明，丝素牙膏对防治牙龈炎、牙周炎、口腔溃疡等有显著疗效。丝素牙膏 1991 年荣获江苏省优秀产品称号，1992 年荣获全国国货精品消费者调查活动最满意奖，并被评为“国际电影节（1993 年上海）著名影星选用产品”。

3. 市场分析

丝素牙膏目前生产量为 800 万支，其中南京市场占总销量的 32%。南京化学厂现已陆续在北京、长春、天津、武汉、济南、青岛、徐州、合肥、南昌、杭州、广州等数十个大中城市设立了销售网点。

4. 消费者分析

丝素牙膏系第三代产品，它的价格约为其他牙膏的 100 倍，其潜在消费者主要是城市居民中收入和文化程度较高者。

四、基本活动程序

1. 选定1993年3月28日（星期日）为“丝素直销日”，并落实该活动于同日在北京、南京、天津、广州、武汉、长春、合肥、济南、南昌、杭州十大城市举行。

2. 1993年寒假前后，派人员与上述十大城市的高等学校团委等部门联络，每校落实参加直销活动的大学生500～1200名；其中，北京、南京等有条件的城市同时组织人数在100～200人的大学生自行车宣传队，每城市各一支队伍。

3. 1993年3月28日9时，各城市大学生自行车队沿拟定线路作“闹市行”，沿途向市民散发丝素牙膏宣传品；同时，参加直销活动的大学生走进千家万户进行宣传和直销活动。

4. 在直销活动结束后1个月内，南京化学厂向南京大学等高等学校送音乐晚会一台，并赠公共关系书籍500本。

五、传播与沟通方案

1. 在活动进行前一天，在南京的《扬子晚报》与北京的《北京青年报·周末版》上刊登宣传广告。

2. 预先与中央电视台、南京电视台、《扬子晚报》、《北京青年报》等媒介联系，争取活动后顺利发出新闻报道。

3. 由进行宣传和直销的大学生向消费者宣传丝素牙膏的基本特性，并散发单页宣传品。

4. 由选修公共关系理论与实务课程的南京大学数百名学生撰写该项活动的个案分析，并择优寄往《公共关系报》、《公共关系导报》等媒介。

六、经费预算

1. 印制印刷品10万份及制作宣传绶带500条，约1万元。

2. 活动预告的报纸广告费及媒介报道安排费用3万元。

3. 10位销售活动监督、协助人员差旅费，以每人800元计共8000元。

4. 大学生宣传车队劳务费：北京、南京等城市车队队员约500人，以每人20元计，共1万元。

5. 音乐晚会费及赠书活动费用：音乐会一场2000元，500本公共关系书籍3000元，共5000元。所有经费共计6.3万元。

七、预算效果

全部活动花费在6万～7万元，如果活动能安排妥当，达到预期目标，其效果肯定比用这部分经费进行单纯的广告宣传好。6万～7万元人民币只能在中央电视台播放30秒广告3次，或在上述十大城市的主要报纸上各登一次1/4版的通栏广告。

简析

主题的拟定应言简意赅，并易于公众理解和记忆。本次活动将素有“天之骄子”之称的大学生与高科技产品丝素牙膏联系起来，体现“丝素”的质量与品位。

活动目标既应与企业总体目标相一致，又应能够体现某次活动的具体特点。简言之，活动目标应是企业总体目标在某次活动中的具体化。

在单个活动的策划书中，综合分析可以略去，但策划者必须对上述企业、产品、市场、消费者四方面的情况有较深入的了解，否则策划就难免不切实际。

该方案包括通过传播媒介和直销人员的口头沟通两种途径，宣传丝素牙膏及此次直销与公共关系活动。

例文二

世纪经典大厦营销策划书

前　言

世纪经典大厦是大连锦联房屋开发有限公司开发的高层公寓。大厦位于大连市著名的星海广场，目前已经开始动工。如何为世纪经典大厦树立独特鲜明的形象，赋予项目更丰富的文化价值和精神内涵，这是我们在进行策划之前思考的最重要的问题。我们认为必须将品牌意识融入市场营销的每一个环节，才有可能在竞争激烈的大连楼市中脱颖而出，成为名牌楼盘，并且最终取得满意的销售业绩。因此，我们对该项目提出用品牌带动销售、用公关引导推广的整体营销思路。鉴于时间紧、工作量大等因素，我们的策划方案难免挂一漏万，敬请赐教。

世纪经典大厦项目概况

一、世纪经典大厦简介

地理位置：大连市星海湾星海广场

土地面积：4800 平方米

占地面积：1613.97 平方米

建筑面积：39919.5 平方米

绿化率：30.8%

容积率：8.3

建　筑：高层高档公寓

户　型：跃层与跃复合体共八种户型，四室二厅三卫～六室二厅四卫

面　积：248～320 平方米

总户数：126 户

车位总数：120 个

使用年限：70 年

预计交付使用日期：2002 年 5 月 1 日

二、环境和配套

世纪经典大厦坐落于大连市著名的星海广场。星海广场东临莲花山，西接星海公园，北依体育中心，南濒黄海，与大连国际星海会展中心为邻，周围有百年城雕、海滨浴场、圣亚海洋世界、现代博物馆等休闲度假场所，被称为大连城市第一景观。

这里交通便利，四通八达，距市中心 4 千米，距火车站 5 千米，距大连港 8 千米，距机场 10 千米，距沈大高速公路入口 12 千米，16 路、22 路、23 路、28 路、406 路、711 路、502 路等数十条主要公交线路都经过此，刚投入使用的轻轨电车从大厦旁穿过。

这里是大连市有名的学院区，幼儿园有空军一级幼儿园、星海幼儿园等；小学有富国小学、星海小学；中学有 46 中（辽师大附中）、31 中、79 中、48 中；大学有大连理工大学、东北财经大学、大连医科大学、大连海事大学、辽宁税务专科学校、大连水产学院、

大连市商业中专等数十所大中专院校。

这里距权威性医疗中心——大连医科大学附属二院仅一站地。

这里距大型百盛购物中心、家乐福超市仅5分钟车程。数百米外的星海广场东商业街正在建设当中。

世纪经典大厦处于繁华闹市的边缘，远离都市喧嚣而又不失交通便捷，这里自然风景一流，达到国际一流水平的城市规划、环境绿化以及环境保护，完全符合“住宅非中心化”、“住宅生态化”的现代居家潮流。

三、世纪经典大厦户型特点

大厦分跃层和跃复合体共八种户型，面积为248～320平方米，户型从四室二厅三卫至六室三厅三卫。

世纪经典大厦在东北地区率先推出跃复合体户型，即一个单元包含三个不同空间层面。客厅面积为43～52平方米，层高4.5米，居室层高3米。沿双行楼梯向下进入湿分区——厨房、餐厅、工人房、工人卫，上行进入生活区——儿童房、客房、公用卫生间。从客厅另有上行楼梯进入主人生活区——超大面积主人卧、主人卫、书房及健身房。

宽大独立玄关，主佣、动静、干湿分区明晰，完全避免了相互干扰；多层相互独立的空间不仅提高了建筑的实用率，满足一个完整家庭的整体协调，又可以满足每个家庭成员的个性空间需求，充分体现现代人的居住价值观。

四、世纪经典大厦物料及装饰

世纪经典大厦从开发理念到规划设计，从楼宇设备选型到装饰用料选材，处处超前领先于当代。开发商的综合实力、丰富的开发经验和强势外部资源组合保证了大厦的品质和技术领先。

1. 大厦外观

运用后现代主义的设计风格，造型经典，气势挺拔。裙楼外墙采用进口高档大理石，主体采用进口花岗岩干挂到顶，楼顶采用进口高级新型建材做艺术造型。整体基本色调分为三个部分，裙楼部分为绿色基调，中间塔楼部分以粉红色为主，顶部为天蓝色。

2. 大堂

大厦入口大堂设计为五星级酒店标准，直径4.8米的进口大型智能型旋转门，由微机控制，安装有16部传感器，可容轿车通过。层高11米的开敞式大堂，布置由名家设计的喷泉瀑布、景观小品、雕花立柱。迎宾大厅古典优雅，气势非凡。

3. 会所

会所位于大厦裙楼一二层，设计装修豪华，规划有康体、健身、娱乐、餐饮、美容等功能。一层大堂设商务中心、钢琴伴奏区、洽谈区和小品景观，大厦的室内恒温泳池、桑拿房、更衣室也位于会所楼。会所二层，西区为健身娱乐区，设高尔夫推杆练习场、台球室、乒乓球室、壁球室、麻雀室、健身中心；东区有阅览室、影音室、咖啡厅、多功能活动厅、儿童活动中心等。

4. 建筑结构

无梁楼板，内外筒剪力墙结构。室内无突出梁柱。

5. 内部装饰

(1) 窗。采用弧形落地氟碳喷涂铝合金窗，双层中空密封钢化镀膜玻璃，玻璃为淡绿色，窗框为粉色。具有防紫外线、环保、降噪、隔热以及很强的耐酸碱、耐腐蚀性能。

(2) 门。每户入户门为双扇高级红檀木仿古雕花木门，配设智能化密码门禁系统，防盗、防火。

(3) 阳台。室外观景阳台，放置独立小型家庭中央空调室外主机，透明钢化玻璃围合。

(4) 厨房。配送整体进口厨房设备，并做精装修，预留洗衣机上下水口，内设排烟道。

(5) 卫生间。每户三个卫生间（主人卫、公用卫、工人卫），送原装进口顶级洁具，并可按业主喜好进行设计装修，从淋浴喷头到大型豪华冲浪浴盆，皆采用当今最新科技、最流行外观。墙面和地面全部采用进口罗马瓷砖，百余种款式与色彩可供挑选。

(6) 空调。每户送进口独立式小型家庭中央空调，采用风冷热泵水系统。配合室内装修同时安装使用，IC 卡分户计量。主机置于阳台，面向各房间室内设送风口，各房间分设温控开关，温度随意调节，满足大连冬季采暖和夏季制冷的要求。

(7) 电梯。四部日本进口原装三菱高速电梯，内部豪华装修，配 24 小时电视摄像监控系统、背景音乐和紧急呼叫系统，可同时容纳 15 人乘梯，候梯时间不超过 5 秒。

(8) 纯净水系统。采用进口负离子净化纯净水系统，有效去除水中杂质和细菌，铜质水管入户，免去二次污染，出水达到直接饮用标准。

(9) 智能化设施。

(10) 可视对讲系统。

采用当前先进技术，在大厦管理中心设可视对讲系统，并连接到住户，支持来访者与住户的安全沟通。其具备以下八大功能：

①高清晰度显示屏，影像清晰，语音逼真。

②设有门铃提示，四种室内呼叫音任君选择。

③留言登录功能：呼叫住户时，如未应答，可对住户的室内机留言告知。

④显示功能：用户呼叫管理员时，自动显示住户门牌号码。

⑤室外分机：在一层大厅设公用室外分机，在每户门外也有室外分机一部，可直接呼叫分机或管理中心，并双向对讲，且设计有防破坏报警系统。

⑥管理中心：可呼叫分机对用户进行集中管理。

⑦具有室内开锁功能。

⑧报警功能：室内分机预留多种报警接口，可外接烟感探测器、瓦斯探测器及紧急按钮。

(11) 智能型立体停车系统。引进德国进口全自动智能型立体停车系统。其优点是除了考虑到人的健康与安全之外，同时亦考虑到车的安全。驾驶员只需将车开到地面的进车口，并进行简单的密码输入操作，即可达到存取车的目的，而车辆本身更可免除意外擦伤车身及被盗的危险，从根本实现人车分流。

(12) 七表远传系统。冷水表、热水表、中水、电表、煤气表、纯净水表、热能表通过多媒体技术实现远程费用查询、抄表、用户档案管理、费率维护等功能，并代缴费用。系统对七表故障运行情况进行探测、监控。

(13) 24 小时热水系统。优质铜管入户，每户分表计量。

(14) 综合布线系统。采用朗讯布线系统，包括大厦内部网络信息服务管理、光纤主干、超五类语音布线到户、家庭通讯总线接口，每户设二个语音点，一个数据点，在客厅、主人卧及主人卫各设一处电话插座，在书房设电脑插座一处，宽带高速上网。

(15) 消防自动报警系统。在地下车库设感温探测器，其他部位设烟感探测器，三层以上走廊、电梯和楼梯前室设烟感探测器、声光报警器和手动报警装置，系统按一定扫描周期自动执行全部探测器的巡检，保障大厦的消防安全。

(16) 防盗监控系统。大厦一层窗外设有红外线探测器，三层窗体设磁控开关报警器，楼顶设红外探测报警防护装置；各出入口（包括大堂及各分户门、各层楼梯口）、楼内外停车场、会所中的重要部位及电梯内安装摄像机实施电视监控；楼梯间通道门及车库门的电动门锁由控制中心控制开关，并与消防联动；控制中心及有突发事件发生可能的场所设紧急报警装置。以上系统均实行报警联动，当有警情时，能自动将报警摄像机切换到指定的监视点，启动预置功能及辅助功能，对报警点作出响应，并发出声光报警。

(17) 背景音乐系统。大厦在各休息区、会议室及经理办公室设音量开关，泳池及潮湿地方设置防水型扬声器，播放背景音乐及紧急通知。

(18) 有线电视系统。每户设两个用户终端（厅、主人卧），可接收全频道电视节目、卫星电视节目，并可接收大厦自办节目。

五、英式管家服务

世纪经典大厦聘请国际最著名的 International Guild of Butlers（国际管家协会）作为物业管理顾问，为业主提供享誉国际的英式管家服务。

世纪经典大厦的卖点提炼

五大卖点：高尚社区、景观优美、规划超前、户型独特、英式管家。

一、高尚社区

星海广场气势恢弘，被称为大连第一城市景观，是大连城市建设的一座丰碑，是大连走向国际化都市的代表作，它将随着大连的进一步开放而闻名世界。

星海湾商务中心区是大连市面向 21 世纪的集会展、商贸、旅游、休闲为一体的国际商务中心区。它邻近高等学府和高新科技开发集中的地区。这里将成为大连居民文化素质和艺术品位最高的区域。

处于繁华闹市的边缘，远离都市喧嚣而又不失交通便捷，这里自然风景优美，达到国际一流水平的城市规划、环境绿化以及环境保护，完全符合“住宅非中心化”、“住宅生态化”的现代居家潮流。

二、景观优美

世纪经典大厦面对宽阔宏伟的星海广场，与现代化的大连国际星海会展中心毗邻而居。它东望莲花山日出朝霞，西邻星海公园绿草如茵，北依体育中心气势恢弘，南濒黄海碧波万顷。

三、规划超前

1. 品质领先

2. 创新主题会所

3. 智能化超前

四、户型独特

在东北地区率先推出跃复合体户型，分区明晰，实用率高，满足家庭成员的个性空间需求，充分体现现代人的居住价值观。

五、英式管家

世纪经典大厦聘请国际最著名的International Guild of Butlers（国际管家协会）作为物业管理顾问，避免通常物业管理过分统一的管理模式带来的种种弊端，超越星级酒店式的服务，为业主提供享誉国际的英式管家服务，充分考虑每一个家庭的个性化需求，满足业主对生活方式、生活质量的高标准要求，保证业主家庭的隐秘、安全、舒适和高贵，开创大连物业管理个性化的先河。

世纪经典大厦的营销突破点

一、世纪经典大厦营销的突破点

1. 精心策划的公关推广活动

（1）权威定位，开创大连“空中别墅、英式管家”之先河；品牌先导，全面整合市场优势资源。赋予大厦形象以视觉冲力、象征寓意和文化创意，树立大连高层高档住宅的第一品牌，从而树立锦联地产特点鲜明、格调高尚的开发商形象。

（2）组织有特殊针对性的公关活动、媒体组合，推出形象广告加以配合，以“21世纪经典生活”的广告形象力，制造独特鲜明的市场差异，抓住目标消费层的心理期望。

（3）实施“多种按揭、拉大同层不同向差价、定向销售、顾客心理定价、顶级单位公开拍卖”的销售策略。

2. 升值潜力巨大

（1）由博物馆、体育馆、会展中心、五星级酒店、大型购物中心、高档住宅、海滨浴场等商业、文化、旅游、休闲各类设施齐全的广场社区，形成风格各异、功能多样而又整体协调的建筑“群聚”优势。

（2）世纪经典大厦开发商的超前意识和建造“世纪经典建筑”的魄力，为大厦注入了强者的精神和豪气，这将极大地丰富和延展世纪经典大厦的形象内涵。

（3）世纪经典大厦开发商的优势资源组合，是大厦的规划、设计、建筑和管理高水准的保证。

（4）世纪经典大厦物业的优势。大连首座高百米的后现代设计风格建筑，内外装饰从选材到色调极尽豪华。五星级酒店标准大堂装饰设计；高尚会所；日本进口原装三菱高速电梯；每户配送进口小型家庭独立式中央空调；在东北地区首次采用跃复合体户型设计，8种户型面积248～320平方米，四室二厅三卫到六室三厅三卫，客厅层高4.5米，房间层高3米；先进的智能化安保设施；85%的高实用率。

（5）大连市房地产发展商的整合营销能力从2000年下半年开始有了长足的进步，但整体水平还有待提高，尤其对物业硬件和软件的整合配套方面还显得不太成熟，这种现状为世纪经典大厦形象的全面塑造预留了相当的发展空间。

锦联集团投资建设世纪经典大厦，是基于长期的战略考虑，同时也有雄厚的实力去支持世纪经典大厦新颖有力的营销活动，独树一帜地在大连房地产市场上创造出鲜明的楼盘形象、集团实力形象。这一有力的市场推广活动，不仅会吸引世纪经典大厦的目标消费者，同时，也将创造出锦联集团巨大的无形资产。这种无形资产反过来也将促动世纪经典大厦的市场销售。

二、世纪经典大厦营销的障碍点

1. 世纪经典大厦可称为“空中别墅”。一般认为“别墅”是带私家花园的远郊别墅，而世纪经典大厦这种位于市区中心的高层“空中别墅”，在大连还没有先例，需要一个被认识和接受的过程。

2. 世纪经典大厦的特性决定其市场消费层面很窄，不适合大规模的媒体广告宣传，有关信息不易传播到位。

3. 世纪经典大厦作为住宅，受规模和地理位置所限，生活配套设施不可能靠自身来完善，要依赖周边的市政配套建设，与社区未来的规划相关，这是开发商难以掌控的因素。

4. 锦联房屋开发有限公司作为房地产开发商在大连的知名度和认知度还不高。

5. 世纪经典大厦有30%的单位朝向或景观不利，对制定销售政策带来相当的难度。

6. 物业管理难度较高，市场的期望值与现实条件有较大差距。

7. 亚洲金融危机对人们心理的影响仍未消除，房地产市场近几年价格的下跌阴影和股市的不稳定，使部分投资者持币观望的态度一时难以改变。

8. 从大连房地产市场的供需情况看，高档商品住宅供过于求。

三、世纪经典大厦营销的机会点

1. 从宏观角度来看，我国目前总体经济形势良好，政治局势稳定，经济增长高速稳定，GDP年增长率稳定在8%左右；国家将房地产业作为启动新一轮经济增长的行业初见成效；福利房分配制度已逐渐被废除，住房商品化已成为不可逆转的现实，各地政府的政策都有不同程度的倾斜，总体上对房地产业的发展有利；人民币利率下调和国民储蓄的增加也将大大刺激商品房的消费，房地产投资以其所具有保值、增值并且风险相对较小等特点将吸引个人投资。

2. 有投资潜力的高档住宅的需求将会增加。大连市的房地产市场从2000年开始进入高速成长期，经济形势和房地产市场（尤其是商品住宅）发展趋势看好。随着大连市进一步开放和城市环境的改善，其作为东北最大的对外港口和经济活动中心的地位将更加突显，到大连投资的中外客商将持续增长。

3. 世纪经典大厦项目本身具有不可复制性和一定的绝版效应。大连市已将星海湾、老虎滩、东海头三个片区列为限制开发的区域，这三个片区的房地产项目开发已基本饱和，到2002年之前不再审批新的项目。

4. 世纪经典大厦的市场定位正好与大连城市发展的思路“不求最大，但求最佳”不谋而合，该项目的推出将起到丰富房地产市场、提升住宅建设标准的示范作用。

世纪经典大厦的营销目标建议

一、世纪经典大厦的营销总目标

通过分阶段的市场推广活动，以“21世纪经典生活”为主题传播世纪经典大厦“超时代生态纯住宅”的整体形象，树立大连高层高档住宅第一品牌。

1. 创造大连高层高档住宅第一品牌的知名度，让世纪经典大厦成为大连乃至整个东北地区高级住宅目标消费群的首选。

2. 使世纪经典大厦成为大连星海湾商务区代表性建筑。

3. 赢得大连高档住宅广告形象的制高点，让竞争者不能模仿。

4. 建立锦联房屋开发有限公司的高档、实力形象。

5. 建立目标客户的资料库，为锦联地产下一个项目奠定基础。

6. 培训和提高锦联地产员工的实战水平与房地产营销素质，积累经验。

二、世纪经典大厦的阶段营销目标

根据世纪经典大厦的工程进度和项目特点，世纪经典大厦的市场营销目标将分为三个阶段实施。

1. 第一阶段（内部认购期，2000 年 3 月至大厦封顶）

推广和树立世纪经典大厦的形象，收集市场信息反馈，建立目标消费群的资料库。

2. 第二阶段（强销期，封顶至 2001 年 2 月）

争取在 9 月金秋时节正式开盘销售，现场设售楼处，充分利用在星海会展中心举办的大型国际性展览进行现场宣传。利用年底节假日较多的时机，采取登门拜访、面对面销售等方式，重点突破目标消费者。

3. 第三阶段（持续期，2001 年 3 月至 5 月）

营造大厦氛围，完善绿化、灯光等工程，会所开始营业。

世纪经典大厦的营销策略要点

一、总体营销策略要点

核心策略——品牌推动，以项目品牌树发展商品牌，推动市场销售；公关推广，以公关活动为核心，贯穿整个市场推广期。

核心手段——心理定价，根据目标消费者的心理期望定价；定向销售，跟踪、锁定目标消费群；公开拍卖，引起媒介关注，扩大影响。

1. 导入“品牌制胜”的战略观念，运用品牌营销手段，将营销各阶段的推广活动都纳入以“21 世纪经典生活”为主题，用塑造世纪经典大厦名牌项目带动锦联地产树立品牌的战略中，从而有效推动市场销售。

2. 利用锦联集团的优势资源、知名度和影响力，开展多种以推广世纪经典大厦为目的的公关、公益活动，吸引目标消费群的参与和注意；巧用新闻炒作和媒介的传播力量，借力创造世纪经典大厦的名牌效应。

3. 定向销售和顾客心理定价是控制市场的有效手段，运用在世纪经典大厦这种特殊、量少的高档商品上会有效地刺激部分买家抬高价格，以示身份和能力。

4. 拉大同层不同向差价、定向销售、顾客心理定价、公开拍卖等手段，同样是销售 30%朝向较差单位的有效手段。

5. 在适当时机，采用顶级和最差单位公开拍卖的事件营销手段，吸引目标买家参与竞标，旨在引起媒介关注和报道，提高大厦和发展商的知名度。

6. 形成“立足大连，重点东北，面向京、津、沪、港、台和海外（韩国、日本）”、“跳出大连卖大连”的宣传推广思路，使世纪经典大厦成为大连形象的一个重要组成部分。

二、阶段营销策略要点

1. 内部认购期——只推不售

造成市场饥渴，控制市场，制造悬念，避免因销售周期过长而导致的缺乏销售节奏、楼盘形象淡化、广告效果难以维持等问题。

2. 强销期——顾客心理定价

引起目标消费层对价格制定方式的兴趣，转移其对楼层、朝向的价差的注意力。

3. 持续期——公开拍卖

根据实际销售状况选择拿出最高级的或最差的单位进行公开拍卖，吸引目标消费群参与竞标。

世纪经典大厦的市场定位

一、世纪经典大厦的市场定位——超时代生态纯住宅

定位说明：

超时代的内涵是运用国际最先进的规划理念，户型设计超前，智能化超前，管理模式超前。追求居住环境更接近大自然，更符合自然生态是大趋势，除了在地理位置的选择之外，在人工环境营造、新材料和新环保技术应用方面也要突出生态概念。纯住宅更能体现高档次、高品位、私密性、温馨和人性化，更容易保证安全和安宁。

根据世纪经典大厦所处的社区环境和本身的素质以及我们对大连房地产市场走势的分析，我们认为世纪经典大厦在未来两年能独树一帜，有可能成为大连的“住宅楼王”。除了硬件条件具备之外，软件是其能否称王的关键。其软件包括大厦的物业管理、大厦的形象塑造和推广、开发商的形象树立等部分。软、硬件应该相辅相成，互为补充。

二、世纪经典大厦的市场定位支持

1. 集团支持

大厦是由大连锦联企业集团公司投资兴建的，大连锦连企业集团公司是集国际货运、地产置业为主导产业，集物业管理、装饰工程、生态休闲旅游、拳击体育事业为一体的综合性民营企业集团。集团资产达 5.3 亿元。

2. 实力组合

锦联集团与香港瑞华达国际投资有限公司实力组合，香港、台湾、深圳、上海各地物业管理、景观设计、营销策划精英强强联手。

3. 增值社区

位于大连星海广场，社区规划完整、现代，城建和商业潜力巨大。

4. 智能大厦

当今国际水准的大厦智能设备和技术，超过现行最高标准。

5. 高尚会所

超过 3000 平方米的住户专用会所，装修豪华，功能齐全。

6. 名牌材质

外墙、大堂、住户大门、窗、卫生间、厨房、小型中央空调、电梯、净水系统等设备和用材全部为名牌产品。

7. 超前户型

在中国北方率先推出跃复合体户型，住宅功能分区合理，实用率高。

8. 英式管家

国际公认的英式管家服务，周到、可靠，充分体现业主的高贵身份。

9. 安全承诺

消防、防盗、停车等设施先进、完善、智能化程度高，保安措施严密，保安人员要求和管理严格。

世纪经典大厦的品牌形象定位

一、世纪经典大厦的品牌定位——尊贵、高雅、现代

定位说明

尊贵——大厦材质高档，服务周全，以高档路线面对高档客户，能满足实力雄厚、品位高、时尚的业主心理内在需求，物精客尊，相互辉映，各得其所。

高雅——大厦的后现代造型和典雅的装饰充满了现代文化和艺术的气息，能满足时代精英的审美情趣。

现代——先进的智能化设施和高速的通讯网络，能满足现代人追求效率和充分享受科技带给人类的方便。

二、世纪经典大厦的品牌形象

品牌核心形象——龙马展翼。

"龙马"是马头龙身的合体，中国古代传说中的神物，是吉祥、高贵的象征。用于世纪经典大厦主体形象的飞马和海龙的合体造型，暗示中国传统文化与象征西方文化的海洋文化融会贯通，象征大厦品质高贵、独具特性和气势不凡。

"龙马展翼"作为世纪经典大厦的品牌核心形象，在整合营销过程中，将要通过广告推广、公关公益和礼品海报等手段，始终贯穿下去，区别于其他楼盘，树立世纪经典大厦独一无二的品牌形象。

"龙马展翼"因其古典的创意和色彩，会与世纪经典大厦的现代感产生一定距离，需要运用广告语予以弥补。

世纪经典大厦目标客户定位

一、世纪经典大厦的目标客户定位

世纪经典大厦以多次置业者为主要销售对象，投资者为主，实际家用型为辅。

定位说明：

世纪经典大厦物业档次高、户型面积大，故总价会较高。受规模和地理位置的限制，作为普通人的居家生活会有诸多不方便之处，因此，其市场定位应重点考虑业主的身份、地位和荣誉感，在定位的取向方面偏向投资的增值潜力。

二、世纪经典大厦的目标消费群分析

根据我们对大连市商品住宅消费群体的调查研究，目前购买商品住宅的消费者大体可以分为三种类型，即实际家用型、投资型、投机型。他们在消费动机、成分构成、消费决策等方面各有特点。

我们认为：世纪经典大厦的目标消费群中，投资型会占一个较大的比例，其次是实际家用型。投机型很少，基本不用考虑。现分析如下：

1. 实际家用型

购房目的主要为满足实际居住的需求，如自住、给亲人住或养老度假等，他们的购房行为往往深思熟虑，用较长的时间在市场上寻找和比较适合的楼盘，对楼盘的具体要求较多，细节考虑周到，如：物业素质，包括位置、采光、朝向、装修标准、自身配套、实用率、物业管理等；周边配套情况，包括交通状况、学校、医院、菜市、超市等；价格，实际用家大都是有预算之后才购房，购房款多是他们储蓄资金的大部分，故一般而言，他们对价格比较看重，常常会多方搜集资料、反复比较，尽管不同用家对物业素质等有着不同

感性倾向，但“价廉物美”始终是其共同追求的目标；升值潜力，非最主要考虑因素，除非买家自身考虑短期内换楼。

总体而言，实际家用是较理性的消费者，他们一般考虑时间较长，落定速度慢，且偏向选择现楼和短期楼花物业。

2. 投资型

购房主要出于看好物业前景，希望物业保值、升值或作长线收租之目的，部分非自己居家。他们主要考虑的因素有：物业升值潜力、位置、交通、用料、配套、档次情况、发展商背景、宏观投资环境等皆为反映物业升值潜力的主要因素；物业租金回报率，高回报可减轻部分贷款利息，亦有利于长线投资，故物业若能提供可观的租金回报，对投资者的吸引力较大；前期投入资金，即按揭贷款额度，一般投资者都抱着分散投资的心态入市，他们不愿意将大量资金积压于一个投资项目上，宁可付出利息亦不希望前期投入资金过多，故按揭成数愈大，愈能使其尽快落定认购。

随着经济的快速发展，人们的投资意识逐渐增强，存款利率低使越来越多的人将目光投向股市、地产、古玩、字画等市场，期望获得比银行存款利息更高的回报。投资有升值潜力的高档商品住宅无疑是一种风险较低的投资形式。2000 年大连的地产市场中，众多的外地消费者大多是看好大连的地产前景，才选择品质高、环境好、规划和管理完善、价格合理、开发商有实力的楼盘投资。

3. 投机型

购房目的为看好物业前景，唯要求于物业入伙前转让图利，注重“短线炒作”。相对而言，其比投资者所冒的风险更大。其购房考虑的主要因素有：低价位，即俗称的“水位”，如物业开盘前内部认购期的优惠折扣，较同区同类型物业便宜的价格等，最能吸引此类短期炒家入市；羊群心态，纯低价位不足以吸引投机者入市，他们一般“买升不买跌”，如果物业价格上升，首先要有大需求及压迫性，如展销会时营造人山人海的热闹气氛，开盘子时排队认购/抽签认购等，均能直接刺激此类买家入市；前期投入小、付款期长，投机者一般要求前期投入的资金要尽可能少，且付款周期尽可能长，以便于他们于短期内炒卖有足够时间，并因此达到以小搏大、获取利润的最终目的；物业升值潜力，影响投机者认购物业至为关键的要素，因为若物业条件上佳，则短期升幅效应会更显著，同时大大降低投机风险；购房考虑时间，投机者购房不会考虑诸多细节问题，较之用家而言，落定速度较快。

在中国内地进行房地产投机的大多为香港人，受亚洲金融风暴影响，港人自顾不暇，目前在内地市场已鲜见香港投机者，而内地人士受传统观念等因素影响，极少涉足商品住宅的投机市场。

三、世纪经典大厦目标客户类型

根据我们对世纪经典大厦本身特性和大连市场的分析，以及上文的市场定位建议，我们列出目标消费群的五种主要类型。

1. 大连本地的企业主、高级职业经理人、社会名流。

2. 在大连的外资企业的高层管理人员。

3. 有一定实力的华侨自用或为在大连的亲属置业。

4. 京、津、沪、东三省来大连的置业者。

5. 港、台来大连的投资者。

四、世纪经典大厦目标客户特征

1. 经济实力

他们具有雄厚的资本实力，在大连或者国内其他地方有产业和投资。

2. 置业目的

(1) 看好大连区域性经济中心和国际性港口城市的前景，在此投资。

(2) 同其他大城市相比，开放程度高，政策优惠，而地价相对便宜，有升值潜力。

(3) 喜爱大连的滨海特性、大连的风景和城市建设特点，将家安在大连。

(4) 事业发展需要，在大连开展海外贸易或渗透东北市场。

3. 决策方式

由于高档住宅的投资跟家庭成员和业主自身的事业发展规划相关，目标客户群的决策，常常要经过较长时间的考察和商议。部分作为公司投资行为的要经过决策层或通过专家咨询后决策。

4. 文化特征

(1) 大连本地消费者的成分较复杂，但崇尚现代文明，有较强的身份感，部分甚至有攀比心态。

(2) 外企高层管理人员大多受过良好的高等教育，对西方文化的理解和所受的影响较深，品位较高。

(3) 有一定实力的华侨，具有一定的中国传统文化特点，但已经习惯了西方的生活方式。

(4) 国内其他地方的消费者，接受西方文化和生活方式。

(5) 港台人对中国的传统文化很推崇，但对西方文明不陌生、不排斥。

5. 阅读习惯

目标客户群经常阅读经济、财经类报刊，注意官方报纸和新闻报道，其家庭成员较注意高档时尚杂志和消费刊物。

6. 行程惯例

机场是此类目标客户经常出入的旅行口岸。高级酒店与高雅的娱乐场所（西餐厅、特色餐厅、高尔夫球场、网球场等）是他们日常活动的主要场合。

7. 心理特征

由于他们事业有成，他们多讲究身份、地位、荣誉、品位，对个人尊严和身份的象征十分在意。

8. 语言要求

与他们对话，两种语言较好：英语和普通话。

9. 社会意识

对所在楼盘的发展商和实力背景、公益形象、公众议论比较关注。

10. 对住宅的要求

材质要优良，对拥有世界性名牌的比率较在意；对通讯（互联网）、消防、防盗等智能化设置非常重视；对位置的方便与否，尤其是车位，以及周边的商业服务区位功能比较在意；对物业管理的专业性、个性化和国际惯例十分推崇，希望随叫随到式而干扰很少的管家服务；对环保、绿化、文化品位、管理人员素质、语言沟通要求较高。

11. 对销售服务的要求

对售楼处环境布置要求有品位和档次；对销售人员的气质和专业素质要求较高；对销售资料的包装是否精美很在意。

简析

这篇策划书结构严密，内容丰富。它从世纪经典大厦的概况入手，使大厦的基本情况一目了然，同时以卖点提炼概括了经典大厦的与众不同的优越之处，为商品的营销奠定了基础。接着对大厦的营销提出了目标要求和实施阶段及措施，通过市场定位、形象定位和客户定位的大量调查研究的信息资料为营销策划夯实了基础。

本文策划方案详尽，信息资料翔实。不足之处在于整个策划书的写作在结构顺序上还需进一步调整。

[知识讲授]

一、商务策划书的概念与作用

（一）商务策划书的概念

随着社会主义市场经济的进一步完善，策划工作在企业运作中的作用显得越来越重要。所谓策划就是企业针对未来要发生的事情作当前的决策。面对激烈的市场竞争，企业为了求得可持续的健康发展，必须对自身长远的整体发展作出规划，拟定科学的发展策略、实施方案和评估体系。

商务策划书就是企业在对目前自身的内部资源和外部环境进行分析的基础上，结合企业现状和发展目标，创造性地为下一阶段商务工作作出的全面、详细、周密的规划和安排。

（二）商务策划书的作用

商务策划书在企业的经营活动中发挥着重要的作用。

首先，写好商务策划书可以使企业上下明确经营目标和发展方向，统一思想和行动，以保证企业经营活动的健康发展。

其次，写好商务策划书使企业的经营行为与外部环境相协调，从而提高企业的应变能力，增强企业活力，使企业在激烈的市场竞争中立于不败之地。

再次，写好商务策划书可以使企业各部门明确职责，提高经营活动的自觉性，使企业的人力、物力、财力得到有效合理的分配和使用，以获得良好的经济效益。

二、商务策划书的分类和特点

（一）商务策划书的分类

由于商务活动的内容很广泛，因此，商务策划书的种类也很多，如市场营销策划书、广告宣传策划书、企业形象策划书、商务公关策划书等。

（二）商务策划书的特点

商务策划书具有以下特点。

1. 操作性

商务策划书的重点是对未来作出规划和安排，它所提出的各种措施和方案，是供企业在规定或合适的时间里运作的。因此，策划书的内容一定要务实，各项措施、办法一定要具体，具有可操作性。

2. 前瞻性

商务策划书涉及的工作是企业近期或在不太久远的将来要实施的事项，所以，策划的内容要有一定的前瞻性，作出的策划方案要能够适应不断变化的实际情况，要把策划和实施时的可变因素及应对、解决方法都考虑进去。否则，企业正常的发展就会受到干扰。

3. 创意性

商务策划不同于日常的工作安排，它的价值在于创意。要立足于企业现实，找到一个最佳的解决问题，获得突破、赢得成功的途径，有时需要策划者具备开阔的视野，有点石成金的创意能力，能见人之所未见，敢行人之所不敢行。

三、策划书的结构与写作要求

（一）策划书的结构和内容

1. 标题

商务策划书的标题通常包括三部分：实施策划单位的名称、策划行动的范围和内容、策划书的具体文种。文种部分通常标明策划书的具体类别，如广告策划书、市场营销策划书等。

2. 序文

序文主要包括两个方面的内容。一是简要的策划说明，如本次策划的缘起、意义等；二是策划书的内容概要。

3. 目录

比较复杂、篇幅较长的策划书需制作目录。

4. 宗旨

简要解说本策划书的策划目标和策划工作的必要性、可行性。

5. 正文

正文表现形式多样，一般应包括以下四个方面。

(1) 策划目标。必须明确提出本次策划要解决的具体目标。预设目标能否实现是将来评估策划工作成功与否的重要指标，因此，策划目标必须具体明确，不能含糊其辞。

(2) 确定目标的依据。预定目标能否实现，有时会受到不可预测、不可抗拒力量的干扰，所以，要具体、详尽地陈述确定目标的依据，使策划书所确定的目标具有可信度。

(3) 实施方案。总体目标、阶段目标、项目负责人和部门、资金投入、操作步骤、工作程序、具体措施要周密详尽，便于操作。

(4) 效果评估。评估工作是整个策划活动的一个有机组成部分。在策划之前，对将来评估策划工作的方法、程序、标准等提出设想和建议，有利于策划项目完成后，评估工作能够顺利展开和结束。

6. 预算

商务策划书是为实施而做的，实施项目必然会发生经费支出，因此，策划书不能没有预算。预算是对策划活动所需经费的具体安排。它通常以图表的形式列明预算的项目开支、分配和项目内的费用分配等。

7. 进度表

商务策划书的操作性极强，要顺利完成策划书中的计划任务，必然要对每一项目实施完成的时间作出具体的规定。

8. 有关人员的职务、工作分配表

为了使策划书的各项工作能够有条不紊地进行，对项目涉及的有关人员的职权范围、工作内容、责权要求等作出计划，可以充分地统筹、整合企业的人力物力资源，有序、有效地推进策划书所确定的工作。

（二）商务策划书的写作要求

（1）商务策划书既要简洁又要明了，方案要具有操作性，即可执行性。如果不结合项目本身、现有环境状况和影响投资因素等来考虑问题，主观意识太强，方案就会缺乏可操作性。

（2）要根据项目实际情况设计策划书的内容和结构。不同的行业、项目有其自身特点，应根据具体项目的特点来写作其策划书。

（3）策划书的重点应突出，主要表现在产品（服务）的独特性、详尽的市场分析和竞争分析、现实的财务预算、明确的投资回收方式（风险）以及精干的管理队伍等方面。

[思考与练习]

1. 任选世纪经典大厦营销策划书中的一个部分（如世纪经典大厦的目标客户定位或世纪经典大厦的营销目标建议等），对其进行内容和结构的分析，理解这一部分在策划书中的作用。

2. 为你校学生会组织的一次有意义的活动写一份策划书。（活动自拟）

3. 试写一份在社会上宣传文明和谐新风气的公益活动的策划书。

第六节　商函

[例文简析]

例文一

索　赔　函

××先生：

第546号销售合约的200吨白水泥，已于四月二十日运抵本公司，并已于五月十七日传真告知有关事宜。

检查货物时，发现有180袋破损，估计损失9000千克白水泥。其后安排进行检验，有关报告与估计的损失相符。该报告指出这次损失是由于包装袋不合标准引致，故应由贵公司负责该次损失。

现按照报告结果向贵公司索偿：损失白水泥 180 英镑，检验费 50 英镑，合计 230 英镑。

随函附上第 TS6478 号检验报告，烦请早日解决赔偿事宜。

采购部主任 托尼·斯密思谨上

2000 年 5 月 20 日

简析

索赔原因交代清楚，索赔事项明确，索赔的依据确凿。写作直奔主题，不谈与此无关的事，使用了格式化句式，语言简洁明了。

例文二

关于雨衣包装的磋商函

你方 6 月 2 日上述标题订单已收悉，谢谢。我们高兴地通知你方，除了包装条款以外，订单中所列其他条款我们均能接受。

你们订单中所述的包装是我们数年前采用的老式包装。此后，我们改进了包装，结果表明我们的客户对近几批货物完全满意。我们的雨衣产品现用塑料袋包装，然后装入纸盒内，十打装一箱，每箱毛重为 30 千克左右。每一纸箱衬以塑料纸，全箱用铁箍加固，以防内装货物受潮及因粗暴搬运可能引起的损坏。

我们的意见是使用塑料袋包装，每件雨衣完全可陈列于商店的橱窗，而且美观，这样将有利于货物的销售。此外，改进的包装分量轻，因而容易搬运。

以上所述供你方参考，如果在本月底前我方没有收到你方的反对意见，我方将相应地完成你方订货。

×××××

2005 年××月××日

简析

首先表明对方业文收悉；接着表明对方意见条款的看法和建议；最后表明双方磋商的有关约定。全文条理清楚，在提出自己的建议时也讲明了理由。

[知识讲授]

一、商函的概念与作用

商函是指企业在经营活动中通过邮寄、电传、电子邮件或其他形式向特定的单位或个人传达商务信息的各类专用书信的统称。它或是沟通商品信息，或是对商品交易的某些事项进行磋商，以达到经济业务活动顺利开展的目的。

二、商函的分类和特点

（一）商函的分类

商函一般分为交易磋商函和争议索赔函两大类。

1. 交易磋商函

交易磋商是交易双方就买卖某种商品以及交易条件，如品质、规格、数量、包装、价格、支付方式、交货、提货等进行协商，从而达成协议的过程。交易磋商有口头磋商和书面磋商两种。书面磋商包括信函磋商和电报、电传磋商等方式。交易磋商过程中形成的信函就是交易磋商函。交易磋商函的内容大致有：建立贸易关系，确定贸易方式，介绍一般交易条款，征求订货，要求报价，商洽价格，商洽价格外其他交易条件，定购，催货，通知出运，催提货，等等。

2. 争议索赔函

在履行合同过程中，只要买卖双方中的任何一方认为另一方没有履行或者没有全部履行合同所规定的义务，如拖延或者提前交货，交货数量、品质、包装与规定不符，不按规定支付货款，无理拒收货物等，都会引起交易纠纷，发生争议。争议发生后，受损方可向违约方提出索赔要求，而违约方则需要就受损方的索赔要求作出答复或者受理受损方的索赔要求。争议发生过程中或者争议发生后索赔、理赔过程中使用的函就是争议索赔函。争议索赔函的大致内容有：交涉货品质量，要求支付货款，拒付货款，要求赔偿，拒绝赔偿，理赔，等等。

（二）商函的特点

1. 内容单一

商函以商品交易为目的，以交易磋商为内容。它不涉及与商品交易无关的事情。同时，商函的内容单一还体现在一文一事上，即一份商函一般只涉及某一项交易，而不涉及几项交易。

2. 结构简单

商函因为内容单一，一般段落比较少，篇幅比较短，整体结构比较简单，看上去一目了然。这种简短明了的结构，体现了商函完全服务于交易的实用功能，便于对方阅读和把握。

3. 语言简练

商函以说明为主，或者介绍业务范围，或者报知商品品种和价格，或者提出购买品种与数量，或者要求支付货款，或者通知货物发运和到达的日期，直截了当，言简意明。

三、商函的结构和写作要求

（一）商函的结构

商函一般包括信头、标题、行文对象、正文、附件、生效标识等几个部分。

1. 信头

商函一般采用本企业特制的信笺，其上方中间已经预先印好信头。信头一般包括本企业的名称、地址、邮政编码、电话号码、电报挂号等，有的还有商函编号。有的商函把这些内容印在信笺的最下端，用一条横线与其他部分隔开。如果使用普通信笺，就没有信头部分。

外贸商函信头的打印或者书写，应该按照对方国家的习惯格式。

2. 标题

商函的标题应准确简要地概括商函的主要内容，并且标明文种名称，以使对方迅速了解商函的主旨。标题可以用介词结构“关于……的”连接各项内容，如《关于调整天象牌菜刀价格的函》，也可以使用能够表达主旨的词语或者短语点明事由，如《事由：建立贸易关系》。

3. 行文对象

行文对象是指商函的收受者。一般写对方单位的名称，有时也可以写对方单位领导人的姓名和职务。

4. 正文

商函的正文可以由多个段落组成，也可以由一个或者两个段落组成。一般分为发函的缘由、事项和对收文者的希望或要求这三个层次。

(1) 发函的缘由。初次给对方去函，可以先做自我介绍，使对方了解本企业的业务范围或者本企业产品的情况；有较长期合作关系的，可以简述合作情况，以示亲近；双方频繁来往的，可以直截了当说明发函的目的，进入主旨；答复对方来函，应该先说明来文日期和来文事由。

(2) 发函的事项。这部分是商函的重点所在。表达时根据不同的发函目的，或者介绍具体情况，或者告知有关事项，或者说明具体意见，或者提出解决问题的办法，或者针对来函作出答复。如果事项内容较多，有几个方面或几层意思，可以分条列项，以使眉目清楚。

(3) 对收文者的希望或要求。是指在发函的事项交代清楚之后要用简短的一两句话表明希望或者要求，如希望对方同意，要求对方办理等。表述时一般语气要恳切。争议、索赔时用词要严正。有的商函没有希望和要求的具体内容，而用习惯用语结束全文，如："特此函商，务希见复"、"特此函达"等。

5. 附件

附件指正文所附材料。商函附件一般是商品目录、价格表、订货单、发货单、验收单等。商函如果有附件，应该在正文之后、生效标识之前注明附件的顺序和名称。

6. 生效标识

包括发函单位名称、印章及发文日期。

(二) 商函的写作要求

写好商函，良好的写作基本功是其重要基础之一。根据实践经验，写作商函的要求可归纳为三个"C"，即清楚（Clearness）、简要（Conciseness）、礼貌（Courtesy）。

(1) 清楚，即意思表达要清楚。就是信函要写得明白易懂，使收信人一看就知道写信人所要表达的意思，丝毫不会产生误解，或造成歧义。

(2) 简要，即简明扼要。就是要求写作时摒弃陈词滥调，尽量用简练的语言文字进行表达。

(3) 礼貌，指商函写作时要注意运用相关的敬语、谦语等礼貌语言，以便给对方留下良好的印象。

[思考与练习]

1. 农业大学研制了一种新型养生饮料，有保健养生之功效，长期饮用，可以消除疲劳，精力充沛，请代写一份推销函。

2. 指出下面的理赔函有何不妥。你该如何处理？

理　赔　函

××公司×月×日函收悉。经查核，我方确未能按合同规格交货，为此，我方愿意把200克当100克处理，价格不变，这对贵方也有利。候复。

××公司

××年××月××日

3. 甲与乙公司签订合同，乙方向甲方供应花生油15吨，符合国家标准，每桶5千克，2003年6月5日前交货。但乙方推迟至9月10日才交货，此后零售价每千克已降低1元，给甲方带来损失，同时，部分产品包装出现瑕疵，生产日期标准离保质期仅半年。请代甲方写索赔函。

4. 以上题的索赔函为依据，以乙的身份写一份理赔函，指明未能按时交货是由于西南地区重大洪涝灾害所致。产品包装愿作降价促销。

第七节　招标书　投标书

[例文简析]

范本一

建筑安装工程招标书

为了提高建筑安装工程的建设速度，提高经济效益，经________（建设主管部门）批准，________（建设单位）对________建筑安装工程的全部工程（或单位工程，专业工程）进行招标（公开招标由建设单位在地区或全国性报纸上刊登招标广告，邀请招标由建设单位向有能力承担该项工程的若干施工单位发出招标书，指定招标由建设项目主管部门或提请基本建设主管部门向本地区所属的几个施工企业发出指令性招标书）。

一、招标工程的准备条件

本工程的以下招标条件已经具备：

(1) 本工程已列入国家（或部、委，或省、市、自治区）年度计划。

(2) 已有经国家批准的设计单位设计出的施工图和概算。

(3) 建设用地已经征用，障碍物全部拆迁；现场施工的水、电、路和通讯条件已经落实。

(4) 资金、材料、设备分配计划和协作配套条件均已分别落实，能够保证供应，使拟建工程能在预定的建设工期内，连续施工。

(5) 已有当地建设主管部门颁发的建筑许可证。

(6) 本工程的标底已报建设主管部门和建设银行复核。

二、工程内容、范围、工程量、工期、地质勘察单位和工程设计单位：

____

工程可供使用的场地、水、电、道路等情况：

____

三、工程质量等级，技术要求，对工程材料和投标单位的特殊要求，工程验收标准：

____

四、工程供料方式和主要材料价格，工程价款结算办法：

____

五、组织投标单位进行工程现场勘察，说明招标文件交底的时间、地点：

____

六、报名、投标日期，招标文件发送方式：

报名日期：________年________月________日；

投标期限：________年________月________日起至________年________月________日止。

招标文件发送方式：

____

七、开标、评标时间及方式，中标依据和通知：

开标时间：________年________月________日（发出招标文件至开标日期，一般不得超过两个月）。

评标结束时间：________年________月________日（从开标之日起至评标结束，一般不得超过一个月）。

开标、评标方式：建设单位邀请建设主管部门，建设银行和公证处（或工商行政管理部门）参加公开开标，审查证书，采取集体评议方式进行评标、定标工作。

中标依据及通知：本工程评定中标单位的依据是工程质量优良、工期适当、标价合理、社会信誉好，最低标价的投报单位不一定中标。所有投标企业的标价都高于标底时，如属标底计算错误，应按实予以调整；如标底无误，通过评标剔除不合理的部分，确定合理标价和中标企业。评定结束后五日内，招标单位通过邮寄（或专人送达）方式将中标通知书送发给中标单位，并与中标单位在一个月（最多不超过两月）内签订________建筑安装工程承包合同。

八、其他：

____

本招标方承诺，本招标书一经发出，不得改变原定招标文件内容，否则，将赔偿由此给投标单位造成的损失。投标单位按照招标文件的要求，自费参加投标准备工作和投标，投标书（即标函）应按规定的格式填写，字迹必须清楚，必须加盖单位和代表人的印鉴。投标书必须密封，不得逾期寄达。投标书一经发出，不得以任何理由要求收回或更改。

在招标过程中发生争议，如双方自行协商不成，由负责招标管理工作的部门调解仲裁，对仲裁不服，可诉诸法院。

建设单位（即招标单位）：________________　　地址：________________

联系人：________________　　电话：________________

________年________月________日

简析

这份建筑安装工程招标书，格式规范，行文简明。开头一段为前言，简要地说明了招标的目的，招标项目名称，接着以条款的形式分条说明，陈述招标事项、招标程序、其他承诺等内容。

二〇________年________月________日

范本二

建筑安装工程投标书（标函）

________：（建设单位或招标办公室）

在研究了________建筑安装工程的招标条件和勘察、设计、施工图纸，以及参观了建筑安装工地以后，经我们认真研究核算，愿意承担上述全部工程的施工任务。我们的投标书（标函）内容如下：

<table>
<tr><td rowspan="5">标函内容</td><td colspan="2">工程名称</td><td colspan="3"></td><td colspan="2">建筑地点</td><td></td></tr>
<tr><td colspan="2">建筑面积</td><td colspan="3"></td><td colspan="2">建筑层数</td><td></td></tr>
<tr><td colspan="2">结构形式</td><td colspan="3"></td><td colspan="2">设计单位</td><td></td></tr>
<tr><td colspan="2">工程内容</td><td colspan="6"></td></tr>
<tr><td colspan="2">包干形式</td><td colspan="6"></td></tr>
<tr><td rowspan="5">标价</td><td colspan="2">总造价</td><td colspan="2"></td><td colspan="2">每平方米造价</td><td colspan="2"></td></tr>
<tr><td rowspan="4">其中</td><td>直接费</td><td colspan="2"></td><td rowspan="4">其中</td><td>直接费</td><td colspan="2"></td></tr>
<tr><td>间接费</td><td colspan="2"></td><td>间接费</td><td colspan="2"></td></tr>
<tr><td>材料差价</td><td colspan="2"></td><td>材料差价</td><td colspan="2"></td></tr>
<tr><td>其他</td><td colspan="2"></td><td>其他</td><td colspan="2"></td></tr>
<tr><td rowspan="2">工期</td><td colspan="2">开工日期</td><td></td><td>竣工日期</td><td></td><td>合计天数</td><td></td></tr>
<tr><td colspan="2">形象进度</td><td colspan="5"></td></tr>
<tr><td>质量</td><td colspan="2">达到等级</td><td colspan="2"></td><td>保证质量主要措施</td><td colspan="2"></td></tr>
<tr><td colspan="2">施工方法及选用施工机械</td><td colspan="7"></td></tr>
</table>

我们的企业概况如下：

<table>
<tr><td colspan="2">企业名称</td><td colspan="7"></td></tr>
<tr><td colspan="2">地址</td><td colspan="4"></td><td>所有制类别</td><td colspan="2"></td></tr>
<tr><td colspan="3">审定企业施工级别</td><td colspan="3"></td><td>平均人数</td><td colspan="2"></td></tr>
<tr><td>企业简历</td><td>包括成立年限</td><td colspan="7"></td></tr>
<tr><td rowspan="2">技术力量</td><td colspan="2">工程师以上人数</td><td>助工人数</td><td>技术员人数</td><td>五级以上人数</td><td>平均技术等级</td><td></td><td></td></tr>
<tr><td colspan="2"></td><td></td><td></td><td></td><td></td><td></td><td></td></tr>
<tr><td>施工机械装备情况</td><td colspan="8"></td></tr>
<tr><td rowspan="3">营业执照</td><td colspan="2">批准机关</td><td colspan="6"></td></tr>
<tr><td colspan="2">执照，号码</td><td colspan="6"></td></tr>
<tr><td colspan="2"></td><td colspan="6"></td></tr>
</table>

我们特此同意，在本投标书发出后的________天之内，我们都将受本投标书的约束，我们愿在这一期间（即从________年________月________日起至________年________月________日止）的任何时候接受贵单位的中标通知，一旦我们的投标被接纳，我们将与贵单位共同协商，按招标书所列条款的内容正式签署________建筑安装工程施工合同，并切实按照合同的要求进行施工，保证按质、按量、按时完工。

我们承诺，本投标书（标函）一经寄出，不得以任何理由更改，中标后不得拒绝签订施工合同和施工；一旦本投标书中标，在签订正式合同之前，本投标书连同贵单位的中标通知，将构成我们与贵单位之间有法律约束力的协议文件。

[如果招标书要求投标方提供银行或上级部门担保的，投标方应在投标书（标函）中附上一份银行或上级部门的履约保证书。]

投标书发出日期：________年________月________日________时

投标单位：________（公章）

企业负责人：________（盖章）

联系人：________（盖章）

电话：____________________

地址：____________________

简析

这是一份建筑安装工程投标书，正文部分有前言和主体两部分。前言部分说明了工程项目名称和态度。主体部分由投标方的标函、企业概况及承诺组成，其中对企业概况作了详细的表格说明，这样有利于让招标商了解对方的实力并感到安全可靠。

[知识讲授]

一、招标书、投标书的概念与作用

招标书是招标一方根据有关的法律规定，为实现招标目的而编制的一种关于招标内容和具体要求的文件。招标书通常包括招标公告和招标章程。本节只介绍使用较多的招标公告。招标公告也称招标书，它是为招人投标而发布的公告，是对招标项目的一种综合说明。

投标书是投标者根据有关的法律规定，为达到中标承包项目、买卖商品等目的，依照招标书的要求编制的关于实施招标要求的文字方案。

近年来，随着改革的深入和商品经济的发展，招标、投标这种竞争手段愈来愈广泛地被经济活动领域的各方所采用。施行招标和投标，是尊重经济活动客观规律的体现。招标和投标的运用，有助于经济活动在公平、公正、公开的良好氛围下有序展开，既有利于经济的发展，也有利于防止行贿受贿等腐败现象的发生。

二、招标书、投标书的种类和特点

（一）招标书的种类

招标书的种类繁多，按照不同的分类方法有不同的种类：

1. 按招标内容分类

按招标内容分类，可分为建筑工程招标书、劳务招标书、大宗商品交易招标书、设计招标书、企业承包招标书、企业租赁招标书等。

2. 按招标范围分类

按招标范围分类，又可分为国际招标书、国内招标书、部门系统内招标书和单位内部招标书等。

3. 按合同期限分类

按合同期限分类，又可分为长期招标书和短期招标书两类。

4. 按招标环节分类

按招标环节分类，还可分为招标公告、招标通知书、招标章程等。

（二）投标书的种类

投标书按不同的标准有不同的类别。

1. 按投标内容分类

按投标内容分类，可分为建筑工程投标书、大宗商品交易投标书、招聘经营者投标书、企业承包投标书、企业租赁投标书等。

2. 按投标范围分类

按投标范围分类，可分为国际投标书、国内投标书等。

3. 按投标者的身份分类

按投标者的身份分类，又可分为个人投标书、合伙投标书、法人投标书、联合投标书等。

4. 按投标者的性质分类

按投标书的性质分类，又可分为投标申请书、投标审查书等。

（三）招标书的特点

招标书一般有以下特点。

1. 公开性

这是由招标的性质决定的。因为招标本身就是横向联系的经济活动，凡是投标者需要知道的内容，如招标条件、招标要求、注意事项，都应在招标文书中予以公开说明，并且要在大众媒体或采用张贴等方式公开发布。

2. 时间性

为了提高工作效益，招标者往往要在招标书里注明招标书的有效期，规定有意投标者履行相关手续的期限，这就决定了招标书具有时间性、紧迫性的特点。

（四）投标书的特点

投标书一般有以下几个特点。

1. 真实性

投标书的内容一定要真实可信，切合实际。

2. 竞争性

投标书既是一种表明自己实力、经营策略、管理手段等内容的书面材料，又是一种可以在招标答辩会上发表自己意见的演说稿。招标单位要通过投标书选择竞标者，所以投标书具有很强的竞争性。

3. 针对性

编写投标书既要针对招标者提出的条件和内容，又要针对企业或工程任务的现状，要经过分析和论证，决定是否投标和投标的程序，因此具有很强的针对性。

三、招标书、投标书的结构与写作要求

（一）招标书和投标书的结构

招标书和投标书通常由标题、正文、落款三部分组成。

1. 标题

一般由招标者、投标者名称，招标、投标事由，项目和文种（招标书或投标书）组成。例如《民丰造纸厂污水处理车间工程招标书》这个标题，“民丰造纸厂”是招标者名称；“污水处理车间工程”是招标项目及事由；“招标书”是文种。又如，《广厦建筑装潢有限公司承包江南大厦室内装潢投标书》这个标题，“广厦建筑装潢有限公司”是投标者名称；“江南大厦室内装潢”是投标项目及事由；“投标书”是文种。

2. 正文

招标书、投标书的正文由开头、主体两个部分组成。

（1）开头。

招标书的开头通常说明招标的事由、项目（企业）名称、招标形式和有关依据。

投标书正文的开头一般开门见山，直接说明投标的意图。

（2）主体。

招标书的主体是说明招标的内容和具体要求以及有关的事项。一般应有以下内容：招标项目（企业）情况简介，招标对象、范围，招标的主要内容，招标、投标双方的权利、义务，招标形式，招标日程安排以及投标起止日期、报名地点等。

投标书的主体是说明投标者的具体计划和打算等。一般要包括以下内容：投标者的情况简介，实施招标标的主要内容的具体措施，愿意承诺的合同条款，等等。

3. 落款

招标书的落款要写上招标书制作者（单位、团体或个人）的名称、招标书的制发日期。投标书的落款就是投标者的名称与制发日期。

（二）招标书、投标书的写作要求

1. 说明事项必须明确、具体

招标、投标是一次性的经济活动，所以，凡应向对方说明的事项，都必须一次就写得清清楚楚，不得遗漏或含糊不清。

2. 要精心准备

编制招标书是为了实现招标的目的，能否选择到最佳的中标者中标，直接影响到招标目的的实现；投标者编制投标书是为了在竞争中获胜，达到中标的目的。因此，在编制招标书、投标书之前，双方应尽可能地充分掌握与招标、投标活动有关的资料与信息。

3. 文字表达要讲究

招标书、投标书是招投标双方最终签订中标合同的依据，招标书和投标书的文字表达是否准确、严谨、得体，会直接影响到招标和投标的成败，进而影响双方的利益，因此，应当十分重视标书的文字表达。

[思考与练习]

1. 怎样写好投标书？它包括哪几部分？投标书的主体部分应包括哪些内容？

2. 经某市建设委员会批准，某学校拟修建一栋教学大楼，工程实行公开招标，请为学校拟定一份招标书。

3. 某建筑公司研究了上题中所述学校提供的相关资料，参观了工地，愿意承担施工任务，请拟写投标书。

附　　录

附录一　国家行政机关公文处理办法

第一章　总　　则

第一条　为使国家行政机关（以下简称行政机关）的公文处理工作规范化、制度化、科学化，制定本办法。

第二条　行政机关的公文（包括电报，下同），是行政机关在行政管理过程中形成的具有法定效力和规范体式的文书，是依法行政和进行公务活动的重要工具。

第三条　公文处理指公文的办理、管理、整理（立卷）、归档等一系列相互关联、衔接有序的工作。

第四条　公文处理应当坚持实事求是、精简、高效的原则，做到及时、准确、安全。

第五条　公文处理必须严格执行国家保密法律、法规和其他有关规定，确保国家秘密的安全。

第六条　各级行政机关的负责人应当高度重视公文处理工作，模范遵守本办法并加强对本机关公文处理工作的领导和检查。

第七条　各级行政机关的办公厅（室）是公文处理的管理机构，主管本机关的公文处理工作并指导下级机关的公文处理工作。

第八条　各级行政机关的办公厅（室）应当设立文秘部门或者配备专职人员负责公文处理工作。

第二章　公文种类

第九条　行政机关的公文种类主要有：

（一）命令（令）

适用于依照有关法律公布行政法规和规章；宣布施行重大强制性行政措施，嘉奖有关单位及人员。

（二）决定

适用于对重要事项或者重大行动作出安排，奖惩有关单位及人员，变更或者撤销下级机关不适当的决定事项。

（三）公告

适用于向国内外宣布重要事项或者法定事项。

（四）通告

适用于公布社会各有关方面应当遵守或者周知的事项。

（五）通知

适用于批转下级机关的公文，转发上级机关和不相隶属机关的公文，传达要求下级机关办理和需要有关单位周知或者执行的事项，任免人员。

（六）通报

适用于表彰先进，批评错误，传达重要精神或者情况。

（七）议案

适用于各级人民政府按照法律程序向同级人民代表大会或人民代表大会常务委员会提请审议事项。

（八）报告

适用于向上级机关汇报工作，反映情况，答复上级机关的询问。

（九）请示

适用于向上级机关请求指示、批准。

（十）批复

适用于答复下级机关的请示事项。

（十一）意见

适用于对重要问题提出见解和处理办法。

（十二）函

适用于不相隶属机关之间商洽工作，询问和答复问题，请求批准和答复审批事项。

（十三）会议纪要

适用于记载、传达会议情况和议定事项。

第三章　公文格式

第十条　公文一般由秘密等级和保密期限、紧急程度、发文机关标识、发文字号、签发人、标题、主送机关、正文、附件说明、成文时间、印章、附注、附件、主题词、抄送机关、印发机关和印发日期等部分组成。

（一）涉及国家秘密的公文应当标明密级和保密期限，其中，“绝密”、“机密”级公文还应当标明份数序号。

（二）紧急公文应当根据紧急程度分别标明“特急”、“急件”。其中电报应当分别标明“特提”、“特急”、“加急”、“平急”。

（三）发文机关标识应当使用发文机关全称或者规范化简称；联合行文，主办机关排列在前。

（四）发文字号应当包括机关代字、年份、序号。联合行文，只标明主办机关发文字号。

（五）上行文应当注明签发人、会签人姓名。其中，“请示”应当在附注处注明联系人的姓名和电话。

（六）公文标题应当准确简要地概括公文的主要内容并标明公文种类，一般应当标明发文机关。公文标题中除法规、规章名称加书名号外，一般不用标点符号。

（七）主送机关指公文的主要受理机关，应当使用全称或者规范化简称、统称。

（八）公文如有附件，应当注明附件顺序和名称。

（九）公文除“会议纪要”和以电报形式发出的以外，应当加盖印章。联合上报的公文，由主办机关加盖印章；联合下发的公文，发文机关都应当加盖印章。

（十）成文时间以负责人签发的日期为准，联合行文以最后签发机关负责人的签发日期为准。电报以发出日期为准。

（十一）公文如有附注（需要说明的其他事项），应当加括号标注。

（十二）公文应当标注主题词。上行文按照上级机关的要求标注主题词。

（十三）抄送机关指除主送机关外需要执行或知晓公文的其他机关，应当使用全称或者规范化简称、统称。

（十四）文字从左至右横写、横排。在民族自治地方，可以并用汉字和通用的少数民族文字（按其习惯书写、排版）。

第十一条　公文中各组成部分的标识规则，参照《国家行政机关公文格式》国家标准执行。

第十二条　公文用纸一般采用国际标准 A4 型（210mm×297mm），左侧装订。张贴的公文用纸大小，根据实际需要确定。

第四章　行文规则

第十三条　行文应当确有必要，注重效用。

第十四条　行文关系根据隶属关系和职权范围确定，一般不得越级请示和报告。

第十五条　政府各部门依据部门职权可以相互行文和向下一级政府的相关业务部门行文；除以函的形式商洽工作、询问和答复问题、审批事项外，一般不得向下一级政府正式行文。

部门内设机构除办公厅（室）外不得对外正式行文。

第十六条　同级政府、同级政府各部门、上级政府部门与下一级政府可以联合行文；政府与同级党委和军队机关可以联合行文；政府部门与相应的党组织和军队机关可以联合行文；政府部门与同级人民团体和具有行政职能的事业单位也可以联合行文。

第十七条　属于部门职权范围内的事务，应当由部门自行行文或联合行文。联合行文应当明确主办部门。须经政府审批的事项，经政府同意也可以由部门行文，文中应当注明经政府同意。

第十八条　属于主管部门职权范围内的具体问题，应当直接报送主管部门处理。

第十九条　部门之间对有关问题未经协商一致，不得各自向下行文。如擅自行文，上级机关应当责令纠正或撤销。

第二十条　向下级机关或者本系统的重要行文，应当同时抄送直接上级机关。

第二十一条　“请示”应当一文一事；一般只写一个主送机关，需要同时送其他机关的，应当用抄送形式，但不得抄送其下级机关。

“报告”不得夹带请示事项。

第二十二条　除上级机关负责人直接交办的事项外，不得以机关名义向上级机关负责人报送“请示”、“意见”和“报告”。

第二十三条　受双重领导的机关向上级机关行文，应当写明主送机关和抄送机关。上级机关向受双重领导的下级机关行文，必要时应当抄送其另一上级机关。

第五章　发文办理

第二十四条　发文办理指以本机关名义制发公文的过程，包括草拟、审核、签发、复核、缮印、用印、登记、分发等程序。

第二十五条　草拟公文应当做到：

（一）符合国家的法律、法规及其他有关规定。如提出新的政策、规定等，要切实可行并加以说明。

（二）情况确实，观点明确，表述准确，结构严谨，条理清楚，直述不曲，字词规范，标点正确，篇幅力求简短。

（三）公文的文种应当根据行文目的、发文机关的职权和与主送机关的行文关系确定。

（四）拟制紧急公文，应当体现紧急的原因，并根据实际需要确定紧急程度。

（五）人名、地名、数字、引文准确。引用公文应当先引标题，后引发文字号。引用外文应当注明中文含义。日期应当写明具体的年、月、日。

（六）结构层次序数，第一层为"一、"，第二层为"（一）"，第三层为"1."，第四层为"(1)"。

（七）应当使用国家法定计量单位。

（八）文内使用非规范化简称，应当先用全称并注明简称。使用国际组织外文名称或其缩写形式，应当在第一次出现时注明准确的中文译名。

（九）公文中的数字，除成文时间、部分结构层次序数和在词、词组、惯用语、缩略语、具有修辞色彩语句中作为词素的数字必须使用汉字外，应当使用阿拉伯数字。

第二十六条　拟制公文，对涉及其他部门职权范围内的事项，主办部门应当主动与有关部门协商，取得一致意见后方可行文；如有分歧，主办部门的主要负责人应当出面协调，仍不能取得一致时，主办部门可以列明各方理据，提出建设性意见，并与有关部门会签后报请上级机关协调或裁定。

第二十七条　公文送负责人签发前，应当由办公厅（室）进行审核。审核的重点是：是否确需行文，行文方式是否妥当，是否符合行文规则和拟制公文的有关要求，公文格式是否符合本办法的规定等。

第二十八条　以本机关名义制发的上行文，由主要负责人或者主持工作的负责人签发；以本机关名义制发的下行文或平行文，由主要负责人或者由主要负责人授权的其他负责人签发。

第二十九条　公文正式印制前，文秘部门应当进行复核，重点是：审批、签发手续是否完备，附件材料是否齐全，格式是否统一、规范等。

经复核需要对文稿进行实质性修改的，应按程序复审。

第六章　收文办理

第三十条　收文办理指对收到公文的办理过程，包括签收、登记、审核、拟办、批办、承办、催办等程序。

第三十一条　收到下级机关上报的需要办理的公文，文秘部门应当进行审核。审核的重点是：是否应由本机关办理；是否符合行文规则；内容是否符合国家法律、法规及其他有关规定；涉及其他部门或地区职权的事项是否已协商、会签；文种使用、公文格式是否规范。

第三十二条 经审核，对符合本办法规定的公文，文秘部门应当及时提出拟办意见送负责人批示或者交有关部门办理，需要两个以上部门办理的应当明确主办部门。紧急公文，应当明确办理时限。对不符合本办法规定的公文，经办公厅（室）负责人批准后，可以退回呈报单位并说明理由。

第三十三条 承办部门收到交办的公文后应当及时办理，不得延误、推诿。紧急公文应当按时限要求办理，确有困难的，应当及时予以说明。对不属于本单位职权范围或者不宜由本单位办理的，应当及时退回交办的文秘部门并说明理由。

第三十四条 收到上级机关下发或交办的公文，由文秘部门提出拟办意见，送负责人批示后办理。

第三十五条 公文办理中遇有涉及其他部门职权的事项，主办部门应当主动与有关部门协商；如有分歧，主办部门主要负责人要出面协调，如仍不能取得一致，可以报请上级机关协调或裁定。

第三十六条 审批公文时，对有具体请示事项的，主批人应当明确签署意见、姓名和审批日期，其他审批人圈阅视为同意；没有请示事项的，圈阅表示已阅知。

第三十七条 送负责人批示或者交有关部门办理的公文，文秘部门要负责催办，做到紧急公文跟踪催办，重要公文重点催办，一般公文定期催办。

第七章　公文归档

第三十八条 公文办理完毕后，应当根据《中华人民共和国档案法》和其他有关规定，及时整理（立卷）、归档。

个人不得保存应当归档的公文。

第三十九条 归档范围内的公文，应当根据其相互联系、特征和保存价值等整理（立卷），要保证归档公文的齐全、完整，能正确反映本机关的主要工作情况，便于保管和利用。

第四十条 联合办理的公文，原件由主办机关整理（立卷）、归档，其他机关保存复制件或其他形式的公文副本。

第四十一条 本机关负责人兼任其他机关职务，在履行所兼职务职责过程中形成的公文，由其兼职机关整理（立卷）、归档。

第四十二条 归档范围内的公文应当确定保管期限，按照有关规定定期向档案部门移交。

第四十三条 拟制、修改和签批公文，书写及所用纸张和字迹材料必须符合存档要求。

第八章　公文管理

第四十四条 公文由文秘部门或专职人员统一收发、审核、用印、归档和销毁。

第四十五条 文秘部门应当建立健全本机关公文处理的有关制度。

第四十六条 上级机关的公文，除绝密级和注明不准翻印的以外，下一级机关经负责人或者办公厅（室）主任批准，可以翻印。翻印时，应当注明翻印的机关、日期、份数和印发范围。

第四十七条　公开发布行政机关公文，必须经发文机关批准。经批准公开发布的公文，同发文机关正式印发的公文具有同等效力。

第四十八条　公文复印件作为正式公文使用时，应当加盖复印机关证明章。

第四十九条　公文被撤销，视作自始不产生效力；公文被废止，视作自废止之日起不产生效力。

第五十条　不具备归档和存查价值的公文，经过鉴别并经办公厅（室）负责人批准，可以销毁。

第五十一条　销毁秘密公文应当到指定场所由二人以上监销，保证不丢失、不漏销。其中，销毁绝密公文（含密码电报）应当进行登记。

第五十二条　机关合并时，全部公文应当随之合并管理。机关撤销时，需要归档的公文整理（立卷）后按有关规定移交档案部门。

工作人员调离工作岗位时，应当将本人暂存、借用的公文按照有关规定移交、清退。

第五十三条　密码电报的使用和管理，按照有关规定执行。

第九章　附　　则

第五十四条　行政法规、规章方面的公文，依照有关规定处理。外事方面的公文，按照外交部的有关规定处理。

第五十五条　公文处理中涉及电子文件的有关规定另行制定。统一规定发布之前，各级行政机关可以制定本机关或者本地区、本系统的试行规定。

第五十六条　各级行政机关的办公厅（室）对上级机关和本机关下发公文的贯彻落实情况应当进行督促检查并建立督查制度。有关规定另行制定。

第五十七条　本办法自 2001 年 1 月 1 日起施行。1993 年 11 月 21 日国务院办公厅发布，1994 年 1 月 1 日起施行的《国家行政机关公文处理办法》同时废止。

附录二　中华人民共和国国家标准

GB/T　9704－1999

国家行政机关公文格式

代替　GB/T　9704－1988

Layout key for official document of administration

1　范围

本标准规定了国家行政机关公文通用的纸张要求、印制要求、公文中各要素排列顺序和标识规则。

本标准适用于国家各级行政机关制发的公文。其他机关公文可参照执行。

使用少数民族文字印制的公文，其格式可参照本标准按有关规定执行。

2 引用标准

下列标准所包含的条文，通过在本标准中引用而构成为本标准的条文。本标准出版时，所示版本均为有效。所有标准都会被修订，使用本标准的各方应探讨使用下列标准最新版本的可能性。

GB/T 148－1997 印刷、书写和绘图纸幅面尺寸。

3 定义

本标准采用下列定义。

3.1 字 word

标识公文中横向距离的长度单位。一个字指一个汉字所占空间。

3.2 行 line

标识公文中纵向距离的长度单位。本标准以 3 号字高度加 3 号字高度 7/8 倍的距离为一基准行。

4 公文用纸主要技术指标

公文用纸一般使用纸张定量为 $60g/m^2$～$80g/m^2$ 的胶版印刷纸或复写纸。纸张白度为 85%～90%，横向耐折度≥15 次，不透明度≥85%，pH 值为 7.5～9.5。

5 公文用纸幅面及版面尺寸

5.1 公文用纸幅面尺寸

公文用纸张采用 GB/T 148 中规定的 A4 型纸，其成品幅面尺寸为：210mm×297mm，尺寸的允许偏差见 GB/T 148。

5.2 公文页边与版心尺寸

公文用纸天头（上白边）为：37mm±1mm

公文用纸订口（左白边）为：28 mm±1mm

版心尺寸为：156 mm×225mm（不含页码）

6 公文中图文的颜色

未作特殊说明公文中图文的颜色均为黑色。

7 排版规格与印制装订要求

7.1 排版规格

正文用 3 号仿宋体字，一般每面排 22 行，每行排 28 个字。

7.2 制版要求

版面干净无底灰，字迹清楚无断划，尺寸标准，版心不斜，误差不超过 1mm。

7.3 印刷要求

双面印刷；页码套正，两面误差不得超过 2mm，黑色油墨应达到色谱所标 BL100%，红色油墨应达到色谱所标 Y80%，M80%。印品着墨实、均匀；字面不花、不白、无断划。

7.4 装订要求

公文应左侧装订，不掉页。包本公文的封面与书芯不脱落，后背平整、不空。两页页码之间误差不超过 4mm。骑马订或平订的订位为两钉钉锯外订眼距书芯上下各 1/4 处，允许误差±4mm。平订钉锯与书脊间的距离为 3mm～5mm；无坏钉、漏钉、重钉，针脚平伏牢固；后背不可散页明订。裁切成品尺寸误差±1mm，四角成 90°，无毛茬或缺损。

8　公文中各要素标识规则

本标准将组成公文的各要素划分为眉首、主体、版记三部分。置于公文首页红色反线（宽度同版心，即156mm）以上的各要素统称眉首；置于红色反线（不含）以下至主题词（不含）之间的各要素统称主体；置于主题词以下的各要素统称版记。

8.1　眉首

8.1.1　公文份数序号

公文份数序号是将同一文稿印制若干份时每份公文的顺序编号。如需标识公文份数序号，用阿拉伯数码顶格标识在版心左上角第1行。

8.1.2　秘密等级和保密期限

如需标识秘密等级，用3号黑体字，顶格标识在版心右上角第1行，两字之间空1字；如需同时标识秘密等级和保密期限，用3号黑体字，顶格标识在版心右上角第1行，秘密等级和保密期限之间用“★”隔开。

8.1.3　紧急程度

如需标识紧急程度，用3号黑体字，顶格标识在版心右上角第1行，两字之间空1字；如需同时标识秘密等级和紧急程度，秘密等级顶格标识在版心右上角第1行，紧急程度顶格标识在版心右上角第2行。

8.1.4　发文机关标识

由发文机关全称或规范化简称后加“文件”组成；对一些特定的公文可只标识发文机关全称或规范化简称。发文机关标识上边缘至版心上边缘为25mm。对于上报的公文，发文机关标识上边缘至版心上边缘为80mm。

发文机关标识推荐使用小标宋体字，用红色标识。字号由发文机关以醒目美观为原则酌定，但一般应小于22mm×15mm。

联合行文时应使主办机关名称在前，“文件”二字置于发文机关名称右侧，上下居中排布；如联合行文机关过多，必须保证公文首页显示正文。

8.1.5　发文字号

发文字号由发文机关代字、年份和序号组成。发文机关标识下空2行，用3号仿宋体字，居中排布；年份、序号用阿拉伯数码标识；年份应标全称，用六角“〔　〕”括入；序号不编虚位（即1不编为001），不加“第”字。

发文字号之下4mm处印一条与版心等宽的红色反线。

8.1.6　签发人

上报的公文需标识签发人姓名，平行排列于发文字号右侧。发文字号居左空1字，签发人姓名居右空1字；签发人用3号仿宋体字，签发人后标全角冒号，冒号后用3号楷体字标识签发人姓名。

如有多个签发人，主办单位签发人姓名置于第1行，其他签发人姓名从第2行起在主办单位签发人姓名之下按发文机关顺序依次顺排，下移红色反线，应使发文字号与最后一个签发人姓名处在同一行并使红色反线与之的距离为4mm。

8.2　主体

8.2.1　公文标题

红色反线下空2行，用2号小标宋体字，可分一行或多行居中排布；回行时，要做到词义完整，排列对称，间距恰当。

8.2.2 主送机关

标题下空1行，左侧顶格用3号仿宋体字标识，回行时仍顶格；最后一个主送机关名称后标全角冒号。如主送机关名称过多而使公文首页不能显示正文时，应将主送机关名称移至版记中的主题词之下、抄送之上，标识方法同抄送。

8.2.3 公文正文

主送机关名称下1行，每自然段左空2字，回行顶格。数字、年份不能回行。

8.2.4 附件

公文如有附件，在正文下空1行左空2字用3号仿宋体字标识“附件”，后标全角冒号和名称。附件如有序号使用阿拉伯数码（如“附件：1.××××××”）；附件名称后不加标点符号。附件应与公文正文一起装订，并在附件左上角第1行顶格标识“附件”，有序号时标识序号；附件的序号和名称前后标识应一致。如附件与公文正文不能一起装订，应在附件左上角第1行顶格标识公文的发文字号并在其后标识附件（或带序号）。

8.2.5 成文时间

用汉字将年、月、日标全；“零”写为“〇”；成文时间的标识位置见8.2.6。

8.2.6 公文生效标识

8.2.6.1 单一发文印章

单一机关制发的公文在落款处不署发文机关名称，只标识成文时间。成文时间右空4字；加盖印章应上距正文2mm～4mm，端正、居中下压成文时间，印章用红色。

当印章下弧无文字时，采用下套方式，即仅以下弧压在成文时间上；

当印章下弧有文字时，采用中套方式，即印章中心线压在成文时间上。

8.2.6.2 联合行文印章

当联合行文需加盖两个印章时，应将成文时间拉开，左右各空7字；主办机关印章在前；两个印章均压成文时间，印章用红色。只能采用同种加盖印章方式，以保证印章排列整齐。两印章间互不相交或相切，相距不超过3mm。

当联合行文需加盖3个以上印章时，为防止出现空白印章，应将各发文机关名称（可用简称）排在发文时间和正文之间。主办机关印章在前，每排最多排3个印章，两端不得超出版心；最后一排如余一个或两个印章，均居中排布；印章之间互不相交或相切；在最后一排印章之下右空2字标识成文时间。

8.2.6.3 特殊情况说明

当公文排版后所剩空白处不能容下印章位置时，应采取调整行距、字距的措施加以解决，务使印章与正文同处一面，不得采取标识“此页无正文”的方法解决。

8.2.7 附注

公文如有附注，用3号仿宋体字，居左空2字加圆括号标识在成文时间下一行。

8.3 版记

8.3.1 主题词

“主题词”用3号黑体字，居左顶格标识，后标全角冒号；词目用3号小标宋体字；词目之间空1字。

8.3.2　抄送机关

公文如有抄送，在主题词下一行；左空 1 字用 3 号仿宋体字标识“抄送”，后标全角冒号；抄送机关间用逗号隔开，回行时与冒号后的抄送机关对齐；在最后一个抄送机关后标句号。如主送机关移至主题词之下，标识方法同抄送机关。

8.3.3　印发机关和印发时间

位于抄送机关之下（无抄送机关在主题词之下）占 1 行位置；用 3 号仿宋体字。印发机关左空 1 字，印发时间右空 1 字。印发时间以公文付印的日期为准，用阿拉伯数码标识。

8.3.4　版记中的反线

版记中各要素之下均加一条反线，宽度同版心。

8.3.5　版记的位置

版记应置于公文最后一页（封四），版记的最后一个要素置于最后一行。

9　页码

用 4 号半角白体阿拉伯数码标识，置于版心下边缘之下一行，数码左右各放一条 4 号一字线，一字线距版心下边缘 7mm。单页码居右空 1 字，双页码居左空 1 字。空白页和空白页以后的页不标识页码。

10　公文中表格

公文如需附表，对横排 A4 纸型表格，应将页码放在横表的左侧，单页码置于表的左下角，双页码置于表的左上角，单页码表头在订口一边，双页码表头在切口一边。

公文如需附 A3 纸型表格，且当最后一页为 A3 纸型表格时，封三、封四（可放分送，不放页码）应为空白，将 A3 纸型表格贴在封三前，不应贴在文件最后一页（封四）上。

11　公文的特定格式

11.1　信函式格式

发文机关名称上边缘距上页边的距离为 30mm，推荐用小标宋体字，字号由发文机关酌定；发文机关全称下 4mm 处为一条武文线（上粗下细），距下页边 20mm 处为一条文武线（上细下粗），两条线长均为 170mm。每行居中排 28 个字。发文机关名称及双线均印红色。两线之间各要素的标识方法从本标准相应要素说明。

11.2　命令格式

命令标识由发文机关名称加“命令”或“令”组成，用红色小标宋体字，字号由发文机关酌定。命令标识上边缘距版心上边缘 20mm，下边缘空 2 行居中标识令号；令号下空 2 行标识正文；正文下空一行右空 4 字标识签发人签名章；签名章左空 2 字标识签发人职务；联合发布的命令或命令的签发人职务应标识全称。在签发人签名章下空一行右空 2 字标识成文时间。分送机关标识方法同抄送机关。其他要素从本标准相关要素说明。

11.3　会议纪要格式

会议纪要标识由“×××××会议纪要”组成。其标识位置同 8.1.4，用红色小标宋体字，字号由发文机关酌定。会议纪要不加盖印章。其他要素从本标准相关要素说明。

12　式样

A4 型公文用纸页边及版心尺寸见图 1；公文首页版式见图 2；上报公文首页版式见图 3；公文末页版式见图 4；联合行文公文末页版式 1 见图 5；联合行文公文末页版式 2 见图 6。

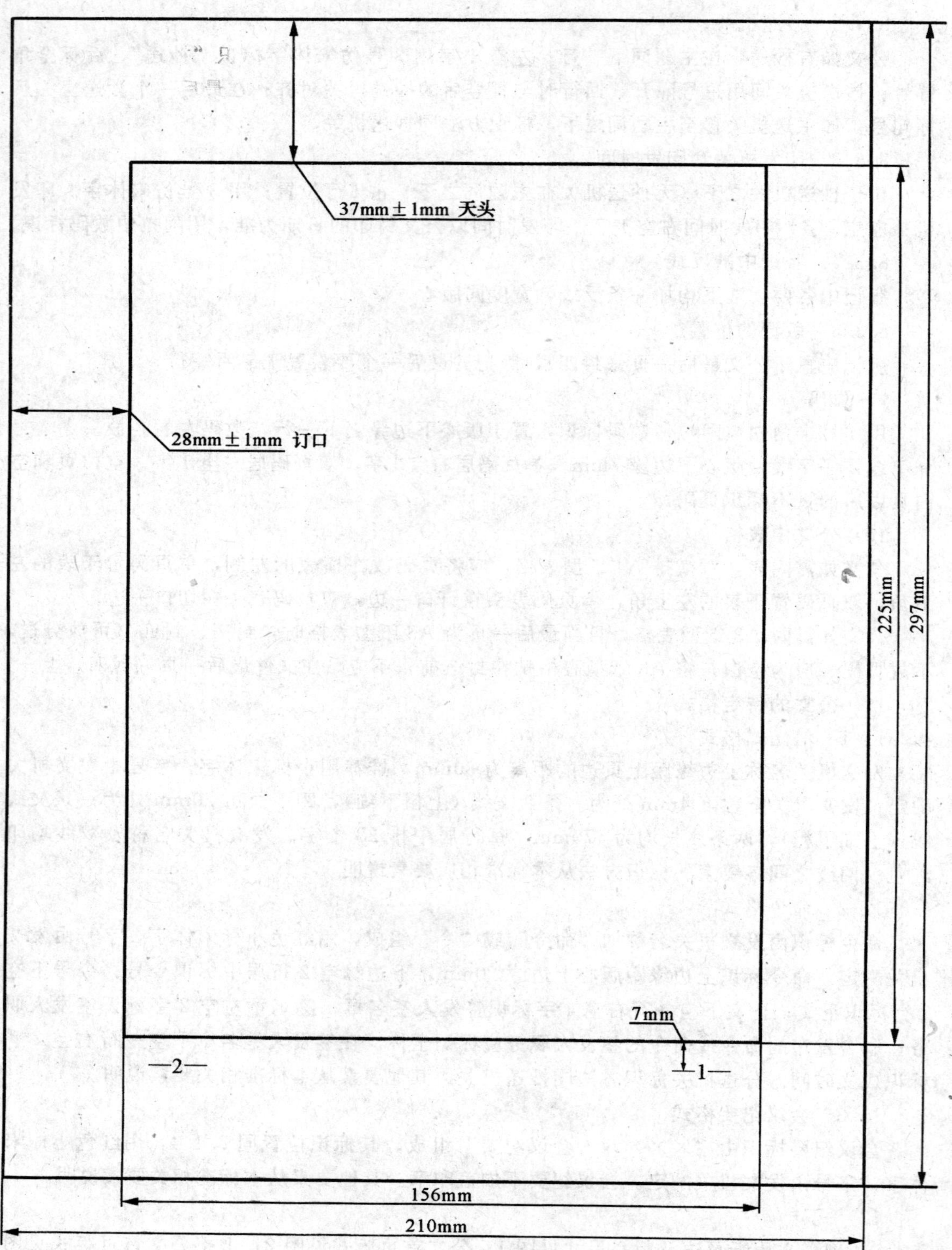

图 1 A4 型公文用纸页边及版心尺寸

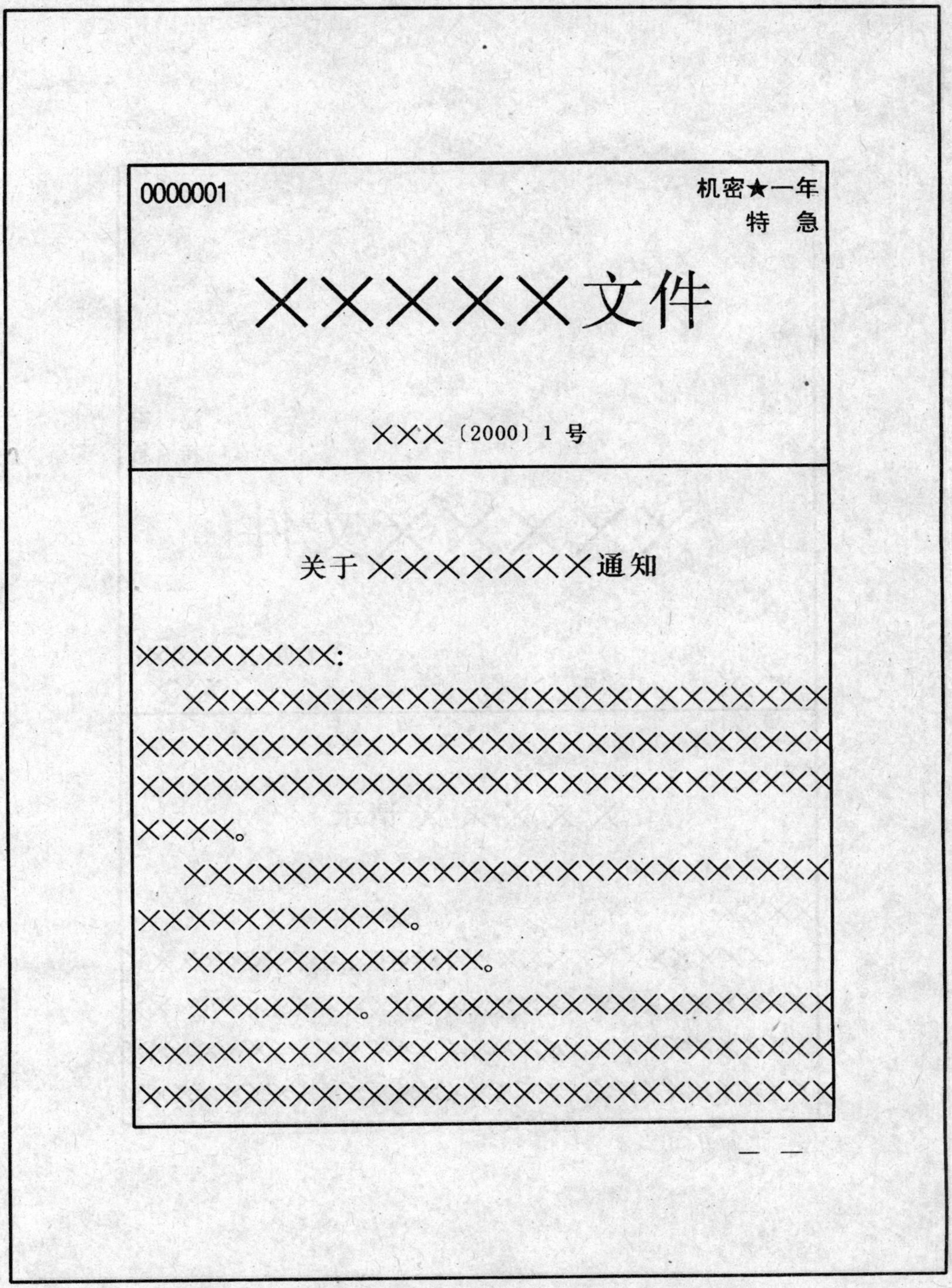

0000001　　　　　　　　机密★一年

特　急

×××××文件

×××〔2000〕1号

关于×××××××通知

××××××××：

××。

××××××××××××××××××××××××××××××××××××××。

××××××××××××。

×××××××。×××

— —

图2　公文首页版式

注：版心实线框仅为示意，在印制公文时并不印出。

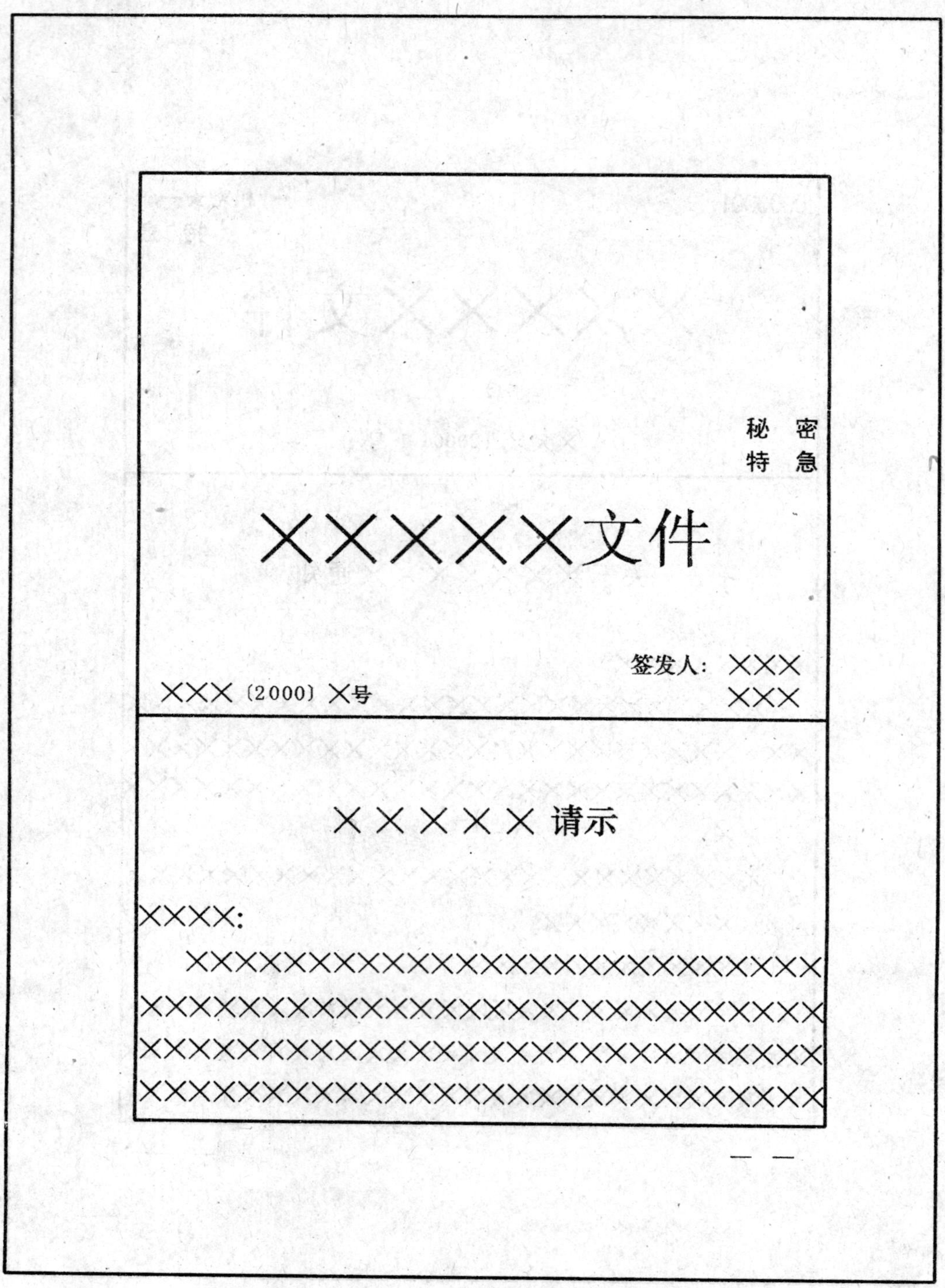

秘密
特急

××××××文件

签发人：×××
×××

×××〔2000〕×号

×××××请示

××××：

××××××××××××××××××××××××××××
×××××××××××××××××××××××××××××××
×××××××××××××××××××××××××××××××
×××××××××××××××××××××××××××××××

— —

图3　上报公文首页版式

注：版心实线框仅为示意，在印制公文时并不印出。

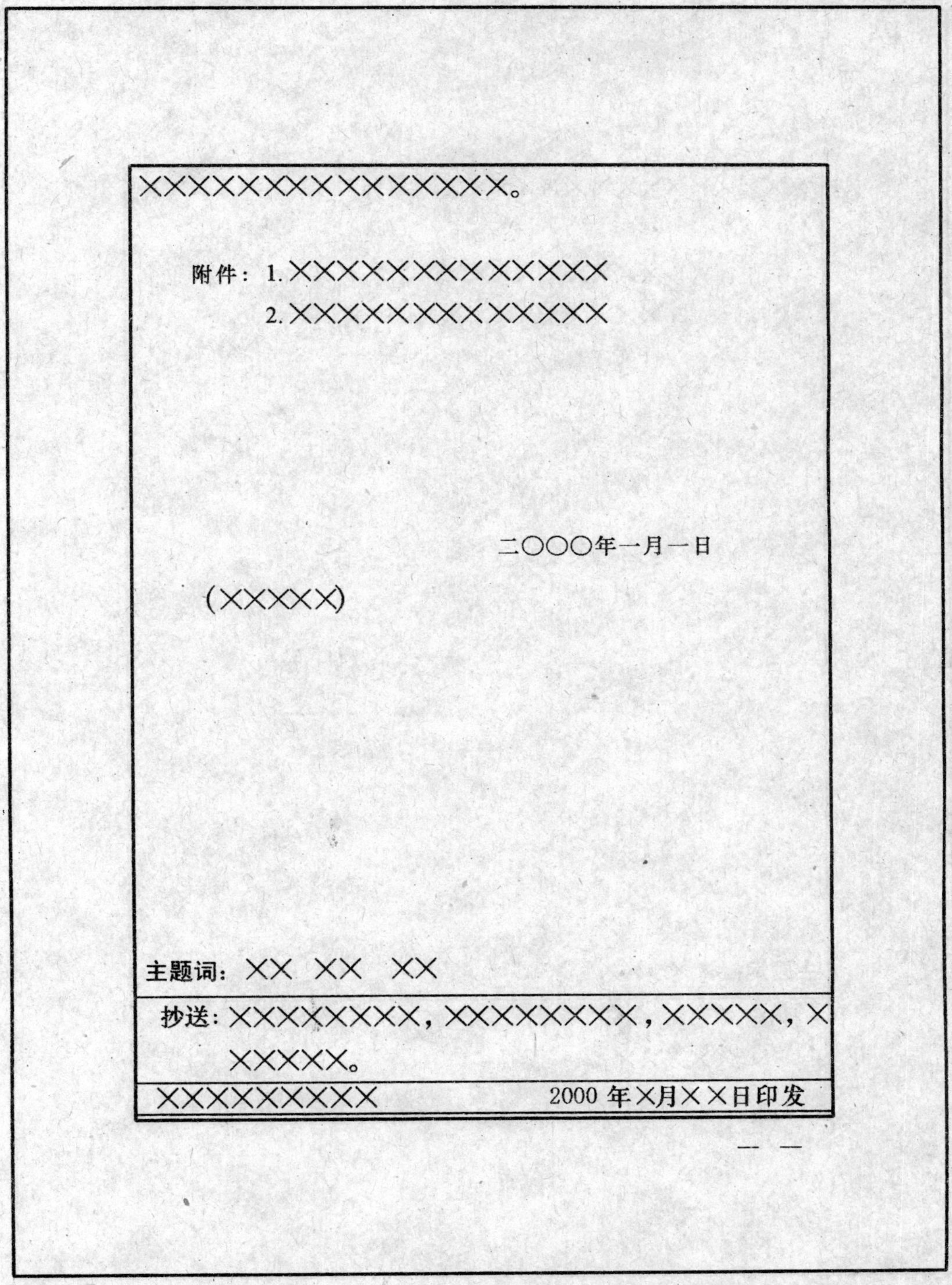

××××××××××××××××。

附件：1. ××××××××××××××

　　　2. ××××××××××××××

二○○○年一月一日

（×××××）

主题词：××　××　××

抄送：××××××××，××××××××，×××××，×
×××××。

××××××××××　　2000年×月××日印发

— —

图4　公文末页版式

注：版心实线框仅为示意，在印制公文时并不印出。

×××××××××××××××××。

附件：1. ××××××××××××××

2. ××××××××××××××

二〇〇〇年一月一日

主题词：×× ×× ××

抄送：×××××××××，×××××××××，××××××，×

×××××。

×××××××××× 2000年×月××日印发

— —

图5 联合行文公文末页版式1

注：版心实线框仅为示意，在印制公文时并不印出。

××××××××××××××××。

附件：1.××××××××××××××
　　　2.××××××××××××××

二〇〇〇年一月一日

主题词：××　××　××

抄送：×××××××××，×××××××××，×××××，×
×××××。

××××××××××　　　　2000 年×月××日印发

— —

图 6　联合行文公文末页版式 2

注：版心实线框仅为示意，在印制公文时并不印出。

附录三　中华人民共和国国家标准 出版物上数字用法的规定

GB/T　15835－1995

1　范围

本标准规定了出版物在涉及数字（表示时间、长度、质量、面积、容积等量值和数字代码）时使用汉字和阿拉伯数字的体例。

本标准适用于各级新闻报刊、普及性读物和专业性社会人文科学出版物。

自然科学和工程技术出版物亦应使用本标准，并可制定专业性细则。

本标准不适用于文学书刊和重排古籍。

2　引用标准

下列标准所包含的条文，通过在本标准中引用而构成为本标准的条文。本标准出版时，所示版本均为有效。所有标准都会被修订，使用本标准的各方应探讨使用下列标准最新版本的可能性。

GB/T 7408－94　数据元和交换格式　信息交换　日期和时间表示法

GB 3100－93　国际单位制及其应用

GB 3101－93　有关量、单位和符号的一般原则

GB 7713－87　科学技术报告、学位论文和学术论文的编写格式

GB 8170－87　数值修约规则

3　定义

本标准采用下列定义。

物理量　physical quantity

用于定量地描述物理现象的量，即科学技术领域里使用的表示长度、质量、时间、电流、热力学温度、物质的量和发光强度的量。使用的单位应是法定计量单位。

非物理量　non-physical quantity

日常生活中使用的量，使用的是一般量词。如 30 元、45 天、67 根等。

4　一般原则

4.1　使用阿拉伯数字或是汉字数字，有的情形下，选择是唯一而确定的。

4.1.1　统计表中的数值，如正负整数、小数、百分比、分数、比例等，必须使用阿拉伯数字。

示例：48　302　－125.03　34.05％　63％～68％　1/4　2/5　1∶500

4.1.2　定型的词、词组、成语、惯用语、缩略语或具有修辞色彩的词语中作为语素的数字，必须使用汉字。

示例：一律　一方面　十滴水　二倍体　三叶虫　星期五　四氧化三铁　一〇五九（农药内吸磷）　八国联军　二〇九师　二万五千里长征　四书五经　五四运动　九三学社　十月十七日同盟　路易十六　十月革命　“八五”计划　五省一市　五局三胜制　二八年华　二十挂零　零点方案　零岁教育　白发三千丈　七上八下　不管三七二十一　相差十万八千里　第一书记　第二轻工业局　一机部三所　第三季度　第四方面军　十三届

四中全会

4.2　使用阿拉伯数字或是汉字数字，有的情形，如年月日、物理量、非物理量、代码、代号中的数字，目前体例尚不统一。对这种情形，要求凡是可以使用阿拉伯数字而且又很得体的地方，特别是当所表示的数目比较精确时，均应使用阿拉伯数字。遇特殊情形，或者为避免歧解，可以灵活变通，但全篇体例应相对统一。

5　时间（世纪、年代、年、月、日、时刻）

5.1　要求使用阿拉伯数字的情况

5.1.1　公历世纪、年代、年、月、日

示例：公元前8世纪　20世纪80年代　公元前440年　公元7年　1994年10月1日

5.1.1.1　年份一般不用简写。如：1990年不应简做“九〇年”或“90年”。

5.1.1.2　引文著录、行文注释、表格、索引、年表等，年月日的标记可按GB/T 7408－94的5.2.1.1中的扩展格式。如：1994年9月30日和1994年10月1日可分别写作1994-09-30和1994-10-01，仍读做1994年9月30日、1994年10月1日。年月日之间使用半字线“-”。当月和日是个位数时，在十位上加“0”。

5.1.2　时、分、秒

示例：4时　15时40分（下午3点40分）　14时12分36秒

注：必要时，可按GB/T 7408－94的5.3.1.1中的扩展格式。该格式采用每日24小时计时制，时、分、秒的分隔符为冒号“:”。

示例：04:00（4时）　15:40（15时40分）　14:12:36（14时12分36秒）

5.2　要求使用汉字的情况

5.2.1　中国干支纪年和夏历月日

示例：丙寅年十月十五日　腊月二十三日　正月初五　八月十五中秋节

5.2.2　中国清代和清代以前的历史纪年、各民族的非公历纪年

这类纪年不应与公历月日混用，并应采用阿拉伯数字括注公历。

示例：秦文公四十四年（公元前722年）　太平天国庚申十年九月二十四日（清咸丰十年九月二十日，公元1860年11月2日）　藏历阳木龙年八月二十六日（1964年10月1日）　日本庆应三年（1867年）

5.2.3　含有月日简称表示事件、节日和其他意义的词组

如果涉及一月、十一月、十二月，应用间隔号“·”将表示月和日的数字隔开，并外加引号，避免歧义。涉及其他月份时，不用间隔号，是否使用引号，视事件的知名度而定。

示例1：“一·二八”事变（1月28日）　“一二·九”运动（12月9日）　“一·一七”批示（1月17日）　“一一·一〇”案件（11月10日）

示例2：五四运动　五卅运动　七七事变　五一国际劳动节　“五二〇”声明　“九一三”事件

6　物理量

物理量量值必须用阿拉伯数字，并正确使用法定计量单位。小学和初中教科书、非专业性科技书刊的计量单位可使用中文符号。

示例：8 736.80km（8 736.80千米）　600g（600克）　100kg～150kg（100千克～150千克）　12.5m^2（12.5平方米）　外形尺寸是400mm×200mm×300mm（400毫米×200毫米×300毫米）　34℃～39℃（34摄氏度～39摄氏度）　0.59A（0.59安〔培〕）

7　非物理量

7.1　一般情况下应使用阿拉伯数字。

示例：21.35 元　45.6 万元　270 美元　290 亿英镑　48 岁　11 个月　1 480 人　4.6 万册　600 幅　550 名

7.2　整数一至十，如果不是出现在具有统计意义的一组数字中，可以用汉字，但要照顾到上下文，求得局部体例上的一致。

示例 1：一个人　三本书　四种产品　六条意见　读了十遍　五个百分点

示例 2：截至 1984 年 9 月，我国高等学校有新闻系 6 个，新闻专业 7 个，新闻班 1 个，新闻教育专职教员 274 人，在校学生 1 561 人。

8　多位整数与小数

8.1　阿拉伯数字书写的多位整数和小数的分节

8.1.1　专业性科技出版物的分节法：从小数点起，向左和向右每三位数字一组，组间空四分之一个汉字（二分之一个阿拉伯数字）的位置。

示例：2 748 456　3.141 592 65

8.1.2　非专业性科技出版物如排版留四分空有困难，可仍采用传统的以千分撇“，”分节的方法。小数部分不分节。四位以内的整数也可以不分节。

示例：2，748，456　3.14159265 8703

8.2　阿拉伯数字书写的纯小数必须写出小数点前定位的“0”。小数点是齐底线的黑圆点“.”。

示例：0.46 不得写成 .46 和 0·46

8.3　尾数有多个“0”的整数数值的写法

8.3.1　专业性科技出版物根据 GB 8170－87 关于数值修约的规则处理。

8.3.2　非科技出版物中的数值一般可以“万”、“亿”做单位。

示例：三亿四千五百万可写成 345，000，000，也可写成 34，500 万或 3.45 亿，但一般不得写做 3 亿 4 千 5 百万。

8.4　数值巨大的精确数字，为了便于定位读数或移行，作为特例可以同时使用“亿、万”做单位。

示例：我国 1982 年人口普查人数为 10 亿 817 万 5288 人；1990 年人口普查人数为 11 亿 3368 万 2501 人。

8.5　一个用阿拉伯数字书写的数值应避免断开移行。

8.6　阿拉伯数字书写的数值在表示数值的范围时，使用浪纹式连接号“～”。

示例：150 千米～200 千米　－36℃～－8℃　2 500 元～3 000 元

9　概数和约数

9.1　相邻的两个数字并列连用表示概数，必须使用汉字，连用的两个数字之间不得用顿号“、”隔开。

示例：二三米　一两个小时　三五天　三四个月　十三四吨　一二十个　四十五六岁　七八十种　二三百架次　一千七八百元　五六万套

9.2　带有“几”字的数字表示约数，必须使用汉字。

示例：几千年　十几天　一百几十次　几十万分之一

9.3　用“多”、“余”、“左右”、“上下”、“约”等表示的约数一般用汉字。如果文中出现一组具有统计和比较意义的数字，其中既有精确数字，也有用“多”、“余”等表示的约数时，为保持局部体例上的一致，其约数也可以使用阿拉伯数字。

示例 1：这个协会举行全国性评奖十余次，获奖作品有一千多件。协会吸收了约三千名会员，其中三分之二是有成就的中青年。另外，在三十个省、自治区、直辖市还设有分会。

示例 2：该省从机动财力中拿出 1 900 万元，调拨钢材 3 000 多吨、水泥 2 万多吨、柴油 1 400 吨，用于农田水利建设。

10　代号、代码和序号

部队番号、文件编号、证件号码和其他序号，用阿拉伯数字。序数词即使是多位数也不能分节。

示例：84062 部队　国家标准 GB 2312-80　国办发［1987］9 号文件　总 3147 号　国内统一刊号 CN11－1399　21/22 次特别快车　HP－3000 型电子计算机　85 号汽油　维生素 B_{12}

11　引文标注

引文标注中版次、卷次、页码，除古籍应与所据版本一致外，一般均使用阿拉伯数字。

示例 1：列宁：《新生的中国》，见《列宁全集》，中文 2 版，第 22 卷，208 页，北京，人民出版社，1990。

示例 2：刘少奇：《论共产党员的修养》，修订 2 版，76 页，北京，人民出版社，1962。

示例 3：李四光：《地壳构造与地壳运动》，载《中国科学》，1973（4），400～429 页。

示例 4：许慎：《说文解字》，影印陈昌治本，126 页，北京，中华书局，1963。

示例 5：许慎：《说文解字》，四部丛刊本，卷六上，九页。

12　横排标题中的数字

横排标题涉及数字时，可以根据版面的实际需要和可能作恰当的处理。

13　竖排文章中的数字

提倡横排。如文中多处涉及物理量，更应横排。竖排文字中涉及的数字除必须保留的阿拉伯数字外，应一律用汉字。必须保留的阿拉伯数字、外文字母和符号均按顺时针方向转 90 度。

示例一：

雪花牌BCD188型家用电冰箱容量是一百八十八升，功率为一百二十五瓦，市场售价两千零五十元，返修率仅为百分之零点一五。

示例二：

海军J12号打捞救生船在太平洋上航行了十三天，于一九九〇年八月六日零时三十分返回基地。

14　字体

出版物中的阿拉伯数字，一般应使用正体二分字身，即占半个汉字位置。

附录四　国务院公文主题词表

（一九九七年十二月修订）

国务院办公厅秘书局

使用说明

为适应办公现代化的要求，便于计算机检索和管理公文，特编制《国务院公文主题词表》（以下简称词表）。词表主要用于标引国务院、国务院办公厅印发的文件和各地区、各部门上报国务院及其办公厅的文件。

一、编制原则

（一）词表结构务求合乎逻辑，具有较宽的涵盖面，便于使用。

（二）词表体现文档管理一体化的原则，即词表中主题词的区域分类别词可分别作为档案分类中的大类和属类。

二、体系结构

（一）词表共有 15 类 1049 个主题，分为主表和附表两大部分，主表有 13 类 751 个主题词，附表有 2 类 298 个主题词。词表分为三个层次。第一层是对主题词区域的分类，如“综合经济”、“财政、金融”类等。第二层是类别词，即对主题词的具体分类，如“工交、能源、邮电”类中的“工业”、“交通”、“能源”和“邮电”等。第三层是类属词，如“体制”、“职能”、“编制”等。第二层和第三层统称为主题词，用于文件的标引。

（二）1988 年 12 月和 1994 年 4 月修订的词表中曾列入本词表中而不再继续用做标引的主题词，用黑体单列在区域分类的最后部分。

三、标引方法

（一）一份文件的标引，除类别词外最多不超过 5 个主题词。主题词标在文件的抄送栏之上，顶格写。

（二）标引顺序是先标类别词，再标类属词。在标类属词时，先标反映文件内容的词，最后标反映文件形式的词，如《国务院关于加强水土保持工作的通知》，先标类别词“农业”，再标类属词“水土保持”，最后标上“通知”。

（三）一份文件如有两个以上的主题内容，先集中对一个主题内容进行标引，再对第二个主题内容进行标引。如《国务院关于在若干城市试行国有企业兼并破产和职工再就业有关问题的通知》，先标反映第一个主题内容的类别词“经济管理”，再标类属词“企业”、“破产”；然后标反映第二个主题内容的类别词“劳动”，再标类属词“就业”；最后标“通知”。

（四）根据需要，可将不同类的主题词进行组配标引。如《国务院关于“九五”期间深化科学技术体制改革的决定》，可标“科技、体制、改革、决定”。

（五）当词表中找不出准确反映文件主题内容的类属词时，可以在类别中选择适当的词标引。同时将能够准确反映文件内容的词标在类属词的后面，并在该词的后面加“△”以便区别。

（六）列在区域分类最后，用黑体标出的主题词只供检索用，不再用做标引。

（七）附表中的主题词与主表中的主题词具有同等效力，标引方法相同，不同的是，如果附表中所列的国家、地区的实际名称发生了变化，使用本表的各单位可先按照变化后的标准名称进行修改和使用。国务院办公厅秘书局将定期修订附表。

四、词表管理

（一）本词表由国务院办公厅秘书局负责管理和解释，具体工作由档案数据处承办。

（二）本词表自 1998 年 2 月 1 日起执行，1994 年 4 月修订的词表同时废止。

国务院公文主题词表

01　**综合经济（77 个）**

01A 计划　　规划　统计　指标　分配　统配　调拨

01B 经济管理

经济　管理　调整　调控　控制　结构　制度
所有制　股份制　责任制　流通　产业　行业
改革　改造　竞争　兼并　开放　开发　协作
资源　土地　资产　资料　产权　物价　价格
投资　招标　经营　生产　转产　项目　产品
质量　承包　租赁　合同　包干　国有　国营
私营　集体　个体　企业　公司　集团　合作社
普查　工商　商标　注册　广告　监督　增产
效益　节约　浪费　破产　亏损　特区　开发区
保税区　展销　展览

商品化　横向联系　第三产业　生产资料

02　**工交、能源、邮电（69 个）**

02A 工业

冶金　钢铁　地矿　机械　汽车　电子
电器　仪器　仪表　化工　航天　航空　核工
船舶　兵器　军工　轻工　有色金属　盐业
食品　印刷　包装　手工业　纺织　服装
丝绸　设备原料　材料　加工

02B 交通

铁路　公路　桥梁　民航　机场　航线　航道
空中管制　飞机　港口　码头　口岸　车站
车辆　运输　旅客

02C 能源

石油　煤炭　电力　燃料　天然气　煤气
沼气

02D 邮电

通信　电信　邮政　网络　数据

民品　厂矿　空运　三线　通讯　水运　运费

03　**旅游、城乡建设、环保**（42个）

03A 旅游

03B 服务业

饮食业　宾馆

03C 城乡建设

城市　乡镇　基建　建设　建筑　建材　勘察

测绘　设计　市政　公用事业　监理　环卫

征地　工程　房地产　房屋　住宅　装修　设施

出让　转让　风景名胜　园林　岛屿

03D 环保

保护区　植物　动物　污染　生态　生物

风景　饭店　城乡　国土　沿海

04　**农业、林业、水利、气象**（56个）

04A 农业

农村　农民　农民负担　农场　农垦　粮食

棉花　油料　生猪　蔬菜　糖料　烟草　水产

渔业　水果　经济作物　农副产品　副业

畜牧业　乡镇企业　农膜　种子　化肥　农药

饲料　灾害　以工代赈　扶贫

04B 林业

绿化　木材　森林　草原　防沙治沙

04C 水利

河流　湖泊　滩涂　水库　水域　流域

水土保持　节水　防汛　抗旱　三峡

04D 气象

气候　预报　预测

烟酒　土特产　有机肥　多种经营　牧业

05　**财政、金融**（57个）

05A 财政

预算　决算　核算　收支　财务　会计　税务

税率　审计　债务　积累　经费　集资　收费

资金　基金　租金　拨款　利润　补贴　折旧费

附加费　固定资产

05B 金融

银行 货币 黄金 白银 存款 贷款 信贷
贴现 通货膨胀 交易 期货 利率 利息
贴息 外汇 外币 汇率 债券 证券 股票
彩票 信托 保险 赔偿 信用社

现金 留成 流动资金 储蓄 费用 侨汇 折旧率

06 **贸易**（52 个）

06A 商业

商品 物资 收购 定购 购置 市场 集贸
酒类 副食品 日用品 销售 消费 批发
供应 零售 拍卖 专卖 订货 营业 仓库
储备 储运 货物

06B 外贸

对外援助 军贸 进口 出口 引进 海关
缉私 仲裁 商检 外商 外资 合资 合作
关贸 许可证 驻外企业

贸易 倒卖 外向型 议购 议售 垄断 经贸 贩运 票证 外经 交易会

07 **外事**（42 个）

07A 外交

对外政策 对外关系 领土 领空 领海
外交人员 建交 公约 大使 领事 条约
协定 协议 议定书 备忘录 照会 国际
涉外事务 抗议

07B 外事

国际会议 国际组织 对外宣传 出访 出国
出入境 签证 护照 邀请 来访 谈判 会谈
会见 接见 招待会 宴会 外国人 外宾
对外友协 外国专家

涉外

08 **公安、司法、监察**（46 个）

08A 公安

警察 武警 警衔 治安 非法组织 安全
保卫 禁毒 消防 防火 检查 扫黄 案件
处罚 户口 证件 事件 危险品 游行
海防 边防 边界 边境

08B 司法

政法　法制　法律　法院　律师　检察　程序
公证　劳改　劳教　监狱

08C 监察

廉政建设　审查　纪检　执法　行贿　受贿
贪污　处分

侦破

09　**民政、劳动人事**（85 个）

09A 民政

基层政权　选举　行政区划　地名　人口
双拥工作　社会保障　社团　救灾　救济
募捐　婚姻　移民　抚恤　慰问　调解
老龄问题　烈士　纠纷　残疾人　基地
殡费　社区服务

09B 机构

驻外机构　体制　职能　编制　精简　更名

09C 人事

行政人员　干部　公务员　考核　录用　职工
家属　子女　知识分子　专家　参事　院士
文史馆员　履历　聘任　任免　辞退　退职
职称　待遇　离休　退休　交流　安置　调配
模范　表彰　奖励

09D 劳动

就业　失业　招聘　合同制　工人　保护　劳务
第二职业　事故

09E 工资

津贴　奖金　福利　收入

老年　简历　劳资　人才　招工　待业　补助　拥军优属　丧葬　奖惩

10　**科、教、文、卫、体**（73 个）

10A 科技

科学　技术　科普　科研　鉴定　标准　计量
专利　发明　实验　情报　计算机　自动化
信息　卫星　地震　海洋

10B 教育

学校　教师　招生　学生　培训　毕业　学位
留学　教材　校办企业

10C 文化

文字　文史　文学　语言　艺术　古籍　图书
宣传　广播　电视　电影　出版　版权　报刊
新闻　音像　文物　古迹　纪念物　电子出版物

10D 卫生

医院　中医　医疗　医药　药材　防疫　疾病
计划生育　妇幼保健　检验　检疫

10E 体育

运动员　教练员　运动会　比赛

馆所　院校　校舍　地方志　软科学　社科

11　**国防**（24 个）

11A 军事

军队　国防　空军　海军　征兵　服役　转业
民兵　预备役　军衔　复员　文职　后勤
装备　战备　作战　训练　防空　军需　武器
弹药　人武

退伍

12　**秘书、行政**（74 个）

12A 文秘工作

机关　国旗　国徽　机要　印章　信访　督察
保密　公文　档案　会议　文件　秘书　电报
提案　议案　谈话　讲话　总结　批示　汇报
建议　意见　文章　题词　章程　条例　办法
细则　规定　方案　布告　决议　命令　决定
指示　公告　通告　通知　通报　报告　请示
批复　函　会议纪要

12B 行政事务

行政　工作制度　纪念活动　庆典活动　休假
节假日　着装　参观　接待　措施　调查　视察
考察　礼品　馈赠　服务

出席　发言　转发　名单　批准　审批　信函　事务　活动　纪要　督察

13　**综合党团**（54 个）

13A 党派团体

共产党　民主党派　共青团　团体　工会　协会学会
民间组织　文联　学联　妇女　儿童　基金会

13B 统战

政协　民主人士　爱国人士

13C 民族

民族区域自治　民主事务

13D 宗教

寺庙

13E 侨务

外籍华人　归侨　侨乡

13F 港澳台

香港问题　澳门问题　台湾问题

13G 综合

整顿　形势　社会　精神文明　法人　发展

其他　试点

推广　青年　政治　范围　党派　组织　领导　方针　政策　党风　事业　咨询　中心　清除

附表

01　**中国行政区域**（54 个）

01A 华北地区

北京　天津　河北　山西　内蒙古

01B 东北地区

辽宁　吉林　黑龙江

01C 华东地区

上海　江苏　浙江　安徽　福建　江西　山东

01D 中南地区

河南　湖北　湖南　广东　广西　海南

01E 西南地区

四川　贵州　云南　西藏　重庆

01F 西北地区

陕西　甘肃　青海　宁夏　新疆

01G 台湾

01H 香港

01I 澳门

哈尔滨　沈阳　大连　青岛　厦门　宁波　武汉　广州　深圳　海南岛　西安　单列市　省市　自治区

02　**世界行政区域**（244 个）

02A　亚洲

中国　蒙古　朝鲜　韩国　日本　越南　老挝

柬埔寨　缅甸　泰国　马来西亚　新加坡　文莱
菲律宾　印度尼西亚　东帝汶　尼泊尔　锡金
不丹　孟加拉国　印度　斯里兰卡　马尔代夫
哈萨克斯坦　兰卡　吉尔吉斯斯坦　塔吉克斯坦
乌兹别克斯坦　土库曼斯坦　格鲁吉亚　阿塞拜疆
亚美尼亚　巴基斯坦　阿富汗　伊朗　科威特
沙特阿拉伯　巴林　卡塔尔　阿联酋　阿曼　也门
伊拉克　叙利亚　黎巴嫩　约旦　巴勒斯坦
以色列　塞浦路斯　土耳其

02B 欧洲

冰岛　法罗群岛　丹麦　挪威　瑞典　芬兰
爱沙尼亚　拉脱维亚　立陶宛　俄罗斯　白俄罗斯
乌克兰　摩尔多瓦　波兰　捷克　斯洛伐克
匈牙利　德国　奥地利　列支敦士登　瑞士
荷兰　比利时　卢森堡　英国　爱尔兰　法国
摩纳哥　安道尔　西班牙　葡萄牙　意大利
梵蒂冈　圣马力诺　马耳他　南斯拉夫
斯洛文尼亚　克罗地亚　波黑　马其顿
罗马尼亚　保加利亚　阿尔巴尼亚　希腊

02C 非洲

埃及　利比亚　突尼斯　阿尔及利亚　摩洛哥
西撒哈拉　毛里塔尼亚　塞内加尔　冈比亚　马里
布基纳法索　佛得角　几内亚比绍　几内亚
塞拉利昂　利比里亚　科特迪瓦　加纳　多哥
贝宁　尼泊尔　尼日利亚　喀麦隆　赤道几内亚
乍得　中非　苏丹　埃塞俄比亚　吉布提　索马里
肯尼亚　乌干达　坦桑尼亚　卢旺达　布隆迪
刚果民主共和国　刚果　加蓬　厄立特里亚
圣多美和普林西比　安哥拉　赞比亚　马拉维
莫桑比克　科摩罗　马达加斯加　塞舌尔
毛里求斯　留尼汪　津巴布韦　博茨瓦纳
纳米比亚　南非　斯威士兰　莱索托　圣赫勒拿

02D 大洋洲

澳大利亚　新西兰　巴布亚新几内亚　所罗门群岛
瓦努阿图　新喀里多尼亚　斐济　基里巴斯
瑙鲁　密克罗尼西亚联邦　马绍尔群岛共和国
帕劳　北马里亚纳群岛自由联邦　关岛
瓦利斯群岛和富图纳群岛　图瓦卢　西萨摩亚
美属萨摩亚　纽埃　托克劳　库克群岛　汤加

法属波利尼西亚　皮特凯恩群岛

02E 美洲

格陵兰　加拿大　圣皮埃尔和密克隆　美国
百慕大　墨西哥　危地马拉　伯利兹　萨尔瓦多
洪都拉斯　尼加拉瓜　哥斯达黎加　巴拿马
巴哈马　特克斯群岛和凯科斯群岛　古巴
开曼群岛　牙买加　海地　多米尼加
波多黎各　美属维尔京群岛
英属维尔京群岛　圣基茨和尼维斯
安圭拉　安提瓜和巴布达　蒙特塞拉特
瓜德罗普　多米尼克　马提尼克
圣卢西亚　圣文森特和格林纳丁斯
巴巴多斯　特立尼达和多巴哥　荷属安的列斯
阿鲁巴　格林纳达　哥伦比亚　委内瑞拉
圭亚那　苏里南　法属圭亚那　厄瓜多尔
秘鲁　巴西　玻利维亚　智利　阿根廷
巴拉圭　乌拉圭

苏联　民主德国　联邦德国　捷克斯洛伐克　扎伊尔　圣赫勒那岛和阿森林松岛等　留尼汪岛　贝劳　马绍尔群岛　北马里亚纳群岛　东萨摩亚　圣皮埃尔和密克隆群岛　百慕大群岛　多米尼加共和国　多米尼加联邦　荷属安的列斯群岛

附录五　中华人民共和国国家标准 标点符号用法

GB/T 15834－1995

1　范围

本标准规定了标点符号的名称、形式和用法。本标准对汉语书写规范有重要的辅助作用。

本标准适用于汉语书面语。外语界和科技界也可参考使用。

2　定义本标准采用下列定义

句子 sentence

前后都有停顿，并带有一定的句调，表示相对完整意义的语言单位。

陈述句 declarative sentence

用来说明事实的句子。

祈使句 imperative sentence

用来要求听话人做某件事情的句子。

疑问句 interrogative sentence

用来提出问题的句子。

感叹句 exclamatory sentence

用来抒发某种强烈感情的句子。

复句、分句 complex sentence，clause

意思上有密切联系的小句子组织在一起构成一个大句子。这样的大句子叫复句，复句中的每个小句子叫分句。

词语 expression

词和短语（词组）。词，即最小的能独立运用的语言单位。短语，即由两个或两个以上的词按一定的语法规则组成的表达一定意义的语言单位，也叫词组。

3 基本规则

3.1 标点符号是辅助文字记录语言的符号，是书面语的有机组成部分，用来表示停顿、语气以及词语的性质和作用。

3.2 常用的标点符号有16种，分点号和标号两大类。

点号的作用在于点断，主要表示说话时的停顿和语气。点号又分为句末点号和句内点号。句末点号用于句末，有句号、问号、叹号3种，表示句末的停顿，同时表示句子的语气。句内点号用于句内，有逗号、顿号、分号、冒号4种，表示句内的各种不同性质的停顿。

标号的作用在于标明，主要标明语句的性质和作用。常用的标号有9种，即：引号、括号、破折号、省略号、着重号、连接号、间隔号、书名号和专名号。

4 用法说明

4.1 句号

4.1.1 句号的形式为“。”。句号还有一种形式，即一个小圆点“.”，一般在科技文献中使用。

4.1.2 陈述句末尾的停顿，用句号。例如：

a）北京是中华人民共和国的首都。

b）虚心使人进步，骄傲使人落后。

c）亚洲地域广阔，跨寒、温、热三带，又因各地地形和距离海洋远近不同，气候复杂多样。

4.1.3 语气舒缓的祈使句末尾，也用句号。例如：

请您稍等一下。

4.2 问号

4.2.1 问号的形式为“?”。

4.2.2 疑问句末尾的停顿，用问号。例如：

a）你见过金丝猴吗？

b）他叫什么名字？

c）去好呢，还是不去好？

4.2.3 反问句的末尾，也用问号。例如：

a）难道你还不了解我吗？

b）你怎么能这么说呢？

4.3 叹号

4.3.1 叹号的形式为“！”。

4.3.2 感叹句末尾的停顿，用叹号。例如：

a）我为祖国的繁荣昌盛而奋斗！

b）我多么想看看他老人家呀！

4.3.3 语气强烈的祈使句末尾，也用叹号。例如：

a）你给我出去！

b）停止射击！

4.3.4 语气强烈的反问句末尾，也用叹号。例如：

我哪里比得上他呀！

4.4 逗号

4.4.1 逗号的形式为“，”。

4.4.2 句子内部主语与谓语之间如需停顿，用逗号。例如：

我们看得见的星星，绝大多数是恒星。

4.4.3 句子内部动词与宾语之间如需停顿，用逗号。例如：

应该看到，科学需要一个人贡献出毕生的精力。

4.4.4 句子内部状语后边如需停顿，用逗号。例如：

对于这个城市，他并不陌生。

4.4.5 复句内部各分句之间的停顿，除了有时要用分号外，都要用逗号。例如：

据说苏州园林有一百多处，我到过的不过十多处。

4.5 顿号

4.5.1 顿号的形式为“、”。

4.5.2 句子内部并列词语之间的停顿，用顿号。例如：

a）亚马孙河、尼罗河、密西西比河和长江是世界四大河流。

b）正方形是四边相等、四角都是直角的四边形。

4.6 分号

4.6.1 分号的形式为“；”。

4.6.2 复句内部并列分句之间的停顿，用分号，例如：

a）语言，人们用来抒情达意；文字，人们用来记言记事。

b）在长江上游，瞿塘峡像一道闸门，峡口险阻；巫峡像一条迂回曲折的画廊，每一曲，每一折，都像一幅绝好的风景画，神奇而秀美；西陵峡水势险恶，处处是急流，处处是险滩。

4.6.3 非并列关系（如转折关系、因果关系等）的多重复句，第一层的前后两部分之间，也用分号。例如：

我国年满十八周岁的公民，不分民族、种族、性别、职业、家庭出身、宗教信仰、教育程度、财产状况、居住期限，都有选举权和被选举权；但是依照法律被剥夺政治权利的人除外。

4.6.4　分行列举的各项之间，也可以用分号。例如：

中华人民共和国的行政区域划分如下：

（一）全国分为省、自治区、直辖市；

（二）省、自治区分为自治州、县、自治县、市；

（三）县、自治县分为乡、民族乡、镇。

4.7　冒号

4.7.1　冒号的形式为“：”。

4.7.2　用在称呼语后边，表示提起下文。例如：

同志们，朋友们：

现在开会了。……

4.7.3　用在“说、想、是、证明、宣布、指出、透露、例如、如下”等词语后边，表示提起下文。例如：

他十分惊讶地说：“啊，原来是你！”

4.7.4　用在总说性话语的后边，表示引起下文的分说。例如：

北京紫禁城有四座城门：午门、神武门、东华门和西华门。

4.7.5　用在需要解释的词语后边，表示引出解释或说明。例如：

外文图书展销会

日期：10月20日至11月10日

时间：上午8时至下午4时

地点：北京朝阳区工体东路16号

主办单位：中国图书进出口总公司

4.7.6　总括性话语的前边，也可以用冒号，以总结上文。例如：

张华考上了北京大学，在化学系学习；李萍进了中等技术学校，读机械制造专业；我在百货公司当售货员：我们都有光明的前途。

4.8　引号

4.8.1　引号的形式为双引号““””和单引号“‘’”。

4.8.2　行文中直接引用的话，用引号表示。例如：

a）爱因斯坦说：“想象力比知识更重要，因为知识是有限的，而想象力概括着世界上的一切，推动着进步，并且是知识进化的源泉。”

b）“满招损，谦受益”这句格言，流传到今天至少有两千年了。

c）现代画家徐悲鸿笔下的马，正如有的评论家所说的那样，“神形兼备，充满生机”。

4.8.3　需要着重论述的对象，用引号标示。例如：

古人对于写文章有个基本要求，叫做“有物有序”。“有物”就是有内容，“有序”就是要有条理。

4.8.4 具有特殊含义的词语，也用引号标示。例如：

a）从山脚向上望，只见火把排成许多“之”字形，一直连到天上，跟星光接起来，分不出是火把还是星星。

b）这样的“聪明人”还是少一点好。

4.8.5 引号里面还要用引号时，外面一层用双引号，里面一层用单引号。例如：

他站起来问：“老师，‘有条不紊’的‘紊’是什么意思？”

4.9 括号

4.9.1 括号常用的形式是圆括号“（ ）”。此外还有方括号“［ ］”、六角括号“〔 〕”和方头括号“【 】”。

4.9.2 行文中注释性的文字，用括号标明。注释句子里某些词语的，括注紧贴在注释词语之后；注释整个句子的，括注放在句末标点之后。例如：

a）中国猿人（全名为“中国猿人北京种”，或简称“北京人”）在我国的发现，是对古人类学的一个重大贡献。

b）写研究性文章跟文学创作不同，不能摊开稿纸搞“即兴”。（其实文学创作也要有素养才能有“即兴”。）

4.10 破折号

4.10.1 破折号的形式为“——”。

4.10.2 行文中解释说明的语句，用破折号标明。例如：

a）迈进金黄色的大门，穿过宽阔的风门厅和衣帽厅，就到了大会堂建筑的枢纽部分——中央大厅。

b）为了全国人民——当然也包括自己在内——的幸福，我们每一个人都要兢兢业业，努力工作。

4.10.3 话题突然转变，用破折号标明。例如：

“今天好热啊！——你什么时候去上海？”张强对刚刚进门的小王说。

4.10.4 声音延长，象声词后用破折号。例如：

“呜——”火车开动了。

4.10.5 事项列举分承，各项之前用破折号。例如：

根据研究对象的不同，环境物理学分为以下五个分支学科：

——环境声学；

——环境光学；

——环境热学；

——环境电磁学；

——环境空气动力学。

4.11 省略号

4.11.1 省略号的形式为“……”，六个小圆点，占两个字的位置。如果是整段文章或诗行的省略，可以使用十二个小圆点来表示。

4.11.2 引文的省略，用省略号标明。例如：

她轻轻地哼起了《摇篮曲》：“月儿明，风儿静，树叶儿遮窗棂啊……”

4.11.3 列举的省略，用省略号标明。例如：

在广州的花市上，牡丹、吊钟、水仙、梅花、菊花、山茶、墨兰……春秋冬三季的鲜花都挤在一起啦！

4.11.4　说话断断续续，可以用省略号标示。例如：

“我……对不起……大家，我……没有……完成……任务。”

4.12　着重号

4.12.1　着重号的形式为“.”。

4.12.2　要求读者特别注意的字、词、句，用着重号标明。例如：

事业是干出来的，不是吹出来的。

4.13　连接号

4.13.1　连接号的形式为“—”，占一个字的位置。连接号还有另外三种形式，即长横“——”（占两个字的位置）、半字线“-”（占半个字的位置）和浪纹“～”（占一个字的位置）。

4.13.2　两个相关的名词构成一个意义单位，中间用连接号。例如：

a）我国秦岭—淮河以北地区属于温带季风气候区，夏季高温多雨，冬季寒冷干燥。

b）复方氯化钠注射液，也称任—洛二氏溶液（Ringer-Locke solution），用于医疗和哺乳动物生理学实验。

4.13.3　相关的时间、地点或数目之间用连接号，表示起止。例如：

a）鲁迅（1881—1936）中国现代伟大的文学家、思想家和革命家。原名周树人，字豫才，浙江绍兴人。

b）“北京——广州”直达快车。

c）梨园乡种植的巨峰葡萄今年已经进入了丰产期，亩产1000公斤～1500公斤。

4.13.4　相关的字母、阿拉伯数字等之间，用连接号，表示产品型号。例如：

在太平洋地区，除了已建成投入使用的HAW—4和TPC—3海底光缆之外，又有TPC—4海底光缆投入运营。

4.13.5　几个相关的项目表示递进式发展，中间用连接号。例如：

人类的发展可以分为古猿—猿人—古人—新人这四个阶段。

4.14　间隔号

4.14.1　间隔号的形式为“·”。

4.14.2　外国人和某些少数民族人名内各部分的分界，用间隔号标示。例如：

列奥纳多·达·芬奇

爱新觉罗·努尔哈赤

4.14.3　书名与篇（章、卷）名之间的分界，用间隔号标示。例如：

《中国大百科全书·物理学》

《三国志·蜀志·诸葛亮传》

4.15　书名号

4.15.1　书名号的形式为双书名号“《　》”和单书名号“〈　〉”。

4.15.2　书名、篇名、报纸名、刊物名等，用书名号标示。例如：

a)《红楼梦》的作者是曹雪芹。

b) 你读过鲁迅的《孔乙己》吗?

c) 他的文章在《人民日报》上发表了。

d) 桌上放着一本《中国语文》。

4.15.3 书名号里边还要用书名号时，外面一层用双书名号，里边一层用单书名号。例如：

《〈中国工人〉发刊词》发表于1940年2月7日。

4.16 专名号

4.16.1 专名号的形式为“____”。

4.16.2 人名、地名、朝代名等专名下面，用专名号标示。例如：

司马相如者，汉蜀郡成都人也，字长卿。

4.16.3 专名号只用在古籍或某些文史著作里面。为了跟专名号配合，这类著作里的书名号可以用浪线“﹏﹏”。例如：

屈原放逐，乃赋离骚；左丘失明，厥有国语。

5 标点符号的位置

5.1 句号、问号、叹号、逗号、顿号、分号和冒号一般占一个字的位置，居左偏下，不出现在一行之首。

5.2 引号、括号、书名号的前一半不出现在一行之末，后一半不出现在一行之首。

5.3 破折号和省略号都占两个字的位置，中间不能断开。连接号和间隔号一般占一个字的位置。这四种符号上下居中。

5.4 着重号、专名号和浪线式书名号标在字的下边，可以随字移行。

6 直行文稿与横行文稿使用标点符号的不同

6.1 句号、问号、叹号、逗号、顿号、分号和冒号放在字下偏右。

6.2 破折号、省略号、连接号和间隔号放在字下居中。

6.3 引号改用双引号“﹃ ﹄”和单引号“﹁ ﹂”。

6.4 着重号标在字的右侧，专名号和浪线式书名号标在字的左侧。